“十三五”职业教育国家规划教材

职业教育“互联网+”新形态教材

会计信息化实用教程

（畅捷通 T3 营改增版）

张　燕　叶　贞　张洪蕾　主　编

王海燕　宁立先　王立湖　副主编

陈江北　李佳蔚　参　编

王新玲　主　审

電子工業出版社

Publishing House of Electronics Industry

北京 · BEIJING

内 容 简 介

本书以职业院校会计专业人才培养目标为出发点，按照企业会计信息化的实施过程，以畅捷通 T3 营改增版为蓝本，采用了 2013 年小企业会计准则，以新增值税、新报表和新个人所得税率设计案例，简明地介绍了畅捷通 T3 营改增版所具有的功能，指导学习者掌握信息化管理工具的应用。

本书共分 12 个工作项目，在编写上体现了基于工作过程的项目驱动教学法，内容包括会计信息化基本认知、系统管理、基础档案设置、总账管理、编制财务报表、工资管理、固定资产管理、购销存管理初始化、采购与应付管理、销售与应收管理、库存管理和存货核算。

本书体例新颖，配套资源丰富，既可作为职业院校财经类专业和其他专业相关课程的教材与参考书，也可作为会计人员岗位培训教材和参考资料，还可作为相关经济管理人员的自学用书。

图书在版编目（CIP）数据

会计信息化实用教程：畅捷通 T3 营改增版 /张燕，叶贞，张洪蕾主编. -- 北京：电子工业出版社，2019.5
ISBN 978-7-121-36353-5

Ⅰ. ①会… Ⅱ. ①张… ②叶… ③张… Ⅲ. ①会计信息－财务管理系统－中等专业学校－教材 Ⅳ. ①F232

中国版本图书馆 CIP 数据核字（2019）第 071013 号

责任编辑：贾瑞敏　　　特约编辑：胡伟卷　许振伍
印　　刷：北京京师印务有限公司
装　　订：北京京师印务有限公司
出版发行：电子工业出版社
北京市海淀区万寿路 173 信箱　邮编 100036
开　　本：787×1 092　1/16　印张：16　字数：430 千字
版　　次：2019 年 5 月第 1 版
印　　次：2021 年 6 月第 8 次印刷
定　　价：48.00 元

凡所购买电子工业出版社图书有缺损问题，请向购买书店调换。若书店售缺，请与本社发行部联系，联系及邮购电话：（010）88254888，88258888。

质量投诉请发邮件至 zlts@phei.com.cn，盗版侵权举报请发邮件至 dbqq@phei.com.cn。

本书咨询联系方式：电话 18310186571；邮箱 fservice@vip.163.com；QQ 群 427695338；微信 DZFW18310186571。

前　言

职业教育是我国教育体系的重要组成部分，教材建设是推动职业教育发展的重要因素。为了适应职业教育会计信息化课程教学的特点和需要，本书针对职业教育人才的培养目标，注重对学习者实践操作能力的培养，搭建了如下的学习结构。

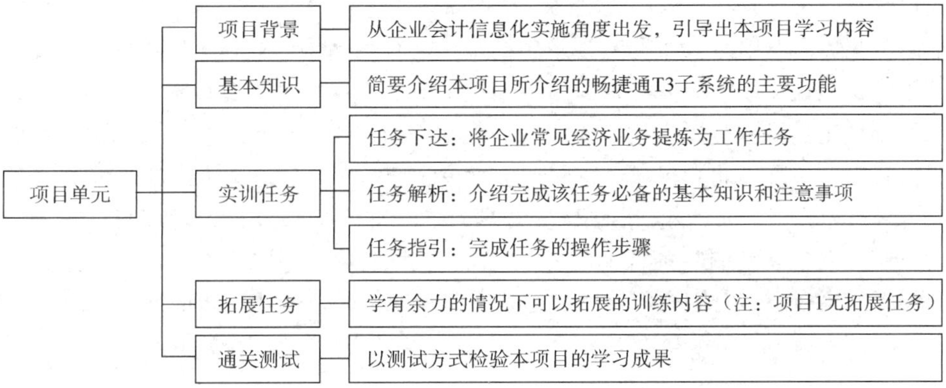

本书具有如下特色。

1. 任务驱动，情境教学

在对知识点难易程度的把握上，遵循“以实用为主，以掌握基础为重”的原则；在内容的编写上，着力体现基于工作过程的项目驱动教学法，把每个项目分解为若干个简单易懂、易操作的任务。每个任务通过任务下达、任务解析、任务指引明确任务执行主体、任务中包含的知识点和完成任务的步骤。通过完成系列相关任务，完成每个项目的教学目标，进而实现整个课程的教学目标。

2. 关注应用，面向应用

会计信息化的迅速发展引发了对大批应用型人才的需求。本书从实用性出发，考虑到教育对象的特点，用贯穿全文的系列“任务”把一个完整的企业案例串接起来，真正做到理论与实践相结合，强化动手能力。本书的任务分为实训任务和拓展任务两类：在实训任务中安排了应知应会的企业常见业务；在拓展任务中补充了在学有余力的情况下可以拓展的训练内容。

3. 注重实效，体现最新会计和税改政策

每个项目开始都明确给出了学习目标，用以提示本项目要了解和掌握的内容；每个项目结束都配有通关测试，用以检验学习者是否能学以致用，从而达到理论与实践相结合的目的。需要特别说明的是，本书案例中的业务处理全面采用 2013 年小企业会计准则，采用最新增值税和个人所得税税率设计案例，使学习者能够学到最新的会计规范。

4. 配套资源齐全

本书与《会计信息化实训教程》（畅捷通 T3 营改增版）和《会计信息化应用综合实训》（畅捷通 T3 营改增版）配套使用，能强化学习者的岗位操作技能，增强实务能力。

本书配备云课程，可以让学生学习更高效，让教师教学更轻松。扫码（见封面）或登录畅课堂 http://c.chanjet.com，然后加入班级，输入邀请码 162010，即可体验本书配套的云课程——不受专业机房、专业课时限制，只要有因特网，就可以随时随地观看操作视频，进行实训，并实时评分。

本书配备了教学大纲、授课 PPT、畅捷通 T3 营改增版教学软件、实训账套和任务录屏（重要任务的操作可通过扫描书中二维码查看），索取方式请参见书后所附的教学资源索取表。它们都从不同角度帮助学习者快速入门、融会贯通。

本书由苏州旅游与财经高等职业技术学校张燕、宜兴高等职业技术学校叶贞、黑龙江贸易经济学校张洪蕾担任主编，黑龙江贸易经济学校王海燕、灵山县职业技术学校宁立先、淮安工业中等专业学校王立湖担任副主编，天津财经大学王新玲担任主审，参与编写的还有畅捷通信息技术股份有限公司陈江北和黑龙江贸易经济学校李佳蔚。具体分工为：叶贞编写项目 1、项目 2，张燕编写项目 3、项目 4，张洪蕾编写项目 5、项目 6，王海燕编写项目 7、项目 8，宁立先编写项目 9，王立湖编写项目 10，李佳蔚编写项目 11，陈江北编写项目 12。

由于编者水平有限、时间仓促，书中难免存在疏漏之处，敬请读者批评指正。

编　者

目 录

项目 *1*

会计信息化基本认知

知识目标

1. 了解会计信息化的相关概念。
2. 了解企业会计信息化的建设过程。
3. 了解畅捷通 T3 的功能结构。

技能目标

1. 学会检查会计信息化软件的基础运行环境。
2. 掌握畅捷通 T3 的安装要点。

项目背景

北京华宇电脑有限公司（简称华宇电脑）是一家从事计算机生产和销售的公司。经过慎重选型，该公司于 2019 年 12 月购买了畅捷通 T3 营改增版，准备自 2020 年 1 月开始利用畅捷通 T3 系统管理企业业务，实现财务业务的一体化管理。目前，畅捷通公司的服务人员已经在该公司的服务器和客户端分别进行了畅捷通 T3 的安装，并做好了配置连接工作。

基本知识

1.1 会计信息化的相关概念

1.1.1 会计电算化

我国最早将计算机用于会计工作的尝试是从 1979 年财政部给长春第一汽车制造厂拨款 500 万元试点开始的。1981 年，在长春召开了“财务、会计、成本应用电子计算机专题研讨会”，会上正式把电子计算机在会计工作中的应用简称为会计电算化。

会计电算化是以电子计算机为主的当代电子和信息技术应用到会计工作中的简称。它主要是应用电子计算机代替人工记账、算账、报账，以及代替部分由大脑完成的对会计信息的处理、分析和判断的过程。

会计电算化是会计发展史上的一次革命，对会计工作的各个方面都产生了深刻的影响。会计电算化的普及应用，有利于促进会计工作的规范化，提高会计工作的效率和质量；有助于减轻会计人员的劳动强度，更好地发挥会计的职能作用，为实现会计工作现代化奠定良好的基础。

1.1.2 会计信息化

2000 年，在深圳召开了会计信息化理论专家座谈会，会上首次提出从会计电算化走向会计信息化的观点，之后逐渐形成了会计信息化的概念。会计信息化是会计电算化的高级阶段，是国家整体信息化的重要组成部分。

《企业会计信息化工作规范》①指出：会计信息化是指企业利用计算机、网络通信等现代信息技术手段开展会计核算，以及利用上述手段将会计核算与其他经营管理活动有机结合的过程。会计信息化不仅包括与会计核算相关的信息化，同时考虑到企业其他经营管理职能与会计职能可能存在交叉重叠，其他信息系统可能是会计信息系统重要数据来源的情况，也将会计核算与其他经营管理活动结合的情况纳入到会计信息化范围。这样定义，有利于企业正确认识会计信息化与其他领域信息化的密切关系，有利于企业财务会计部门适当地参与企业全领域的信息化工作。

1.1.3 会计软件

《企业会计信息化工作规范》指出：会计软件是指企业使用的，专门用于会计核算、财务管理的计算机软件、软件系统或者其功能模块。会计软件具有以下功能。

① 为会计核算、财务管理直接采集数据。

② 生成会计凭证、账簿、报表等会计资料。

③ 对会计资料进行转换、输出、分析、利用。

按照以上界定，通用表处理软件 Excel 不符合会计软件的定义，ERP（企业资源计划）系统中的部分子系统符合对会计软件的定义。

1.2 企业会计信息化的建设过程

无论企业规模大小、所属行业及业务复杂程度如何，会计信息化的建设过程都大致相同，如图 1.1 所示。

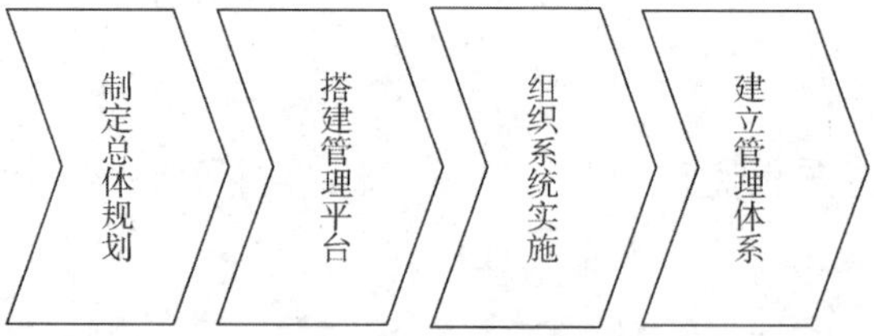

图 1.1 企业会计信息化的建设过程

1.2.1 制定总体规划

企业会计信息化总体规划是对企业会计信息化所要达到的目标及如何有效地、分步骤地实现这个目标所做的规划。它是企业会计信息化建设的指南，是开展具体工作的依据。

企业会计信息化总体规划应立足本单位实际，主要包括以下内容。

① 2013 年 12 月 6 日，财政部以财会〔2013〕20 号印发《企业会计信息化工作规范》。该《规范》分总则、会计软件和服务、企业会计信息化、监督、附则 5 章 49 条，自 2014 年 1 月 6 日起施行。

1．企业会计信息化建设的目标

企业会计信息化建设的目标应与企业总体战略目标相适应，应指明企业会计信息化建设的基本方向，明确建设的规模和业务处理范围。按时间划分，企业会计信息化建设的目标可以分为近期目标和中长期目标。

2．企业会计信息化建设的步骤

企业会计信息化建设的步骤是按照建设目标的要求和企业实际情况对会计信息化建设过程的任务进行分解，主要规定系统的建设分哪几步进行、每一步的阶段目标和任务、各阶段资源配置情况等。按照《企业会计信息化工作规范》的指导意见，企业会计信息化建设应参考以下几点。

① 处于会计核算信息化阶段的企业，应当结合自身情况，逐步实现资金管理、资产管理、预算控制、成本管理等财务管理的信息化；处于财务管理信息化阶段的企业，应当结合自身情况，逐步实现财务分析、全面预算管理、风险控制、绩效考核等决策支持的信息化。

② 企业应当促进会计信息系统与业务信息系统的一体化，通过业务的处理直接驱动会计记账，减少人工操作，提高业务数据与会计数据的一致性，实现企业内部信息资源的共享。

③ 企业应当根据实际情况，开展本企业信息系统与银行、供应商、客户等外部单位信息系统的互连，实现外部交易信息的集中自动处理。

④ 分公司、子公司数量多、分布广的大型企业、企业集团应当探索利用信息技术促进会计工作的集中，逐步建立财务共享服务中心。

3．企业会计信息化建设的组织

会计信息化建设不仅会改变会计工作的操作方式，还会引起会计业务处理流程、岗位设置，甚至是单位整个管理模式的一系列重大变革。因此，企业在系统建设过程中，需要投入大量的时间，组织专门的人员根据本企业的具体情况建立适应新系统的工作流程、管理制度、组织形式和绩效考核标准等。因此，企业会计信息化建设是一项复杂的系统工程，是一项长期的、艰苦的工作。在总体规划中应明确规定会计信息化建设过程中的管理体制及组织机构，以利于统一领导、专人负责，高效率地完成系统建设的任务。

4．资金预算

会计信息化建设需要较多的资金投入，因此要对资金统筹安排、合理使用。会计信息化建设过程中的资金耗费主要是由商品化软件购买、系统硬件配置、软件实施与人员培训以及后期的运行维护等费用构成的。

1.2.2　搭建管理平台

企业会计信息化需要借助信息化的管理手段，所以需要搭建管理平台。管理平台包括硬件和软件两大部分：硬件部分包括计算机、服务器等硬件设备和网络设备；软件部分包括系统软件和应用软件，其中应用软件选型是最核心的一项工作。

1．会计软件选型

（1）会计软件分类

按照不同的分类方法，会计软件可以划分为不同的类型：按软件适用范围划分，可分为通用会计软件和定点开发会计软件；按软件来源划分，可分为国内软件和国外软件；按软件网络技术架构划分，可分为基于C/S（客户/服务器）架构的软件和基于B/S（浏览器/服务器）架构的软件。

① 通用会计软件是指满足大部分企业应用需求的会计软件。通用会计软件是通过在系统内

预置大量的系统参数和多种核算方法，由用户根据企业自身的特点通过参数设定将通用软件改造成适合本企业的软件。因此，软件越通用，意味着系统初始化的工作量就越大。

② 定点开发会计软件一般是指面向特定企业，采用自行开发方式或委托开发方式开发，只适用于个别单位使用的会计软件。

（2）企业会计软件选型的指导意见

按照《企业会计信息化工作规范》的指导意见，企业在会计软件选型时应做到以下几点。

① 企业配备的会计软件应当符合《企业会计信息化工作规范》中关于会计软件和服务规范部分的要求。

② 企业配备会计软件应当根据自身技术力量及业务需求，考虑软件的功能、安全性、稳定性、响应速度、可扩展性等，合理选择购买、定制开发、购买与开发相结合等方式。

③ 企业通过委托外部单位开发、购买等方式配备会计软件，应当在有关合同中约定操作培训、软件升级、故障解决等服务事项，以及约定软件供应商对企业信息安全的责任。

2．选择数据库管理系统

数据库管理系统是一种专门用于存储、管理数据的系统软件。会计软件是一种应用软件，其运行必须有数据库管理系统作为支撑。

数据库管理系统按规模分为大型数据库、中型数据库和桌面数据库。目前，大型数据库 Oracle 的应用比较普遍，SQL Server 则是中型数据库的代表。

3．硬件平台建设

软件选型完成后，应根据软件对硬件的要求进行服务器、计算机及相关网络设备等的购置、搭建和配置，以确保软件系统的正常运行。

1.2.3 组织系统实施

由于会计信息化软件突破了单纯财务核算的范围，扩展到了企业业务管理，所以从应用上涉及企业的各个业务部门。同时，通用软件系统参数多且设置灵活，且不同企业有各自的行业特点和核算需求，企业内部业务流程繁多复杂。因此，如何将通用软件系统的功能与企业具体的管理需求相对接是一项非常专业的工作。

从企业购置软件到软件能正常运转起来，其间需要做大量的工作。系统实施就是在企业信息化建设的过程中，由软件公司实施顾问和企业各部门业务骨干组成项目实施团队，通过企业调研、业务分析、流程梳理、数据准备、人员培训、系统配置与测试、试运行、方案调整等一系列工作，完成管理软件的客户化工作，帮助企业实现科学管理，降低成本并提高效率。

1.2.4 建立管理体系

任何形式的管理软件都只是企业管理提升的一种工具，经过艰难的项目实施实现系统上线只是第一步，要充分发挥信息系统的效益，还有大量的日常运行与管理工作要做。首先就是要建立一系列与之相适应的管理制度，包括会计信息化环境下的组织与岗位职责、系统运行维护管理制度、软硬件管理制度、会计档案管理制度及各种内部控制机制。

1.3 会计信息化实训平台

本书选择了畅捷通 T3 营改增版（以下简称 T3）作为会计信息化实训平台。

1.3.1　T3 简介

1．功能特点

T3 关注小企业会计信息管理的现状和需求，以“精细管理，精细理财”为产品核心理念，以财务核算为主轴，业务管理为导向，提供产、供、销、财、税一体化的解决方案，帮助企业实现业务运作的全程管理与信息共享，是帮助小企业应对市场变化、实现长期可持续发展的利器。

2　功能结构

功能结构就是从系统功能的角度分析 T3 的构成及内部联系，即 T3 由哪几个子系统（模块）组成，每个子系统完成哪些功能，以及各子系统之间的相互关系等。

T3 由总账管理、财务报表、工资管理、固定资产管理、购销存管理和核算管理等子系统组成，购销存管理具体包括采购管理、销售管理和库存管理。T3 的功能结构如图 1.2 所示。

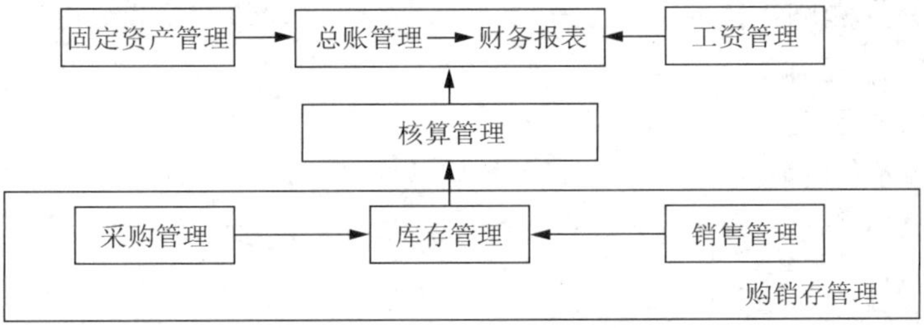

图 1.2　T3 的功能结构

T3 由服务于不同层面的子系统构成。下面对这些子系统的功能进行简要介绍。

（1）总账管理

总账管理是 T3 的核心子系统。企业发生各项经济业务时取得原始凭证，在总账管理子系统中输入记账凭证，后续经过凭证复核和记账处理，完成账簿登记。总账管理子系统提供了丰富的账簿查询功能，并且支持按照部门、个人、项目开展专项辅助核算管理。

（2）财务报表

财务报表子系统可以完成各种会计报表的编制与汇总工作；生成各种内部报表、外部报表及汇总报表；根据报表数据生成各种分析表和分析图等。

（3）工资管理

工资管理子系统是以职工个人的原始工资数据为基础，完成职工工资的计算，工资费用的汇总和分配，计算个人所得税，查询、统计和打印各种工资表，自动编制工资费用分配凭证，传递给总账管理子系统。

（4）固定资产管理

固定资产管理子系统主要是对设备进行管理，即存储和管理固定资产卡片，可以灵活地对其进行增加、删除、修改、查询、打印、统计与汇总。进行固定资产的变动核算时，在输入固定资产增减变动或项目内容变化的原始凭证后，可以自动登记固定资产明细账，更新固定资产卡片。完成计提折旧和分配后，可以生成折旧计提及分配明细表、固定资产综合指标统计表等，费用分配凭证可自动转入总账管理子系统。

（5）采购管理

采购管理子系统支持对企业采购全过程的管理，包括采购订货、采购入库、采购发票、核算采购成本、确认应付、付款及核销各个环节。它支持多种采购业务类型。

（6）销售管理

销售管理子系统支持对企业销售全过程的管理，包括销售订货、销售发货、销售出库、销售开票、确认应收、收款及核销各个环节。它支持多种销售业务类型。

（7）库存管理

库存管理子系统支持对企业存货的出入库进行管理——侧重于对出入库数量进行管理。

（8）核算管理

核算管理子系统的功能主要是进行存货出、入库成本的核算，并可以实现将购销存业务产生的各种单据生成凭证，传入总账管理子系统。它是联结总账管理子系统和购销存管理子系统的纽带。

1.3.2 T3 安装要点

T3 属于应用软件范畴，需要按要求配置硬件环境，并安装必要的系统软件。

1．安装前的准备工作

（1）查看本机名称

计算机名称中不能含有“-”（减号），不能用数字开头，不能有汉字，可以带有空格。如果计算机名称不符合要求，需要更改计算机名称。更改后，必须重新启动计算机，计算机名称才能生效。

（2）关闭杀毒软件

检查杀毒软件是否运行，在安装前必须关闭杀毒软件，否则有些文件无法写入。

（3）硬件基本要求

- 如果采用单机模式，需要配置 CPU 在 Pentium III 550 MHz 或以上、内存在 2 GB 或以上、硬盘空闲空间在 10 GB 以上，并且至少应有一个光驱。
- 如果采用客户/服务器模式，网络服务器需要满足 CPU 在 Pentium III 800 MHz 或以上、内存在 2 GB 或以上、硬盘空闲空间在 20 GB 以上，并且至少应有一个光驱；客户端需要满足 CPU 在 Pentium III 550 MHz 或以上、内存在 1 GB 或以上、硬盘空闲空间至少在 10 GB 以上，并且至少应有一个光驱。

（4）操作系统

T3 支持主流的操作系统，包括 Windows XP+SP3、Windows 7、Windows 8（32 位）、Windows Server 2003（32 位）+SP2、Windows Server 2003（64 位）+SP2、Windows Server 2008（32 位）、Windows Server 2008R2（64 位）。

（5）安装数据库及补丁

SQL Server 数据库管理系统是 T3 正常运行必需的软件，安装 T3 之前须安装 SQL Server。

2．安装 T3

以系统管理员 Administrator 的身份登录计算机，运行 autorun.exe，跟随安装向导完成 T3 的安装。

在安装过程中系统会进行环境检测，可以通过此功能由计算机自动判断机器环境是否符合 T3 的安装要求。

安装完成后需要重新启动计算机。

实训任务

任务1 检查T3安装环境

任务下达

检查本机是否满足T3的安装要求。

任务解析

T3的安装及运行需要满足以下条件。

① 计算机名称符合要求。

② 操作系统及硬件配置符合要求。

③ 已安装数据库管理系统。

任务指引

1. 查看本机计算机名称

右击“我的电脑”，从快捷菜单中选择“属性”命令，打开“系统属性”对话框。单击“计算机名”标签，可以看到本机完整的计算机名称。

2. 查看本机操作系统及硬件配置

在“系统属性”对话框中，单击“常规”标签，可以看到本机安装的操作系统、版本及补丁信息、硬件的基本配置情况。

3. 查看是否已安装数据库管理系统

选择“开始”|“所有程序”| Microsoft SQL Server |“服务管理器”命令，打开“SQL Server服务管理器”对话框。单击“开始/继续”按钮，检查服务管理器是否能正常启动。

除以上方法外，也可以直接运行 T3 安装程序中的“环境检测”，自动完成对计算机名称、操作系统、数据库是否符合要求的检测，如图1.3所示。

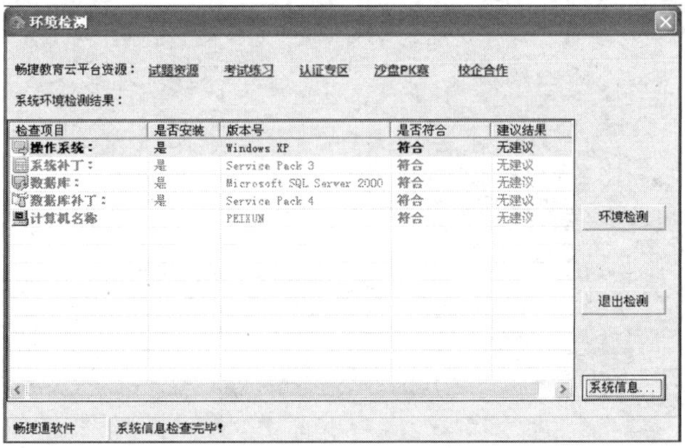

图1.3 检测T3系统环境是否达到安装要求

任务 2　获取教学资源

任务下达

登录“畅课堂”云平台获取本课程教学资源。

任务解析

为方便学员学习 T3 应用，本书配备了全方位立体化教学资源，包括授课 PPT、实训账套、任务录屏等，这些配套资料放置于“畅课堂”云平台上。借助这些学习资源，可以达到事半功倍的效果。

任务指引

步骤 1　登录畅课堂 http://c.chanjet.com。

步骤 2　在首页找到“会计信息化实用教程”课程，单击进入即可。

通关测试

一、判断题

1. 会计信息化是指企业利用计算机、网络通信等现代信息技术手段开展会计核算，以及利用上述手段将会计核算与其他经营管理活动有机结合的过程。　（　）
2. 软件越通用，内置的参数选项就越少。　（　）
3. 数据库管理系统是运行 T3 必需的软件。　（　）
4. 按照《企业会计信息化工作规范》对会计软件的界定，Excel 也是会计软件。　（　）

二、选择题

1. T3 属于（　　）。

A. 通用软件　　B. 专用软件　　C. 定制开发软件

2. 企业会计信息化资金预算包括（　　）。

A. 购置硬件　　B. 购置系统软件　　C. 购置应用软件　　D. 实施维护

3. 企业配备的会计软件应当符合（　　）中关于会计软件和服务规范部分规定的要求。

A.《会计法》　　B.《企业会计准则》

C.《企业会计信息化工作规范》　　D.《会计制度》

4. 以下哪款软件是数据库管理系统？（　　）。

A. Windows　　B. Excel　　C. SQL Server　　D. T3

项目 2

系统管理

知识目标

1. 了解系统管理的作用。
2. 理解系统管理的基本功能。
3. 熟悉建立企业核算账套的完整工作过程。
4. 理解操作员及权限的作用和设置方法。
5. 理解账套备份的重要性。

技能目标

1. 掌握注册系统管理、增加操作员、建立企业账套、设置权限、系统启用、账套备份及恢复等操作。
2. 了解有关年度账的基本操作。

项目背景

华宇电脑购买了 T3 中的总账管理、财务报表、工资管理、固定资产管理、购销存管理和核算管理系统，并准备于 2020 年 1 月开始使用 T3 管理企业业务，因此专门成立了信息化项目实施小组，财务主管于谦任组长。实施的过程就是将软件中的功能与软件蕴含的管理模式与企业现有业务相结合的过程，因此项目小组成员需要对软件功能有一定程度的认知。于谦向畅捷通服务人员提议，先分模块对实施小组成员进行 T3 系统功能的培训，在全体成员对 T3 系统功能深入理解的基础上，再按照实施的工作流程进行项目实施，以达到预期效果。

企业选购 T3 作为会计信息化应用平台之后，首先需要在系统中建立企业的基本信息、核算方法、编码规则等，称之为建账。这里的“账”在 T3 中称为“账套”。在本项目中我们就为华宇电脑在 T3 中建立一个账套。

基本知识

2.1 认识系统管理

T3 由多个子系统组成，各个子系统服务于企业管理的不同层面，满足不同的管理需要。子系统本身具有相对独立的功能，而且彼此之间具有紧密的联系。它们共用一个企业数据库，拥有公共的基础信息、相同的账套和年度账。

系统管理是 T3 为各个子系统提供的一个公共管理平台，用于对整个系统的公共任务进行统一管理。其主要内容包括以下几个方面。

2.1.1 账套管理

账套是一组相互关联的数据。在 T3 中，可以为多个企业（或企业内多个独立核算的部门）分别立账，每一个企业的数据都存放在数据库中，各账套间相互独立、互不影响。系统最多允许建立 999 个企业账套。其中，998 和 999 账套是系统预置的两个演示账套。

账套管理功能包括建立账套、修改账套、删除账套、备份/恢复账套和启用系统。

2.1.2 年度账管理

年度账与账套是两个不同的概念，一个账套中包含了企业所有的数据，把企业数据按年度进行划分，称为年度账。年度账可以作为系统操作的基本单位，因此设置年度账主要是考虑到管理上的方便。

年度账管理包括年度账的建立、备份、恢复、结转上年度数据和清空年度数据。

2.1.3 操作员及其操作权限的集中管理

为了保证系统及数据的安全与机密，系统管理提供了操作员及操作权限的集中管理功能。通过对系统操作分工和权限的管理，一方面可以避免与业务无关的人员进入系统，另一方面可以对系统所包含的各个子产品的操作进行协调，以保证各负其责，流程顺畅。

操作权限的集中管理包括设置操作员和为操作员分配权限。

2.1.4 设立统一的安全机制

对企业来说，系统运行安全、数据存储安全是必需的。为此，T3 提供了强有力的安全保障机制，如设置对整个系统运行过程的监控机制、清除系统运行过程中的异常任务、升级 SQL Server 数据等。

2.2 企业建账的工作流程

为了帮助企业顺利、快速地完成企业账套的创建工作，我们先给出企业建账的工作流程，如图 2.1 所示。有关企业建账的详细内容可见本项目实训任务中的任务解析。

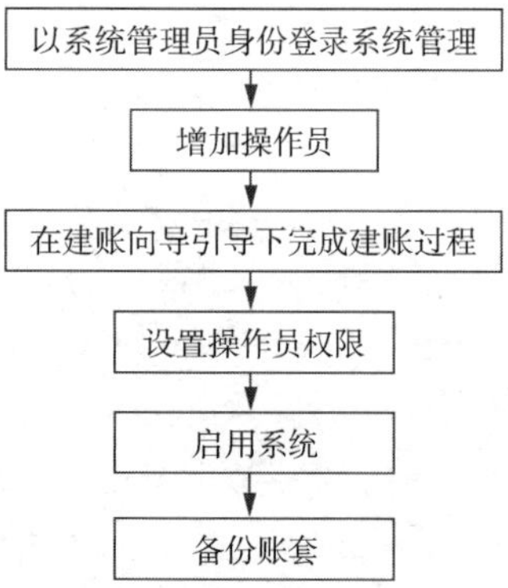

图 2.1 企业建账的工作流程

2.3 年度账管理

在 T3 中，用户不仅可以建立多个账套，而且每个账套中可以存放不同年度的会计数据。不同年度的数据存放在不同的数据库中，称为年度账。采用账套-年度账两级管理，系统的结构清晰、含义明确、可操作性强，而且由于系统自动保存了不同会计年度的历史数据，对利用历史数据的查询和比较分析也显得特别方便。

年度账管理主要包括建立年度账、年度账的备份和恢复、结转上年度数据、清空年度数据。

对年度账的管理只能由账套主管进行。

2.3.1 建立年度账

新年度到来时，应首先建立新年度核算体系，即建立年度账，再进行与年度账相关的其他操作。

2.3.2 年度账的备份和恢复

年度账操作中的备份和恢复与账套操作中的备份和恢复的含义基本一致，作用都是对数据的备份和恢复。但两者的数据范围不同，年度账操作中备份和恢复的不是整个账套的全部数据，而是针对账套中某一年度的数据。为了区分这两种不同类型的备份文件，系统会用特定的文件名称或扩展名来进行标识。

2.3.3 结转上年度数据

一般情况下，企业是持续经营的，因此企业的会计工作是一个连续性的工作。每到年末启用新年度账时，就需要将上年度中的相关账户的余额及其他信息结转到新年度账中。如果企业管理信息系统涵盖了财务、业务等多个模块，进行年度数据结转时还要注意先后顺序。

2.3.4 清空年度数据

如果年度账中错误太多，或者不希望将上年度的余额或其他信息全部转到下一年度，这时候便可使用清空年度数据的功能。"清空"并不是将年度账的数据全部删除，而是还要保留一些信息的，如账套基础信息、系统预置的科目报表等。保留这些信息主要是为了方便用户使用清空后的年度账重新做账。

2.4 系统运行安全管理

对企业来说，系统运行安全是至关重要的。

2.4.1 系统运行监控

以系统管理员身份注册进入系统管理后，可以看到两个部分的内容：一部分列示的是已经登录的子系统，还有一部分列示的是登录的操作员在子系统中正在执行的功能。这两部分的内容都是动态的，会根据系统的执行情况而自动变化。

2.4.2 注销当前操作员

如果需要以一个新的操作员身份注册、登录，以启用系统的其他功能，就需要将当前的操作员从系统管理中注销，或者因故暂时离开，也应该注销当前操作员。

2.4.3 清除系统运行异常

在系统运行过程中，死机、网络中断等都有可能造成系统异常。针对系统异常，应及时予以排除，以释放异常任务所占用的系统资源，使系统尽快恢复正常状态。

2.4.4 上机日志

为了保证系统的安全运行，系统会随时对各个产品或模块的每个操作员的上下机时间、操作使用的具体功能等情况进行登记，形成上机日志，以便使所有的操作都有所记录、有迹可循。

2.4.5 升级数据

任何一个应用系统的功能拓展和完善都是无止境的。随着信息技术的不断发展，应用系统的开发不断融入新的技术和更为先进的管理思想，这样就存在对老系统进行数据更新的问题。为保证客户数据的一致性和可追溯性，T3 在系统管理中提供了升级工具，可以使用此工具将数据升级到最新版本。

实训任务

任务 1　以系统管理员身份登录系统管理

任务下达

以系统管理员身份登录系统管理。

任务解析

鉴于系统管理在 T3 中的地位和重要性，因此对能够登录系统管理的人员做了严格限制。系统只允许以两种身份注册进入系统管理：一是以系统管理员的身份；二是以账套主管的身份。

系统管理员负责整个系统的安全运行和数据维护。以系统管理员身份登录系统，可以进行账套的建立、备份和恢复，设置操作员和为操作员分配权限，监控系统运行过程，清除异常任务等。T3 中默认的系统管理员为 admin，不区分大小写；系统管理员初始密码为空。

账套主管负责对所管辖账套的管理，其工作任务是确定企业会计核算的规则、对企业年度账进行管理、为该账套内的操作员分配权限、组织企业业务处理按既定流程进行。对所管辖的账套来说，账套主管是级别最高的，拥有所有子系统的操作权限。

任务指引

步骤 1　选择“开始”|“程序”|“T3-企业管理信息化软件行业专版”|T3|“系统管理”命令或双击桌面上的“系统管理”图标，打开“系统管理”窗口。

步骤 2　选择“系统”|“注册”命令，打开“注册〖控制台〗”对话框。

步骤 3　“服务器”文本框中默认为本机地址“127.0.0.1”，在“用户名”文本框中输入默认的系统管理员 admin（系统不区分大小写），默认系统管理员初始密码为空，如图 2.2 所示。

步骤 4　单击“确定”按钮，进入系统管理。系统管理界面下方的状态栏中显示当前操作员为 admin，如图 2.3 所示。

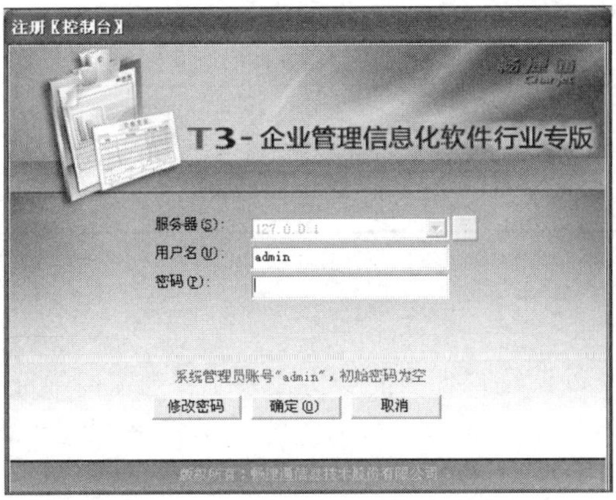

图 2.2　以系统管理员身份登录系统管理

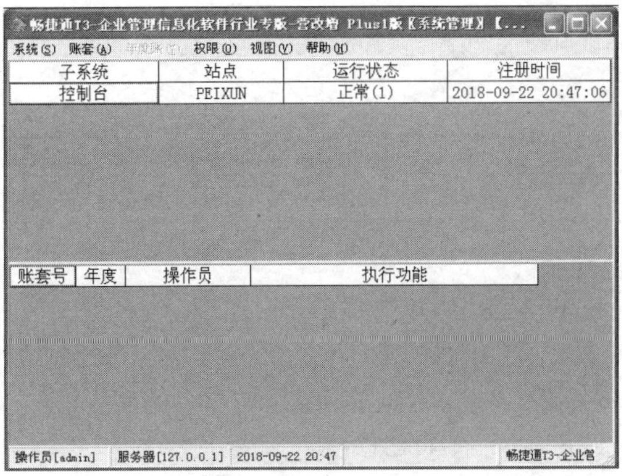

图 2.3　系统管理员登录系统管理后的界面

注意

① 为了保证系统的安全性，在“注册〖控制台〗”对话框中，可以设置或更改系统管理员的密码。例如，设置系统管理员密码为 sysadmin 的操作步骤是：输入完用户名 admin 后，单击“修改密码”按钮，打开“设置操作员口令”对话框；在“新密码”和“确认密码”文本框中均输入 sysadmin，最后单击“确定”按钮返回。

② 如果是教学使用，由于一台计算机要供多个学员使用，建议不要设置系统管理员密码。

任务 2　增加操作员

任务下达

以系统管理员的身份在 T3 中增加操作员。

任务解析

操作员是指有权登录系统，并对系统进行操作的人。登录 T3 时需要提供用户名和密码，以及对操作员的身份进行验证。因此，企业在开始使用 T3 之前，需要指定 T3 的操作人员，并对操作人员的使用权限进行明确规定，以避免无关人员对系统进行非法操作。同时，也可以对系统所包含的各个功能模块的操作进行协调，使得流程顺畅，从而保证整个系统和会计数据的安全性与保密性。

操作员管理包括操作员的增加、修改和删除。

任务详情

按表 2.1 增加操作员。

表 2.1　华宇电脑 T3 系统操作员

编　号	姓　名	口　令	所属部门
101	于谦	1	财务部
102	耿丽	空	财务部
103	冯洁	空	财务部

任务指引

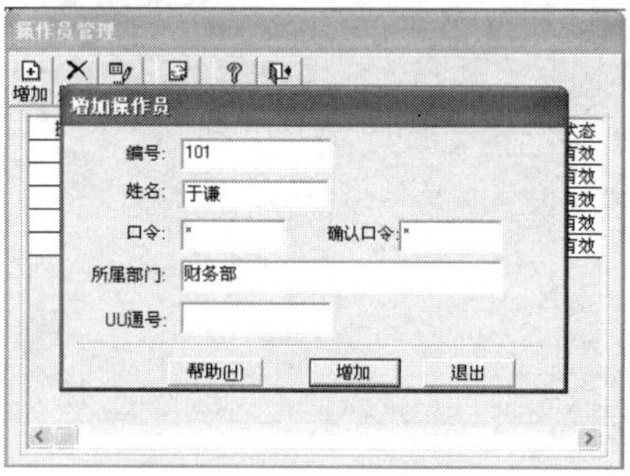

图 2.4　增加操作员

步骤 1　以系统管理员的身份在系统管理窗口中选择“权限”|“操作员”命令，打开“操作员管理”对话框。对话框中已有的几个操作员是系统预置的。

步骤 2　单击“增加”按钮，打开“增加操作员”对话框。输入编号为 101、姓名为“于谦”、口令及确认口令为 1、所属部门为“财务部”，如图 2.4 所示。

步骤 3　单击“增加”按钮可继续增加其他操作员；单击“退出”按钮则视为放弃本次操作。

步骤 4　全部完成后，单击“退出”按钮，退出“操作员管理”对话框，返回系统管理主界面。

注意

① 操作员编号在系统中是唯一的。

② 所设置的操作员一旦被引用，就不能删除。

③ 已使用过系统之后又调离企业的操作员可以通过“修改操作员”对话框中的“注销当前操作员”功能进行注销。该操作员此后不允许再登录系统。

任务 3　企业建账

任务下达

以系统管理员的身份在系统管理中创建华宇电脑企业账套。

任务解析

企业在应用 T3 之前需要为本单位建立一套账簿文件。这些文件存放在数据库中，用于存放企业日后发生的各种经济业务信息。

建账时需要根据本单位的具体情况进行账套的参数设置，建账过程可在建账向导引导下完成。在 T3 中，可以为多个企业分别建账，各账套间相互独立、互不影响。系统最多允许建立 999 个企业账套。

任务详情

华宇电脑企业账套的相关信息如下。

① 账套信息包括：账套号 500；账套名称“华宇电脑”；启用会计期“2020 年 1 月”。

② 单位信息包括：单位名称“北京华宇电脑有限公司”；单位简称“华宇电脑”；单位地址“北京市海淀区中关村大街 32 号”；税号 91110555054889652C。

③ 核算类型包括：企业类型为工业；记账本位币为人民币；执行《小企业会计准则》(2013)；账套主管为于谦。

④ 基础信息包括：企业有外币业务；对经济业务处理时，需要对客户和存货分类，无须对供应商进行分类。

⑤ 业务流程采用标准流程。

⑥ 分类编码方案：科目 4222；客户和存货 223；部门 122。

⑦ 数据精度采用系统默认。

建账完成后立即启用总账管理子系统，启用日期为“2020-01-01”。

任务指引

步骤 1　以系统管理员的身份在系统管理窗口中选择“账套”|“建立”命令，打开“创建账套——账套信息”对话框，按任务要求输入账套信息，如图 2.5 所示。

① 已存账套。系统将已存在的账套显示在下拉列表框中，用户只能查看，不能输入或修改，目的是避免重复建账。

② 账套号。账套号是该企业账套的唯一标志，为必须输入项，且不得与机内已经存在的账套号重复。可以输入 001 至 999 之间的 3 个字符，本例输入账套号为 500。

③ 账套名称。账套名称可以输入核算单位的简称，为必须输入项。进入系统后它将显示在正在运行的软件界面上。本例输入“华宇电脑”。

④ 账套路径。用来确定新建账套将要被放置的位置。系统默认的路径为 C:\UFSMART\Admin，可以对其进行人工更改，也可以单击 ··· 按钮进行选择输入。

⑤ 启用会计期。启用会计期是指使用 T3 进行业务处理的初始日期为必须输入项。系统默认为计算机的系统日期，本例更改为“2020 年 1 月”。系统自动将自然月份作为会计核算期间。

步骤 2　单击“下一步”按钮，打开“创建账套——单位信息”对话框。输入单位信息，如图 2.6 所示。

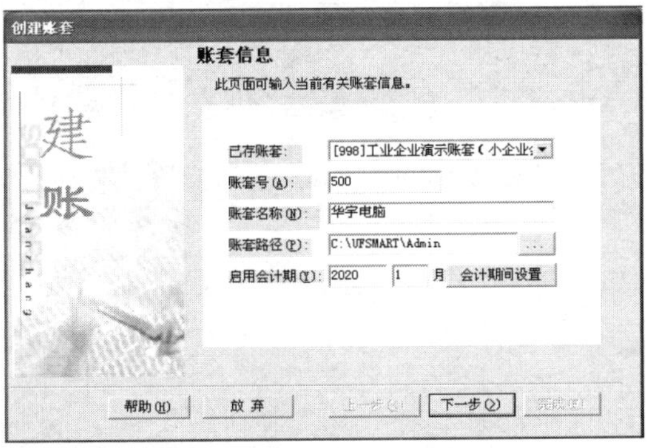

图 2.5　创建账套——账套信息

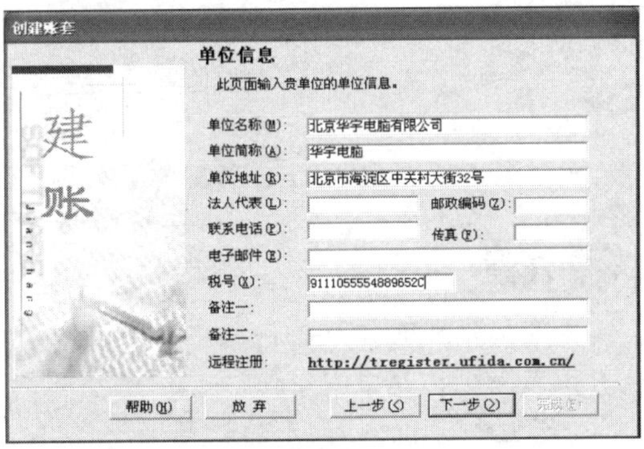

图 2.6　创建账套——单位信息

① 单位名称。此处必须输入企业的全称。企业全称在正式发票中使用，其余情况全部使用企业简称。本例输入“北京华宇电脑有限公司”。

② 单位简称。此处是用户单位的简称，最好输入。本例输入“华宇电脑”。

其他栏目都属于可选项，参照所给资料输入即可。

步骤 3　单击“下一步”按钮，打开“创建账套——核算类型”对话框。输入核算类型，如图 2.7 所示。

① 本币代码。本项必须输入。本例采用系统默认值 RMB。

② 本币名称。本项必须输入。本例采用系统默认值“人民币”。

③ 企业类型。本项系统提供了工业、商业 2 种类型。如果选择“工业”，则系统不能处理受托代销业务；如果选择“商业”，则系统不能处理产成品入库、材料领用出库业务。本例采用系统默认“工业”。

④ 行业性质。用户必须从下拉列表框中选择输入，系统将按照所选择的行业性质预置科目。本例采用系统默认“小企业会计准则（2013）”。

⑤ 账套主管。从下拉列表框中选择“[101] 于谦”。

⑥ 按行业性质预置科目。如果希望系统预置所属行业的标准一级科目，则选中该复选框。本例选中此复选框。

注意

① 行业性质选择是系统提供科目和报表等基础数据的依据。

② 账套主管可以在此确定，也可以在操作员权限设置功能中进行设置。

步骤 4　单击“下一步”按钮，打开“创建账套——基础信息”对话框。输入基础信息，如图 2.8 所示。

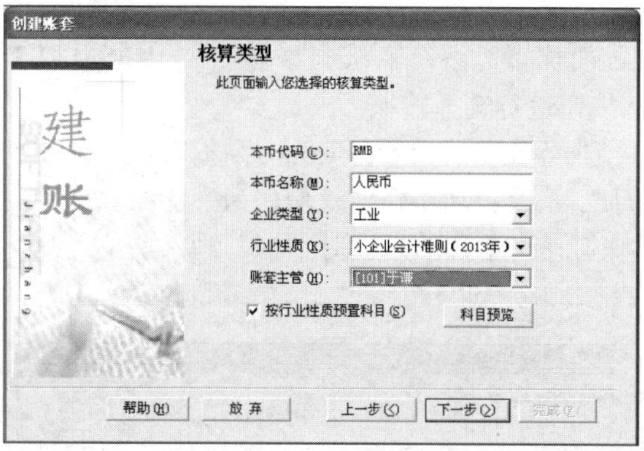

图 2.7　创建账套——核算类型

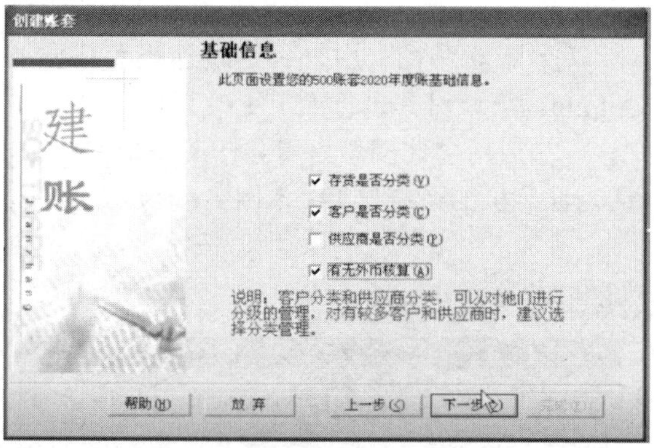

图 2.8　创建账套——基础信息

注意

如果企业的存货、客户、供应商相对较多，可以对它们进行分类管理。分类的目的是为了提供统计分析的口径。

步骤 5　单击“下一步”按钮，打开“创建账套——业务流程”对话框。采用系统默认设置。

步骤 6　单击“完成”按钮，弹出系统提示“可以创建账套了么？”。单击“是”按钮，稍候一段时间，系统按输入的信息建立企业数据库，完成后打开“分类编码方案”对话框。按要求设置编码方案，如图 2.9 所示。

注意

科目编码级次的第 1 级级长根据核算类型界面选择的行业性质决定，其他级次、级长可根据需要修改。

删除编码级次时，需要从后向前逐级删除。

步骤 7　单击“确认”按钮，打开“数据精度定义”对话框。

步骤 8　单击“确认”按钮，系统弹出“创建账套{华宇电脑：[500]}成功。”信息提示框，如图 2.10 所示。

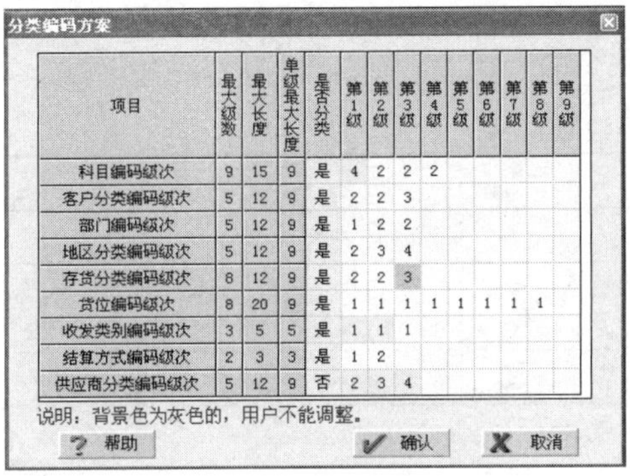

图 2.9　分类编码方案

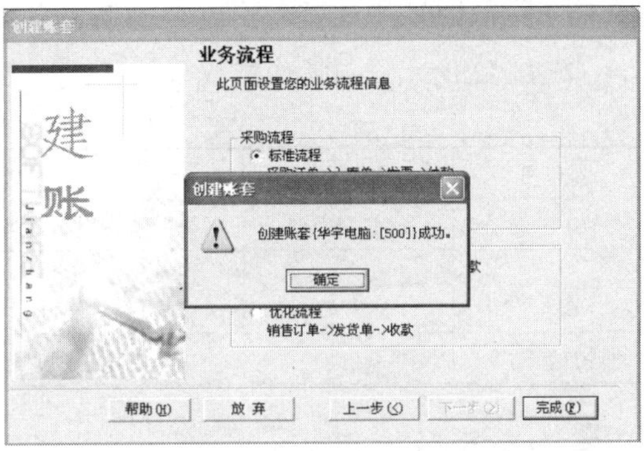

图 2.10　创建账套成功提示

步骤 9　单击“确定”按钮，系统弹出“是否立即启用账套”信息提示框。单击“是”按钮，打开“系统启用”对话框。系统启用是指设定 T3 中各个子系统开始使用的日期，只有启用后的子系统才能登录。

步骤 10　单击“总账”前的复选框，系统弹出“日历”对话框。选择 2020、“一月”、1 日，如图 2.11 所示。单击“确定”按钮，弹出信息提示框。选择“是”按钮，启用总账子系统。

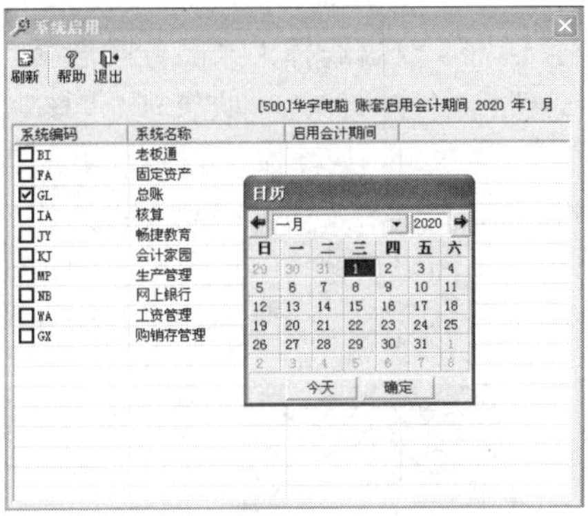

图 2.11　启用总账子系统

注意

① 只有系统管理员和账套主管有权进行系统启用的设置。系统管理员在建账的最后一个环节可以设置系统启用；建账完成后账套主管在系统管理界面的“账套”|“启用”中可以进行系统启用。

② 各系统的启用时间必须晚于或等于账套的启用时间。

任务 4　设置操作员权限

任务下达

以系统管理员的身份为操作员分配权限。

任务解析

为了保证权责清晰和企业经营数据的安全与保密，按照企业内部控制的要求，需要对系统中所有的操作人员进行分工，设置各自的操作权限。

只有系统管理员和该账套的账套主管有权进行操作员权限设置，但两者的权限又有所区别。系统管理员既可以指定某账套的账套主管，也可以对各个账套的操作员进行权限设置；账套主管只可以对所管辖的操作员进行权限设定。

任务详情

按表 2.2 所示设置操作员权限。

表 2.2　操作员权限

操作员	岗　位	分管工作	权　限
101 于谦	财务部经理	全面负责财务部各项工作	账套主管
102 耿丽	会计	填制凭证、工资核算、固定资产核算、成本核算、应收应付核算	公用目录设置、总账、工资管理、固定资产、核算、应收管理、应付管理
103 冯洁	出纳	货币资金管理、现金收付凭证审核	现金管理、出纳签字、查询凭证

任务指引

步骤 1　以系统管理员的身份登录系统管理，选择“权限”|“权限”命令，打开“操作员权限”对话框。

步骤 2　从账套下拉列表框中选择“[500]华宇电脑”账套，再从操作员列表框中选择“101 于谦”，查看于谦是否为 500 账套的账套主管。

步骤 3　从操作员列表中选择“102 耿丽”，单击“增加”按钮，打开“增加权限—[102]”对话框。双击选择“产品分类选择”列表框中的“公用目录设置”“固定资产”“总账”“工资管理”“应付管理”“应收管理”“核算”，如图 2.12 所示。然后单击“确定”按钮。

步骤 4　从操作员列表框中选择“103 冯洁”，单击“增加”按钮，打开“增加权限—[103]”对话框。双击选择“产品分类选择”列表框中的“现金管理”，再单击选择“产品分类选择”列表框中的“总账”，在右侧的“明细权限选择”列表框中双击“出纳签字”和“查询凭证”，如图 2.13 所示。然后单击“确定”按钮，权限列表中就增加了相应的功能权限。

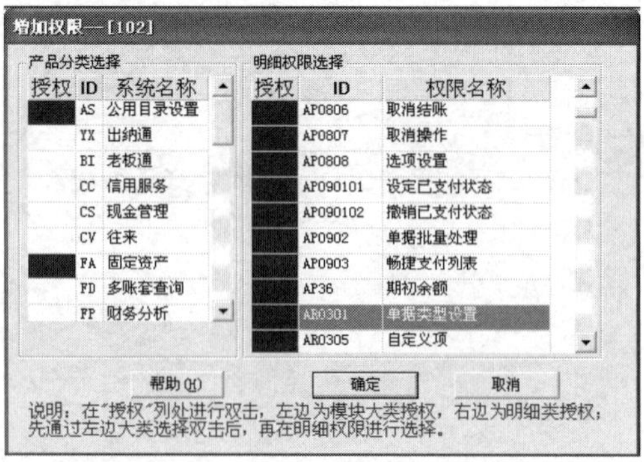

图 2.12　为 102 操作员增加权限

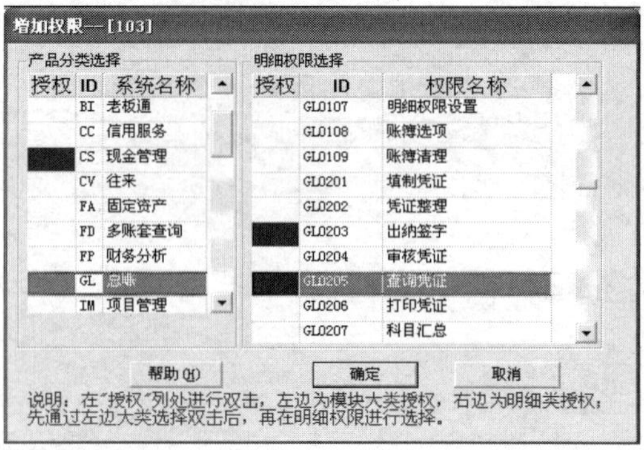

图 2.13　为 103 操作员增加权限

任务 5　备份账套

任务下达

由系统管理员进行华宇电脑账套备份。

任务解析

任何使用计算机系统的企业，均会视安全性为第一要务。威胁来自众多的不可预知的因素，如病毒入侵、硬盘故障、自然灾害等，这些都会造成数据丢失，对企业的影响是不可估量的。因此，应定期将系统中的数据进行备份并保存在另外的存储介质上。一旦数据损坏，可以通过引入最近一次备份的数据及时恢复到上一次备份的状态，从而保证企业日常业务的正常进行。

账套备份就是将 T3 中的账套数据备份到硬盘或其他存储介质。如果系统内的账套已经不需要再保留，也可以使用账套备份中的删除账套功能删除账套。

任务详情

将 500 账套备份到“E:\账套备份\系统管理”文件夹中。

任务指引

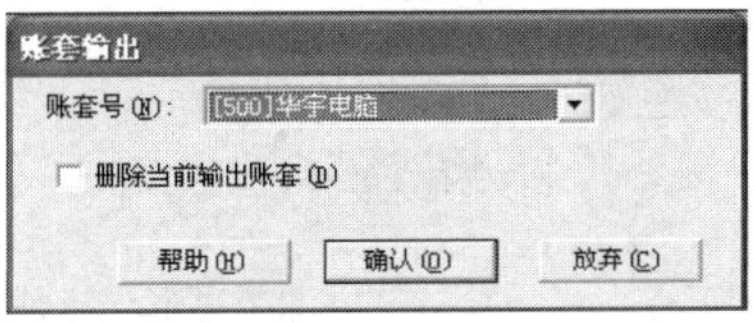

图 2.14　账套备份

步骤 1　在 E 盘中建立“账套备份”文件夹，在其中再建立“系统管理”文件夹。

步骤 2　以系统管理员的身份登录系统管理，选择“账套”|“备份”命令，打开“账套输出”对话框。

步骤 3　从“账套号”下拉列表框中选择要输出的账套“[500]华宇电脑”，如图 2.14 所示。然后单击“确认”按钮。

步骤 4　系统对所要备份的账套数据进行压缩处理，稍候系统压缩完成，打开“选择备份目标”对话框。

步骤 5　选择存放账套备份数据的文件夹为“E:\账套备份\系统管理”，单击“确认”按钮，系统弹出“硬盘备份完毕！”信息提示框。然后单击“确定”按钮返回。

注意

① 备份路径下有两个文件 UFDATA.BA_和 UF2KAct.Lst。这两个备份文件只能通过恢复账套功能还原到 T3 中才可以阅读。

② 备份账套前应关闭正在运行的所有子系统。

③ 如果在账套输出界面选中“删除当前输出账套”复选框，即可以删除当前账套。

任务 6　恢复账套

任务下达

由系统管理员进行华宇电脑账套恢复。

任务解析

账套恢复是指将硬盘或其他存储介质中的备份数据恢复到指定路径中。计算机故障或病毒侵犯都会导致系统数据受损，这时利用账套恢复功能恢复备份数据，可以将损失降到最低。另外，这一功能为集团公司的财务管理提供了方便。子公司的账套数据可以定期被恢复到母公司系统中，以便进行有关账套数据的分析和合并工作。

任务详情

利用账套恢复功能将 500 账套恢复到本机中。500 账套的存储路径为“E:\账套备份\系统管理”。

任务指引

步骤 1　以系统管理员的身份登录系统管理，选择“账套”|“恢复”命令，打开“恢复账套数据”对话框。

步骤 2　选择指定路径下的 UF2KAct.Lst 文件后单击“打开”按钮，系统弹出“此项操作将覆盖[500]账套当前所有的信息，继续吗？”信息提示框。

步骤 3　单击“是”按钮，系统进行账套数据的恢复，完成后提示“账套[500]恢复成功！”。然后单击“确定”按钮返回。

拓展任务

任务 1　设定或取消账套主管

任务下达

由系统管理员为操作员 demo 设置账套主管权限。

任务解析

账套主管既可以在建立企业账套时指定，也可以在“操作员权限”对话框中设定或取消。

任务指引

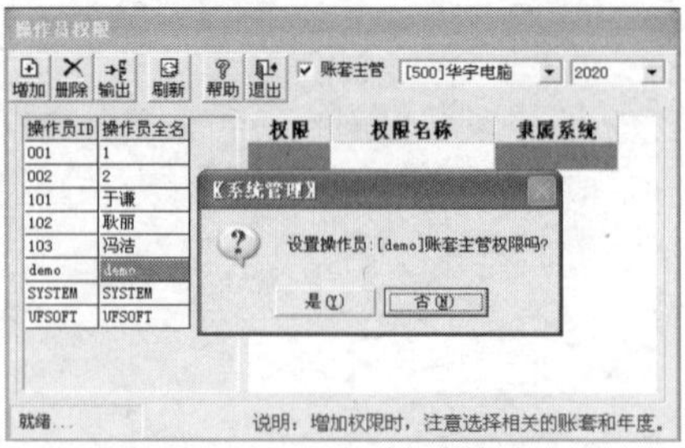

图 2.15　设置账套主管

步骤 1　由系统管理员在系统管理中选择“权限”|“权限”命令，打开“操作员权限”对话框。

步骤 2　从账套下拉列表框中选择“[500]华宇电脑”账套，再从操作员列表框中选择 demo。右边的权限列表框显示为空，表示 demo 目前不具有任何权限。

步骤 3　选中“账套主管”复选框，系统弹出信息提示框如图 2.15 所示。单击“是”按钮，即设定了 demo 为 500 账套的账套主管。此时，从右侧权限列表框中可以看到账套主管拥有 T3 中所有子系统的操作权限。

注意

① 设置或取消账套主管只能由系统管理员进行。
② 一个账套可以设定多个账套主管，一个操作员也可以担任多个账套的账套主管。
③ 账套主管自动拥有该账套的所有权限。

任务2　修改账套

任务下达

由账套主管修改账套参数：供应商需要分类核算。

任务解析

账套建立后或经过一段时间的运行，发现账套的某些信息需要修改或补充时，可以通过修改账套功能完成。

只有账套主管有权修改账套。

任务指引

1．以账套主管身份登录系统管理

步骤1　如果已经以系统管理员的身份进入了系统管理，需要选择“系统”|“注销”命令注销当前操作员。然后重新选择“系统”|“注册”命令，打开“注册〖控制台〗”对话框。

步骤2　输入用户名为101、密码为1，在“账套”下拉列表框中选择“[500]华宇电脑”，如图2.16所示。

步骤3　单击“确定”按钮，以账套主管的身份进入系统管理。

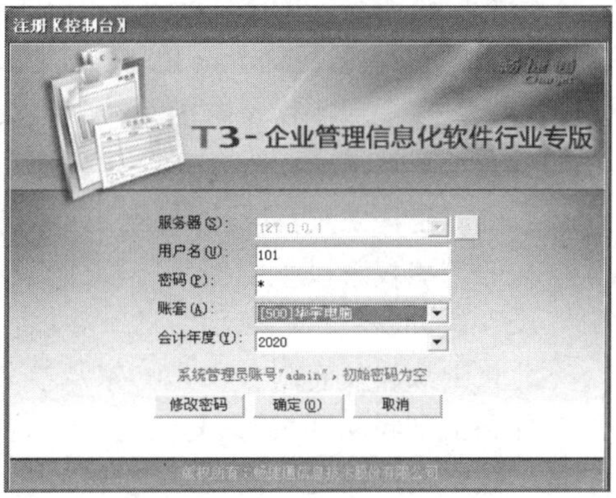

图2.16　以账套主管身份登录系统管理

2．修改账套参数

步骤1　以账套主管的身份登录系统管理，选择“账套”|“修改”命令，打开“修改账套”对话框。

步骤2　单击“下一步”按钮，直至打开“创建账套——基础信息”对话框。从中选中“供应商是否分类”复选框，然后单击“完成”按钮，完成账套信息修改。

注意

① 不是所有的账套信息都能修改，如账套号就不能修改。
② 分类编码方案和数据精度在T3的基础设置中可以修改。

通关测试

一、判断题

1. 只有以账套主管的身份登录系统管理才能进行创建账套的工作。（　）
2. 从系统安全考虑，操作员应定期通过系统管理员更改自己的密码。（　）
3. 一个账套可以指定多个账套主管。（　）
4. 系统管理员和账套主管拥有 T3 中所有子系统的操作权限。（　）
5. 只有设置了启用的子系统才可以进行登录。（　）

二、选择题

1. 系统管理员无权进行以下哪种操作？（　）
   A．建立账套　B．修改账套　C．备份账套　D．恢复账套
2. 以下哪一项是区分不同账套的唯一标识？（　）
   A．账套号　B．账套名称　C．单位名称　D．账套主管
3. 关于启用系统，以下说法正确的是（　）。
   A. 只能由系统管理员启用系统
   B. 只能由账套主管启用系统
   C. 系统管理员和账套主管均可以启用系统
4. 关于账套主管，以下说法正确的是（　）。
   A．可以增加用户　B．可以为本账套的用户设置权限
   C．自动拥有本账套所有子系统的操作权限　D．可以删除自己所管辖的账套
5. 如果要给王莉赋予账套主管的权限，以下哪种方法是可行的？（　）
   A．在增加操作员时由系统管理员指定王莉为账套主管。
   B．由王莉建立账套便自动成为该账套的账套主管。
   C．在建立账套时由系统管理员选择王莉为该账套的账套主管。
   D．在权限设置中由系统管理员指定王莉为该账套的账套主管。

三、实训题

北京中顺科技有限公司是一家从事多媒体产品研发、生产和销售的公司，主要产品有多媒体套件和定制礼品两大系列。2020 年 1 月，中顺科技购买了 T3 的总账管理、财务报表、工资管理、固定资产管理、购销存管理和核算管理子系统，并准备于 2020 年 1 月开始使用 T3 管理企业业务。本实训题就是将中顺科技会计信息化实施过程按照 T3 功能结构进行拆分，循序渐进、分步实施，最终实现企业业财一体化管理目标。

实训 1：企业建账

1. 增加操作员

根据中顺科技目前的岗位设置，整理 T3 系统操作员，如表 2.3 所示。

表 2.3　操作员

编　号	姓　名	部　门	初始密码
1101	白兵	财务部	空
1102	李炎	财务部	空

（续表）

编　号	姓　名	部　门	初始密码
1103	苏浩	财务部	空
1104	吴越	采购部	空
1105	肖义	销售部	空

2. 建立企业核算账套

企业相关信息如下。

① 北京中顺科技有限公司（简称中顺科技）位于北京市朝阳区光华路甲 6 号，法人代表孙云，联系电话为 010-85906403，企业纳税登记号为 91120109836521652C，账套号定为 301。

② 该企业属于工业企业，从事软硬件及相关产品的生产和销售；采用 2007 年新会计制度科目核算体系；记账本位币为人民币；于 2020 年 1 月采用 T3 进行会计核算和企业日常业务处理。

③ 存货、企业客户需要分类管理；企业有外币业务；业务流程均使用标准流程。

④ 编码规则为：科目编码级次为 4222；客户分类编码级次为 12；地区分类为 12；存货分类编码为 122；其他采用系统默认。

⑤ 数据精度采用系统默认。

建账完成后启用总账系统。

3. 为操作员分配权限

按照中顺科技目前的岗位分工及工作职责，总结应为操作员分配的权限如表 2.4 所示。

表 2.4　操作员权限

编　号	姓　名	工作职责	T3 中的权限
1101	白兵	负责系统初始设置和各类单据的审核工作	账套主管
1102	李炎	① 总账系统制单、记账、结账； ② 固定资产业务处理及制单； ③ 工资业务的处理及制单； ④ 客户及供应商往来制单、购销单据制单、报表编制，上述模块的结账	① 公用目录设置； ② 选择总账管理中除“审核凭证”“出纳签字”和“恢复记账前状态”以外的所有权限； ③ 往来、固定资产、工资管理、应付管理、应收管理、核算和财务报表模块的所有权限
1103	苏浩	出纳签字、日记账查询、银行对账	① 公用目录设置； ② 现金管理； ③ 选择总账管理中“出纳签字”“现金流量明细表”和“现金流量统计表”权限
1104	吴越	负责采购与应付业务、入库业务和结账处理	① 公用目录设置； ② 应付管理、采购管理、库存管理、核算模块的所有权限
1105	肖义	负责销售与应收业务、出库业务和结账处理。	① 公用目录设置； ② 应收管理、销售管理、库存管理、核算模块的所有权限

4. 备份账套至“E:\中顺科技\系统管理”中

项目 3 基础档案设置

知识目标

1. 了解基础档案设置的重要性。
2. 理解各项基础档案的含义。
3. 掌握基础档案整理的基本方法。

技能目标

掌握不同类别的基础档案的输入方法。

项目背景

华宇电脑在 T3 中建立账套之后，只相当于形成了一套数据库文件空表，其中是不包括任何数据的。计算机信息处理的优势主要表现在数据处理速度快、精确度高、分析统计汇总方便等，而基础档案是计算机进行汇总统计的依据。用 T3 处理企业日常业务需要用到大量的基础档案信息，如部门、会计科目等，因此项目实施小组需要结合企业的实际情况和 T3 数据设置的基本要求做好基础档案的整理准备，并正确地输入到系统中，作为系统运行的基本条件。

为了逐步深入理解和掌握 T3 的功能，华宇电脑项目实施小组准备采用循序渐进的策略，先学习财务模块，再学习业务模块。在本项目中，我们就随同项目实施小组做好与财务模块相关的基础档案的整理，并输入到 T3 中。

基本知识

3.1 整理基础档案

基础档案是会计信息系统运行必需的基础数据。T3 需要的基础数据不仅涉及财务部门，还涉及业务部门，因此数据收集、整理的工作量很大。

按照 T3 的要求，从实现财务业务一体化的管理需求出发，需要准备的基础档案如表 3.1 所示。

表 3.1 基础档案的整理

基础档案分类	基础档案目录	档案用途	前提条件
机构设置	部门档案	设置与企业财务核算和管理有关的部门	设置部门编码方案
	职员档案	设置企业职工信息	设置部门档案

（续表）

基础档案分类	基础档案目录	档案用途	前提条件
往来单位	客户分类	便于进行业务数据的统计、分析	先确定对客户分类，然后确定编码方案
	客户档案	便于进行客户管理和业务数据的输入、统计、分析	建立客户分类档案
	供应商分类	便于进行业务数据的统计、分析	先确定对供应商分类，然后确定编码方案
	供应商档案	便于进行供应商管理和业务数据的输入、统计、分析	建立供应商分类档案
	地区分类	针对客户、供应商所属地区进行分类，便于进行业务数据的统计、分析	
存货	存货分类	便于进行企业存货的输入、统计、分析	先确定对存货分类，然后确定编码方案
	存货档案	便于存货核算、统计、分析和实物管理	建立存货分类档案
财务	会计科目	设置企业核算的科目目录	设置科目编码方案和外币种类
	凭证类别	设置企业核算的凭证类型	
	外币种类	设置企业用到的外币种类和汇率	
	项目目录	设置企业需要对其进行核算和管理的对象、目录	可将存货、成本对象、现金流量直接作为核算的项目目录
收付结算	结算方式	资金收付业务中用到的结算方式	
	付款条件	设置企业与往来单位协议规定的收、付款折扣优惠方法	
	开户银行	设置企业在收付结算中对应的开户银行信息	
购销存	仓库档案	设置企业存放存货的仓库信息	
	收发类别	设置企业的入库、出库类型	
	采购类型	设置企业在采购存货时的各项业务类型	设置好收发类别为收
	销售类型	设置企业在销售存货时的各项业务类型	设置好收发类别为发
	产品结构	设置企业各种产品的组成内容，以利于配比出库、成本计算	建立存货、仓库档案

3.2　输入基础档案

基础档案整理完后，还需要准确、完整地输入系统中，作为系统运行的基础。表 3.1 中列示了使用 T3 要准备的所有基础档案，本项目中我们先完成与财务系统相关的档案输入。

实训任务

任务 1　机构设置

任务下达

以系统管理员的身份在系统管理中恢复“系统管理”账套；以账套主管的身份登录 T3，进行机构设置。

任务解析

机构设置包含两项内容：部门档案和职员档案。必须先建立部门档案，再建立职员档案。

1．部门档案

部门是指与企业财务核算或业务管理相关的职能单位，不一定与企业设置的现存部门一一对应。设置部门档案的作用在于：企业的收入、费用通常以部门为单位归集；职工薪资按部门统计；企业购置的固定资产需要按部门进行管理。

2．职员档案

职员是指与企业业务活动有关的企业员工，如采购员、销售员等。设置职员档案的作用在于：按职员记录借款还款情况；按职员统计销售业绩；追踪订单，等等。

任务详情

华宇电脑部门档案如表 3.2 所示；职员档案如表 3.3 所示。

表 3.2　部门档案

部门编码	部门名称
1	企管办
2	财务部
3	采购部
4	销售部
401	国内销售部
402	国际销售部
5	生产部

表 3.3　职员档案

职员编号	职员名称	所属部门
101	何润东	企管办
201	于谦	财务部
202	耿丽	财务部
203	冯洁	财务部
301	杨帅	采购部
401	任志刚	国内销售部
402	黄海波	国际销售部
501	陈小春	生产部

任务指引

1．以账套主管的身份登录 T3

步骤 1　选择“开始”|“程序”|“T3-企业管理信息化软件行业专版”|T3|“T3-企业管理信息化软件行业专版”命令，打开“注册〖控制台〗”对话框。

步骤 2　输入用户名为 101、密码为 1，选择“[500]华宇电脑”账套、操作日期为“2020-01-01”，如图 3.1 所示。

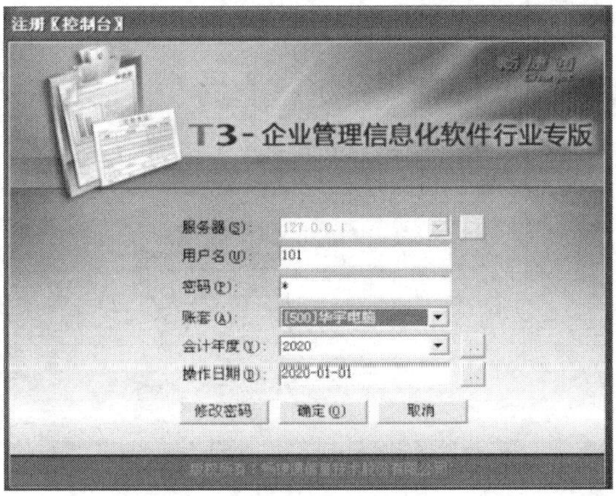

图 3.1　登录 T3-企业管理信息化软件行业专版

步骤 3　单击“确定”按钮，进入 T3 主界面，如图 3.2 所示。

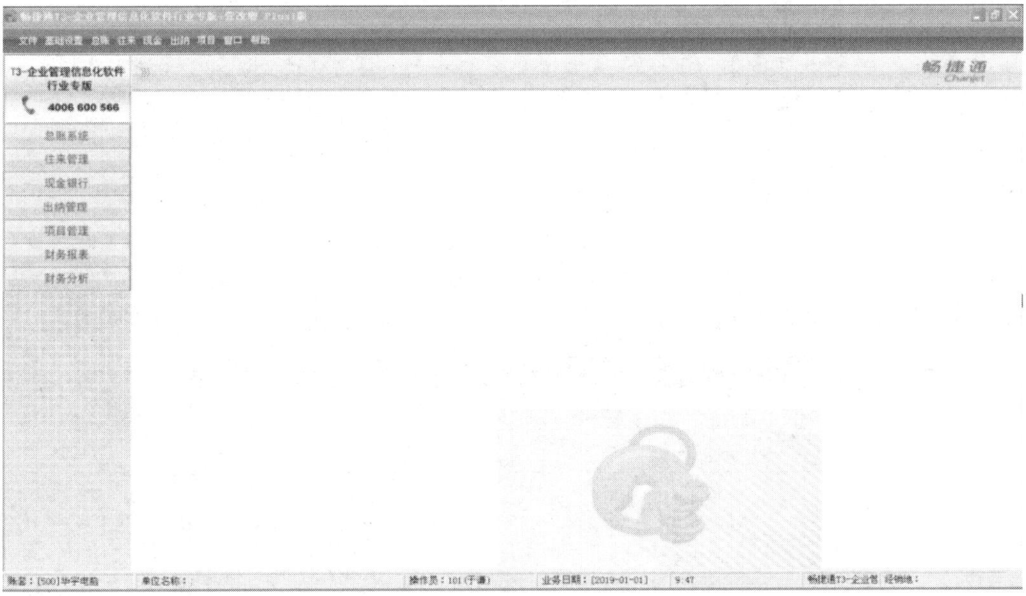

图 3.2　T3 主界面

注意

为了安全起见，操作员应定期更换自己的登录密码，方法是在“注册〖控制台〗”对话框中通过单击“修改密码”按钮完成。

2．输入部门档案

步骤 1　选择“基础设置”|“机构设置”|“部门档案”命令，打开“部门档案”对话框。

步骤 2　输入部门编码为 1、部门名称为“企管办”，然后单击“保存”按钮。

步骤 3　同理，输入其他部门档案。全部资料输入完成后，如图 3.3 所示。

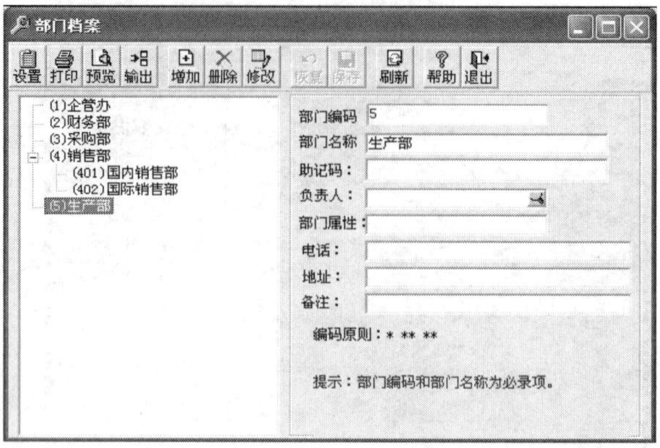

图 3.3　部门档案

注意

① 部门编码和部门名称为必须输入项。

② 部门编码必须符合编码原则。

③ 在未建立职员档案前，不能选择输入负责人信息。可以在职员档案建立完成后，再回到“部门档案”对话框通过“修改”按钮补充输入负责人信息。

3．输入职员档案

步骤 1　选择“基础设置”|“机构设置”|“职员档案”命令，打开“职员档案”对话框。

步骤 2　输入职员编号为 101、职员名称为“何润东”。然后双击所属部门，再单击（参照）按钮，打开“部门参照”对话框，从中选择“企管办”。

步骤 3　单击“增加”按钮，输入其他职员信息。全部输入完成后，如图 3.4 所示。

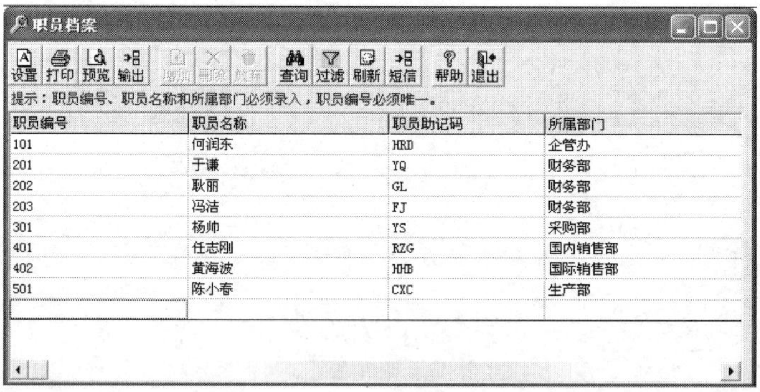

图 3.4　职员档案

注意

① 职员编号、职员名称和所属部门为必须输入项。

② 如果要保存已输入的内容，必须在单击“增加”按钮（或按回车键）增加新的空白行后才能保存。否则，在输入完一行内容后直接单击“退出”按钮，可放弃对当前行的操作。

③ 职员档案资料一旦使用将不能修改或删除。

任务 2　往来单位设置

任务下达

以账套主管的身份登录 T3，进行往来单位设置。

任务解析

往来单位设置包括 5 项内容：客户、供应商和地区分类设置，以及客户和供应商档案设置。必须先建立分类，才能在分类下建立档案。

1．客户和供应商分类

当企业客户和供应商较多时，可以按照一定的标准对客户和供应商进行分类，以便对业务数据进行统计和分析。例如，可以按照行业、地区、规模等分类。只有在建立账套时选择了对客户和供应商进行分类，才能在基础设置中建立客户分类档案和供应商分类档案。

2．客户和供应商档案

客户是企业的重要资源，建立客户分类后，必须将客户设置在最末级的客户分类之下。如果对客户和供应商没有进行分类管理的需求，可以直接建立客户和供应商档案。

任务详情

华宇电脑客户分类如表 3.4 所示；客户档案如表 3.5 所示；供应商档案如表 3.6 所示。

表 3.4　客户分类

客户分类编码	客户分类名称
01	国内
02	国外

表 3.5　客户档案

编号	客户名称	简　称	所属分类码	税　号	开户银行	账　号	分管部门	专管业务员
001	瑞美集团股份有限公司	瑞美	01	91110108584321457A	中行北京分行	5483042305342532452	国内销售部	任志刚
002	北京实创技术学院	实创	01		工行北京分行	5832475898257859845	国内销售部	任志刚

表 3.6　供应商档案

编号	供应商名称	简称	税　号	开户银行	账　号	分管部门	专管业务员
001	日星科技有限公司	日星	91110108500400311B	中行北京分行	9984323257237585283	采购部	杨帅
002	亚捷商贸有限公司	亚捷	91110105532998772I	工行北京分行	9832823655838435683	采购部	杨帅

任务指引

1．输入客户分类

步骤1　选择“基础设置”|“往来单位”|“客户分类”命令，打开“客户分类”对话框。

步骤2　单击“增加”按钮，在右侧窗格的“类别编码”中输入01、“类别名称”中输入“国内”，然后单击“保存”按钮。

步骤3　按表3.4所示内容输入其他资料。

2．输入客户档案

步骤1　选择“基础设置”|“往来单位”|“客户档案”命令，打开“客户档案”对话框。

步骤2　在左侧列表中选择客户分类“01 国内”，然后单击“增加”按钮，打开“客户档案卡片”对话框。按表3.5所示内容输入客户档案信息。

在“客户档案卡片”对话框中，客户信息分为“基本”“联系”“信用”“其他”几个选项卡存放。

对“基本”选项卡中的各选项说明如下。

① 客户编号。客户编号必须唯一，可以用数字或字符（含汉字或空格）表示。此项必须输入，且一经输入不得修改。

② 客户名称。客户名称可以是汉字或英文字母，不能为空。客户名称一般用于销售发票的打印。

③ 客户简称。客户简称可以是汉字或英文字母，不能为空。客户简称用于业务单据和账表的屏幕显示。例如，屏幕上销售发货单的“客户”栏中显示的内容即为客户简称。

④ 所属分类码。系统根据增加客户前所选择的客户分类自动填写。

⑤ 所属地区码。输入客户所属地区的代码。在输入系统中已存在的代码时，自动转换成地区名称，显示在该选项的文本框内。

⑥ 客户总公司。客户总公司是指当前客户所隶属的最高一级的公司——该公司必须是已经设定的另一个客户。在进行销售开票结算处理时，对具有同一个客户总公司的不同客户的发货业务，可以汇总在一张发票中统一开票结算。输入客户所属总公司的客户编号，当输入系统中已存在的编号时，会自动转换成客户简称，显示在该选项右侧的文本框内。

⑦ 所属行业。输入客户所归属的行业。该选项可以为空。

⑧ 税号。输入客户的税号，用于销售发票税号栏内容的屏幕显示和打印输出。

⑨ 法人。输入客户单位法人代表的姓名。该选项可以为空。

⑩ 开户银行、银行账号。在开户银行选项处输入客户开户银行的名称，如果客户的开户银行有多个，在此处输入该单位与本单位发生业务往来最常用的开户银行，此选项可以为空；在银行账号选项处输入客户在其开户银行中的账号，银行账号应对应于开户银行一项所填写的内容。

注意

不录入客户税号将无法为该客户开具销售专用发票。

对“联系”选项卡中的各选项说明如下。

① 地址、电话、手机。用于销售发票相应栏目内容的屏幕显示和打印输出。

② 发货地址。为销售发货单中发货地址栏设置默认取值，通常为客户主要仓库的地址。

③ 发货方式。为销售发货单中发货方式栏设置默认取值。

④ 发货仓库。设置销售单据中仓库的默认取值。

对“信用”选项卡中的各选项说明如下。

① 应收余额。这是指客户当前的应收账款的余额。此选项由系统自动维护，用户不能修改。

② 扣率。输入客户在一般情况下可以享受的购货折扣率，作为销售单据中折扣栏的默认取值。

③ 信用等级。按照用户自行设定的信用等级分级方法，依据客户在应收款项方面的表现，输入客户的信用等级。

④ 信用额度。输入该客户的授信额度。

⑤ 信用期限。可作为计算客户超期应收款项的计算依据。其度量单位为“天”。

⑥ 付款条件。用于销售单据中付款条件的默认取值。

⑦ 最后交易日期。系统自动显示客户最后一笔业务的交易日期。

⑧ 最后交易金额。系统自动显示客户最后一笔业务的交易金额。

⑨ 最后收款日期。系统自动显示客户最后一笔业务的收款日期。

⑩ 最后收款金额。系统自动显示客户最后一笔业务的收款金额。

注意

应收余额、最后交易日期、最后交易金额、最后收款日期、最后收款金额5项内容由系统自动维护，只能查看，不能修改。

对“其他”选项卡中的各选项说明如下。

① 分管部门。该客户归属分管的销售部门。

② 专营业务员。这是指该客户由哪个业务员负责联系。

③ 发展日期。与客户建立供货关系的起始时间。

④ 停用日期。自停用日期之始，在任何业务单据中都不允许再参照该客户。

步骤3　输入完成后的“客户档案”对话框如图3.5所示。

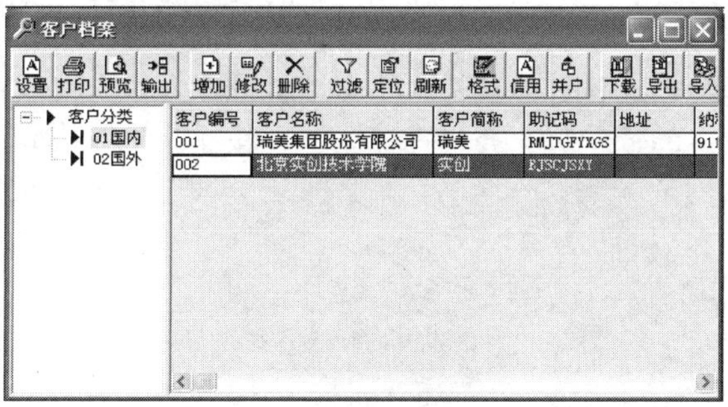

图3.5　客户档案

3. 输入供应商档案

步骤1　选择“基础设置”|“往来单位”|“供应商档案”命令，打开“供应商档案”对话框。

步骤2　在左侧列表中选择“00 无分类”，然后单击“增加”按钮，打开“供应商档案卡片”对话框。

步骤3　按表3.6所示的资料输入供应商档案信息。

任务 3　财务设置

任务下达

以账套主管的身份进行财务档案设置。

任务解析

财务相关档案设置包括外币设置、会计科目设置、凭证类别设置和项目目录设置。

1．外币设置

如果企业有外币核算业务，需要事先进行外币和汇率的设置。此后，如果在填制凭证时使用了外币核算科目，系统会自动调用在此处设置的汇率，从而既减轻了用户重复输入汇率的工作量，又可有效避免差错的发生。

2．会计科目设置

设置会计科目是会计核算方法之一，用于分门别类地反映企业经济业务，是登记账簿、编制会计报告的基础。T3 预置了现行会计制度规定的一级会计科目和部分二级会计科目，企业可根据本单位实际情况修改科目属性并补充明细科目。

在设置会计科目时，应该注意以下问题：首先，会计科目的设置必须满足会计报表编制的要求，凡是报表所用数据，需要从系统取数的，必须设立相应的科目；其次，会计科目要保持相对稳定；最后，设置会计科目要考虑各个子系统的衔接。在总账管理子系统中，只有末级会计科目才允许有发生额，才能接收各个子系统转入的数据，因此要将各个子系统中的核算科目设置为末级科目。

一般来说，为了充分体现计算机管理的优势，在企业原有的会计科目基础上，应对以往的一些科目结构进行优化调整，而不是完全照搬照抄。例如，当企业规模不大、往来业务较少时，可采用与手工方式一样的科目结构和记账方法，即通过对往来单位、个人、部门、项目设置明细科目来进行核算管理；而对于一个往来业务频繁，清欠、清理工作量大，核算要求严格的企业来说，应该采用总账管理子系统提供的辅助核算功能进行管理，即将这些明细科目的上级科目设为末级科目并设为辅助核算科目，且将这些明细科目设为相应的辅助核算目录。一个科目设置了辅助核算后，所发生的每一笔业务将登记在总账和辅助明细账上。例如，未使用辅助核算功能时，可将科目做如下设置。

科目编码	科目名称
1122	应收账款
112201	北京益业有限公司
112202	上海凌峰科技公司
……	
1221	其他应收款
122101	差旅费应收款
12210101	林涛
12210102	马云
122102	个人借款
12210201	任福林

12210202 李雨菲

……

1401 材料采购

140101 A 材料

140102 B 材料

……

1604 在建工程

160401 工程物资

16040101 A 部门

16040102 B 部门

……

5602 管理费用

560201 办公费

56020101 A 部门

56020102 B 部门

……

启用总账管理子系统的辅助核算功能进行核算时，可将科目做如下设置。

科目编码	科目名称	辅助核算
1122	应收账款	客户往来
1221	其他应收款	
122101	差旅费应收款	个人往来
122102	个人借款	个人往来
1401	材料采购	项目核算
1604	在建工程	
160401	工程物资	部门项目
5602	管理费用	
560201	办公费	部门核算

会计科目的常用操作包括增加会计科目、修改会计科目和指定会计科目。如果在建账时选择了按行业预置科目，那么由于系统内已预置了行业一级科目，因此企业需要增加的主要是明细科目。系统预置的科目没有设置任何辅助核算，企业需要利用修改会计科目功能为科目设置合适的辅助核算；为了加强对现金收付及其管理，需要通过指定会计科目功能指定出纳的专管科目，包括现金科目、银行科目和现金流量科目。

3．凭证类别设置

在手工环境下，企业多采用收、付、转 3 类凭证或银、现、转 3 类凭证，或者划分为银收、银付、现收、现付、转 5 类凭证。当然，还有更复杂的分类。为什么要对凭证分类呢？其深层原因在于：一是不同类别的凭证可以印制成不同的颜色，有些凭证只需要填写对方科目，从而节省书写的工作量；另一个原因是便于分类统计汇总。在信息化环境下实现了计算机自动记账，且各类查询是以科目编号为检索条件的，因此凭证分类的意义已不复存在，为简化起见，可采用单一凭证类别。

4．项目目录设置

在所有类别的辅助核算中，项目是最灵活、最不好理解的一个概念。项目可以是工程，可以是订单，也可以是产品。总之，我们可以把需要单独计算成本或收入的对象都视为项目。在企业中通常存在多种不同的项目，对应地在软件中可以定义为多类项目核算，将具有相同特性的一类项目定义为一个项目大类。为了便于管理，对每个项目大类还可以进行明细分类，在最末级明细分类下再建立具体的项目档案。为了在业务发生时将数据准确归入对应的项目，需要在项目和已设置为项目核算的科目间建立对应关系。这是不是有些复杂呢？其实，只要遵循以下提示就可以快速建立项目档案。

① 定义项目大类。定义项目大类包括指定项目大类名称、定义项目级次和定义项目栏目 3 项工作。项目级次是确定该项目大类下所管理的项目级次和每级的位数；项目栏目是针对项目属性的记录。例如，定义项目大类“工程”，“工程”下又分了一级，则设置 1 位数字即可，而“工程”要记录的必要内容，如“工程号”“工程名称”“负责人”“开工日期”“完工日期”等可作为项目栏目。

② 指定核算科目。这是指指定设置了项目辅助核算的科目具体要核算哪一个项目，以建立项目和核算科目之间的对应关系。

③ 定义项目分类。例如，将工程分为“自建工程”和“外包工程”。

④ 定义项目目录。定义项目目录是指将每个项目分类中所包含的具体项目输入系统。具体每个项目输入哪些内容取决于项目栏目的定义。

任务详情

1．外币核算

华宇电脑采用固定汇率核算外币，外币只涉及美元一种，美元币符为$，2020 年 1 月初汇率为 6.8。

2．会计科目设置

按表 3.7 所示增加华宇电脑常用会计科目；按表 3.8 所示修改会计科目，并指定“1001 库存现金”为现金总账科目，指定“1002 银行存款”为银行总账科目，指定“1001 库存现金”“10020101 人民币户”“10020102 美元户”“1012 其他货币资金”为现金流量科目。

表 3.7　增加会计科目

科目编号及名称	辅助核算	账页格式	币别/计量单位	方　向
100201 中行存款	银行账、日记账	金额式		借
10020101 人民币户	银行账、日记账	金额式		借
10020102 美元户	银行账、日记账	外币金额式	美元	借
140301 主板	数量核算	数量金额式	个	借
140302 键盘	数量核算	数量金额式	个	借
190101 待处理流动资产损溢		金额式		借
190102 待处理固定资产损溢		金额式		借
220201 应付货款	供应商往来	金额式		贷
220202 暂估应付款		金额式		贷
400101 直接材料	项目核算	金额式		借
400102 直接人工		金额式		借
400103 制造费用		金额式		借
400104 其他		金额式		借
410101 工资		金额式		借
410102 折旧费		金额式		借
410103 其他		金额式		借

（续表）

科目编号及名称	辅助核算	账页格式	币别/计量单位	方　向
410104 住房公积金		金额式		借
560108 折旧		金额式		借
560111 住房公积金		金额式		借
560212 差旅费	部门核算	金额式		借
560213 住房公积金		金额式		借

表 3.8　修改会计科目

科目编号及名称	辅助核算	账页格式	方　向
1001 库存现金	日记账	金额式	借
1002 银行存款	银行账、日记账	金额式	借
1121 应收票据	客户往来	金额式	借
1122 应收账款	客户往来	金额式	借
1123 预付账款	供应商往来	金额式	借
1221 其他应收款	个人往来	金额式	借
2201 应付票据	供应商往来	金额式	借
2203 预收账款	客户往来	金额式	贷
5001 主营业务收入	项目核算	金额式	贷
5401 主营业务成本	项目核算	金额式	借

3．凭证类别

华宇电脑采用单一凭证类别“记账凭证”。

4．项目目录

① 按照表 3.9 所示设置华宇电脑项目目录。

表 3.9　项目目录

项目大类	产　品	
项目分类	家用电脑	
核算科目 \ 项目	001 华宇天骄	002 华宇天星
400101 直接材料	是	
5001 主营业务收入	是	
5401 主营业务成本	是	

② 预置现金流量项目大类。

任务指引

1．外币设置

步骤 1　选择“基础设置”|“财务”|“外币种类”命令，打开“外币设置”对话框。

步骤 2　输入币符为“$”、币名为“美元”，其他项目采用默认值，然后单击“确认”按钮。

步骤 3　输入 2020 年 1 月初的记账汇率 6.8，按回车键确认，如图 3.6 所示。然后单击“退出”按钮，完成外币设置。

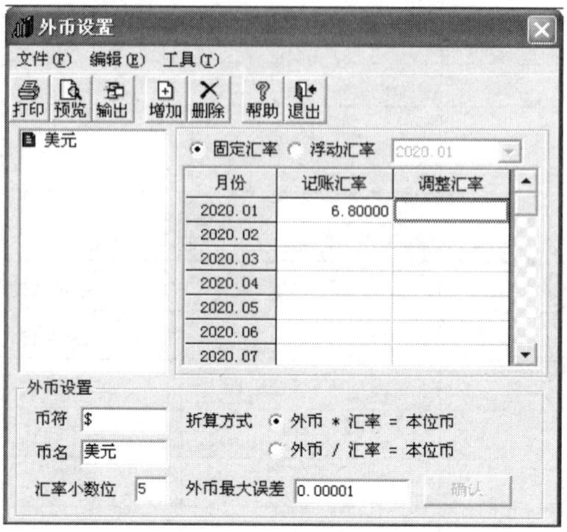

图 3.6　外币设置

注意

① 币符和币名。币符和币名是指定义外币的表示符号及其中文名称。

② 汇率小数位。汇率小数位是指定义外币的汇率小数位数。

③ 折算方式。折算方式分为直接汇率和间接汇率两种：直接汇率即“外币*汇率=本位币”；间接汇率即“外币/汇率=本位币”。

④ 外币最大误差。在记账时，如果外币×（或÷）汇率－本位币>外币最大误差，则系统给予提示。系统默认最大折算误差为 0.00001，即不相等时就提示。

⑤ 固定汇率与浮动汇率。对于使用固定汇率（即使用月初或年初汇率）作为记账汇率的用户，在填制每月的凭证前，应预先在此输入该月的记账汇率，否则在填制该月外币凭证时，将会出现汇率为 0 的错误；对于使用变动汇率（即使用当日汇率）作为记账汇率的用户，在填制凭证的当天，应预先在此输入该日的记账汇率。

⑥ 这里的汇率管理仅提供输入汇率的功能，对于制单时使用固定汇率还是浮动汇率，则取决于总账系统选项的设置。

2．增加会计科目

步骤 1　选择“基础设置”|“财务”|“会计科目”命令，打开“会计科目”窗口。

步骤 2　单击“增加”按钮，打开“会计科目_新增”对话框。

步骤 3　输入科目编码为 100201、科目名称为“中行存款”，然后选中“日记账”和“银行账”复选框，如图 3.7 所示。

步骤 4　单击“确定”按钮保存。

步骤 5　按表 3.7 提供的数据增加其他明细会计科目。对“会计科目_新增”对话框中的各选项说明如下。

① 科目编码。科目编码就是按科目编码方案对每一个科目进行编码定义。对科目进行编码的优点是：便于反映上下级会计科目间的逻辑关系；将会计科目编码作为数据处理的关键字，

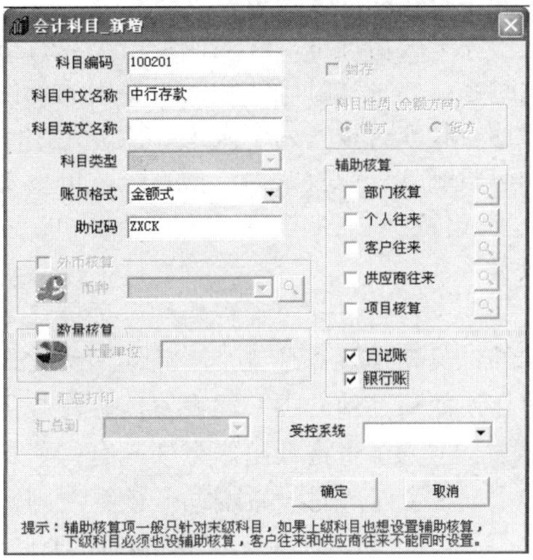

图 3.7　增加会计科目

便于计算机检索、分类及汇总；减少了输入工作量，提高了输入速度；促进了会计核算的规范化和标准化。设置会计科目编码时应注意：一级会计科目编码要符合会计制度的统一要求，明细科目编码要满足建账时设定的编码规则。

② 科目名称。科目名称分为科目中文名称和科目英文名称，两者不能同时为空。科目中文名称是证、账、表上显示和打印的标志，必须意义明确、用语规范，尽量避免重名。

③ 科目类型。科目类型是按会计科目性质对会计科目进行的划分。按照会计制度规定，科目类型分为五大类，即资产、负债、所有者权益、成本、损益。由于一级科目编码的首位数字与科目类型有直接的对应关系，即科目大类代码“1=资产”“2=负债”“3=所有者权益”“4=成本”“5=损益”，因此系统可以根据科目编码自动识别科目类型。

④ 账页格式。该选项设置查询和打印时该科目的会计账页形式。账页格式一般分为金额式、外币金额式、数量金额式、数量外币式几类。一般情况下，有外币核算的科目可设置为外币金额式；有数量核算的科目可设置为数量金额式；既有数量又有外币核算的科目可设置为数量外币式；既无外币又无数量核算的科目可设置为金额式。

⑤ 外币核算。该选项设置该科目是否核算外币，如果是，就需要选择外币种类。一个科目只能核算一种外币。

⑥ 数量核算。该选项用于设置该科目是否有数量核算，以及数量的计量单位。计量单位可以是任何汉字或字符，如千克、件、吨等。

⑦ 汇总打印。在同一张凭证中当某科目或同一上级科目的末级科目有多笔同方向的分录时，如果希望将这些分录按科目汇总成一笔打印，就需要对该科目选中“汇总打印”复选框，汇总到的科目设置成该科目本身或其上级科目。

⑧ 封存。被封存的科目在制单时不可以使用。

注意

银行存款科目要按存款账户设置，需要进行数量、外币核算的科目要按不同的数量单位、外币单位建立科目。

会计科目只有在修改状态时才能设置汇总打印和封存。只有末级科目才能设置汇总打印，且汇总到的科目必须为该科目本身或其上级科目。当将该科目设成汇总打印时，系统登记明细账时仍按明细登记，而不是按汇总数登记。此设置仅供凭证打印输出。

⑨ 科目性质。只能在一级科目设置科目性质，下级科目的科目性质与其一级科目的相同。已有数据的科目不能再修改科目性质。

⑩ 辅助核算。辅助核算也叫辅助账类，用于说明本科目是否有其他核算要求。系统除完成一般的总账、明细账核算外，还提供以下几种专项核算功能：部门核算、个人往来核算、客户往来核算、供应商往来核算、项目核算。

辅助核算是 T3 的优势之一。在传统的手工处理方式下，一般是采用设置明细科目的方式来满足特殊的细化核算要求。

在一般情况下，收入或费用类科目可设置成部门辅助核算，日常运营中当收入或者费用发生时系统要求实时确认收入或费用的部门归属，记账时同时登记总账、明细账和部门辅助账；其他应收款可设置为个人往来核算，用于详细记录内部职工的借款情况；与客户的往来科目，如应收账款、应收票据、预收账款可设置成客户往来核算；应付账款、应付票据、预付账款可设置成供应商往来核算；在建工程和收入成本类科目可设置成项目核算，用于按项目归集收入或费用。

一个科目可同时设置两种专项核算。如果企业既希望核算主营业务收入是哪个销售部门的业绩，又希望核算是哪个产品的销售收入，那么可以同时设置部门核算和项目核算。个人往来核算不能与其他专项一同设置，客户与供应商核算也不能一同设置。辅助账类必须设在末级科目上，但为了查询或出账方便，有些科目也可以在末级科目和上级科目同时设置辅助账类。但如果只在上级科目设置辅助账核算，则系统将不承认。

⑪ 日记账。在手工核算下，只对现金和银行科目记日记账；在计算机环境下，突破了记账速度这个瓶颈，企业可以根据管理需要设置对任意科目记日记账。

⑫ 银行账。对银行科目需要设置银行账。填制凭证时如果使用设置了银行账的科目，就需要输入结算方式辅助核算信息以方便今后进行银行对账，同时也方便进行支票登记。

注意

① 增加会计科目时，要遵循先建上级再建下级的原则。

② 科目已经使用，再增加明细科目时，系统会自动将上级科目的数据结转到新增加的第 1 个明细科目上，以保证账账相符。

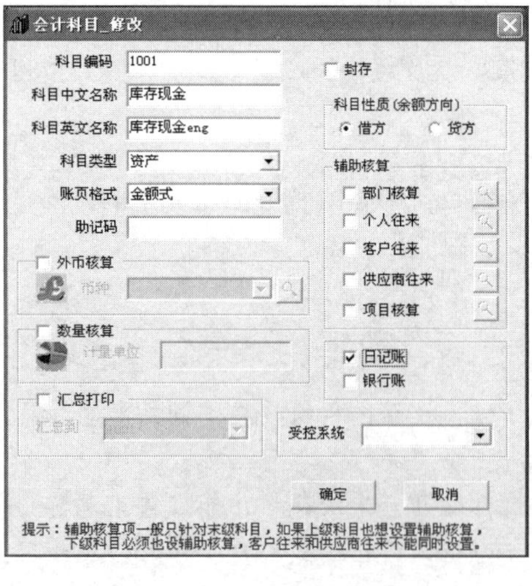

图 3.8　修改会计科目

3．修改会计科目

系统预置的科目中没有指定科目的辅助核算内容，如库存现金科目未设置日记账核算、应收账款未指定客户往来核算，因此需要补充指定科目的辅助核算内容。

步骤 1　在“会计科目”窗口中，选中需要修改的科目“1001 库存现金”，然后单击“修改”按钮，或者直接双击需要修改的科目“1001 库存现金”，打开“会计科目_修改”对话框。

步骤 2　选中“日记账”复选框，如图 3.8 所示。

步骤 3　单击“确定”按钮保存。

步骤 4　按表 3.8 所示资料修改其他会计科目。

注意

已有数据的会计科目，应先将该科目及其下级科目余额清零后再修改。

4．指定会计科目

指定会计科目就是指定出纳的专管科目，一般是现金科目和银行存款科目。指定会计科目后，才能执行出纳签字，从而实现现金、银行管理的保密性，才能查看现金、银行存款日记账。

步骤1　在“会计科目”窗口中，选择“编辑”|“指定科目”命令，打开“指定科目”对话框。

步骤2　选中“现金总账科目”单选按钮，从“待选科目”列表框中选择“1001　库存现金”科目。然后单击“>”按钮，将现金科目添加到“已选科目”列表框中。

步骤3　将“1002　银行存款”科目设置为银行总账科目，如图3.9所示。

步骤4　将“1001　库存现金”“10020101　人民币户”“10020102　美元户”“1012　其他货币资金”指定为现金流量科目。

步骤5　单击“确认”按钮保存。

5．凭证类别设置

步骤1　选择“基础设置”|“财务”|“凭证类别”命令，打开“凭证类别”窗口，如图3.10所示。

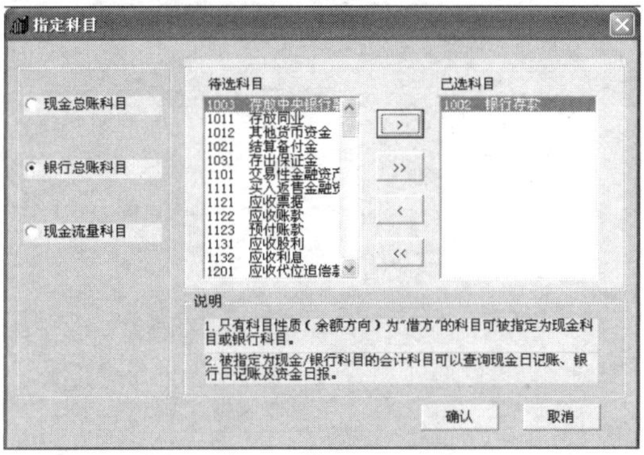

图3.9　指定科目

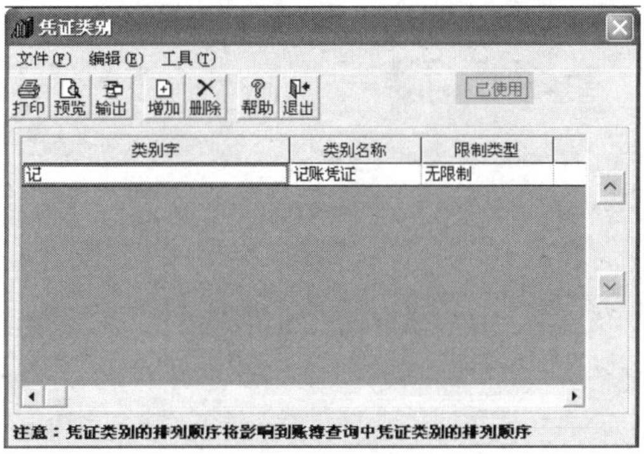

图3.10　设置凭证类别

步骤2　针对小企业行业性质，T3已经预设了“记账凭证”凭证类别，且已使用该凭证类别设置了常用凭证，因此右上角显示“已使用”字样。单击“退出”按钮返回。

6．定义项目目录

步骤1　选择“基础设置”|“财务”|“项目目录”命令，打开“项目档案”窗口。

步骤2　单击“增加”按钮，打开“项目大类定义_增加”对话框。

步骤3　输入新项目大类名称“产品”，选择新增项目大类的属性“普通项目”，如图3.11所示。

步骤4　单击“下一步”按钮，打开“定义项目级次”对话框，设定项目级次“一级1位”，如图3.12所示。

步骤5　单击“下一步”按钮，打开“定义项目栏目”对话框。使用系统默认设置，不做修改。

步骤6　单击“完成”按钮，返回“项目档案”窗口。

步骤7　从“项目大类”下拉列表框中选择“产品”选项，选中“核算科目”单选按钮，单击按钮将全部待选科目选择为按产品项目大类核算的科目，如图3.13所示。然后单击“确定”按钮保存。

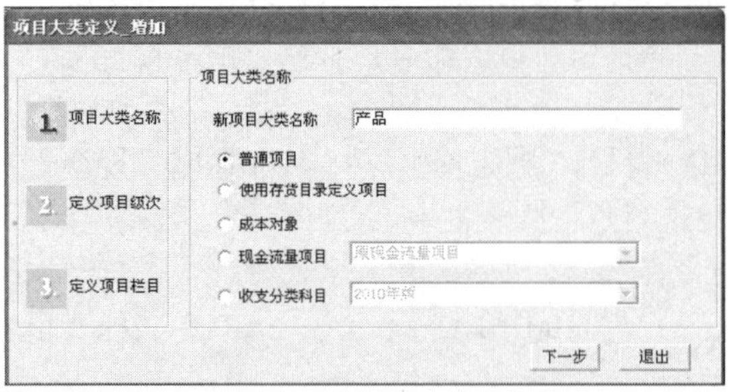

图 3.11　新增项目大类

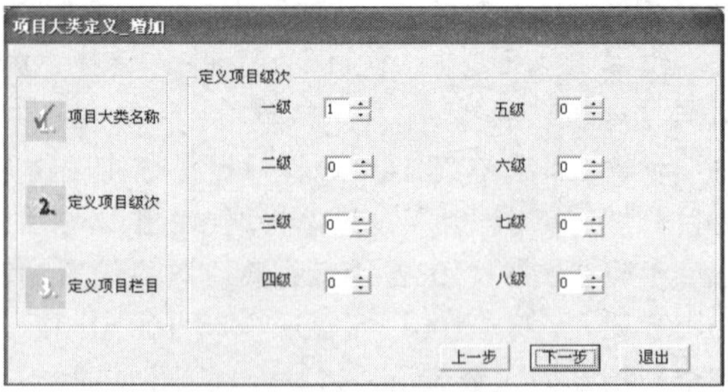

图 3.12　定义项目级次

步骤 8　选中“项目分类定义”单选按钮，输入分类编码为 1、分类名称为“家用电脑”，然后单击“确定”按钮，如图 3.14 所示。

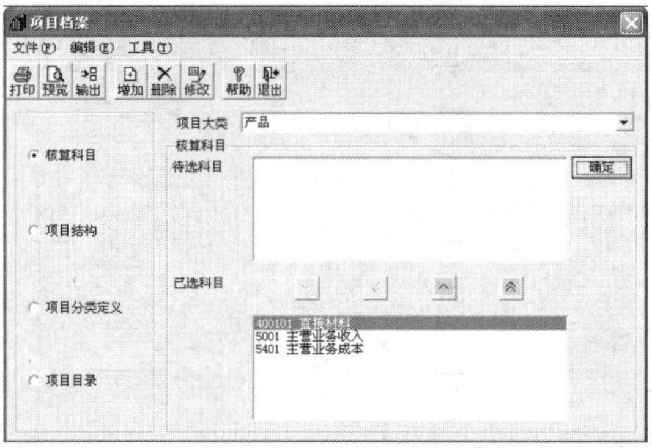

图 3.13　选择项目核算科目

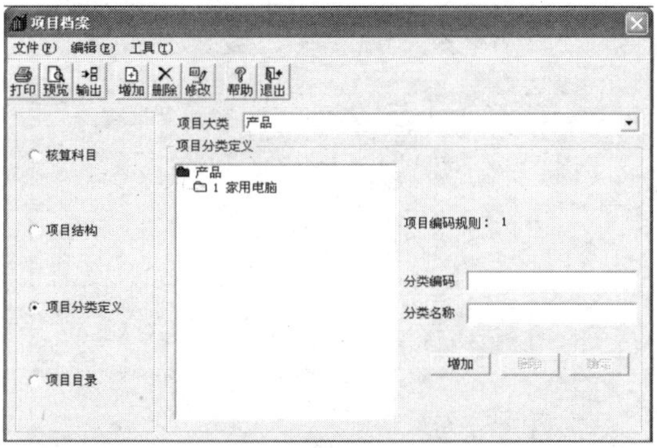

图 3.14　项目分类定义

步骤 9　选中“项目目录”单选按钮，再单击“维护”按钮，打开“项目目录维护”对话框。单击“增加”按钮，按要求输入项目目录，如图 3.15 所示。然后单击“确定”按钮。

7．预置现金流量项目大类

步骤 1　选择“基础设置”|“财务”|“项目目录”命令，打开“项目档案”窗口。

步骤 2　单击“增加”按钮，打开“项目大类定义_增加”对话框。

步骤 3　选择新项目大类的属性“现金流量项目”，从下拉列表框中选择“小企业（2013）”选项，新项目大类名称“现金流量项目”自动生成，如图 3.16 所示。

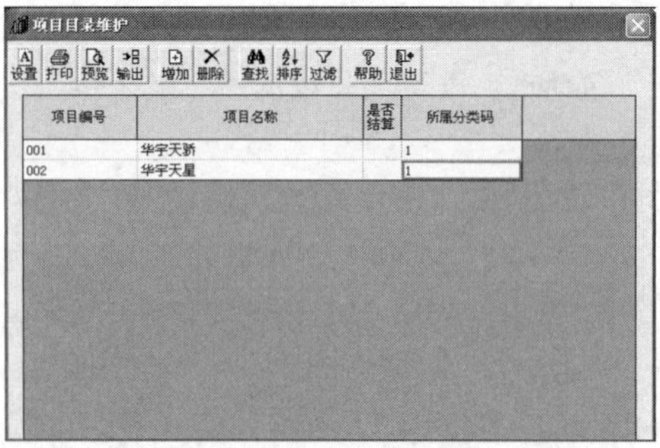

图 3.15　录入项目目录

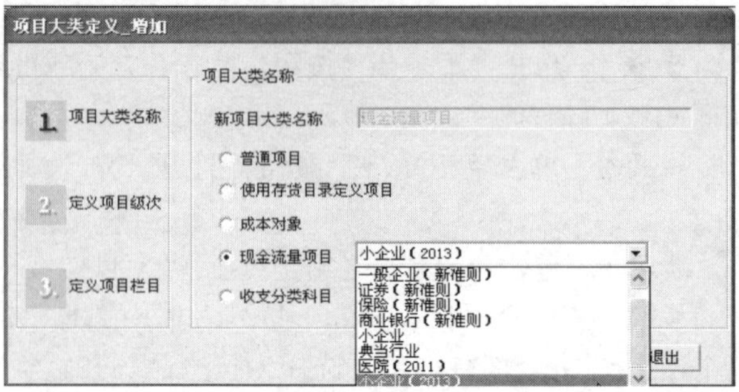

图 3.16　新建现金流量项目大类

步骤 4　单击“完成”按钮，系统弹出“预置完毕”信息提示框。单击“确定”按钮返回。至此，系统已经按照小企业现金流量表项目预置了现金流量项目的项目分类和项目目录，可自行查看。

任务 4　收付结算设置

任务下达

以账套主管身份进行收付结算设置。

任务解析

收付结算设置包括结算方式、付款条件和开户银行 3 项内容。

1．结算方式

设置结算方式的目的一是为了提高银行对账的效率，二是在根据业务自动生成凭证时可以识别相关的科目。T3 中需要设置的结算方式与财务上的结算方式基本一致，如现金结算、支票结算等。手工系统中一般设有支票登记簿，因业务须借用支票时，需要在支票登记簿上签字，回来报销支票时再注明报销日期。在计算机信息系统中同样提供票据管理的功能，如果某种结算方式需要进行票据管理，只需要选中“票据管理方式”复选框即可。

2．付款条件

付款条件也叫现金折扣，是指企业为了鼓励客户提前偿还货款而允诺在一定期限内给予的折扣优惠。设置付款条件的作用是规定企业在经营过程中与往来单位的收、付款折扣优惠方法。例如，折扣条件通常可表示为“5/10，2/20，n/30”，意思是客户在 10 天内偿还贷款，可得到 5%的折扣；在 20 天内偿还贷款，可得到 2%的折扣；在 30 天内偿还贷款，则须按全额支付货款；在 30 天以后偿还贷款，则不仅要按全额支付贷款，还可能要支付延期付款利息或违约金。系统最多同时支持 4 个时间段的折扣。

3．开户银行

开户银行用于设置本企业在收付结算时使用的银行信息。T3 支持多个开户行。

任务详情

1．按表 3.10 所示设置华宇电脑常用的结算方式

2．按表 3.11 所示设置华宇电脑付款条件

表 3.10　结算方式

结算方式编码	结算方式名称	票据管理
1	现金结算	否
2	支票结算	否
201	现金支票	是
202	转账支票	是
3	商业汇票	否
301	商业承兑汇票	否
302	银行承兑汇票	否
4	电汇	否
5	其他	否

表 3.11　付款条件

编　码	信用天数/天	优惠天数 1/天	优惠率 1/%	优惠天数 2/天	优惠率 2/%	优惠天数 3/天	优惠率 3/%
01	30	5	2				
02	60	5	4	15	2	30	1
03	90	5	4	20	2	45	1

3．设置华宇电脑的开户银行

编码为 01，名称为“中国银行北京分行中关村分理处”，账号为 60831578。

任务指引

1．结算方式

步骤 1　选择“基础设置”|“收付结算”|“结算方式”命令，打开“结算方式”对话框。

步骤 2　按要求输入企业常用结算方式，如图 3.17 所示。

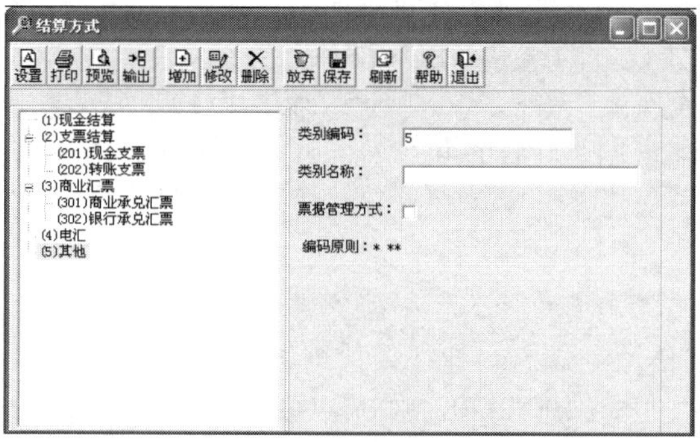

图 3.17　结算方式定义

2．付款条件

步骤 1　选择“基础设置”|“收付结算”|“付款条件”命令，打开“付款条件”对话框。

步骤 2　按任务资料输入付款条件信息，然后单击“增加”按钮或按回车键至下一行保存，如图 3.18 所示。

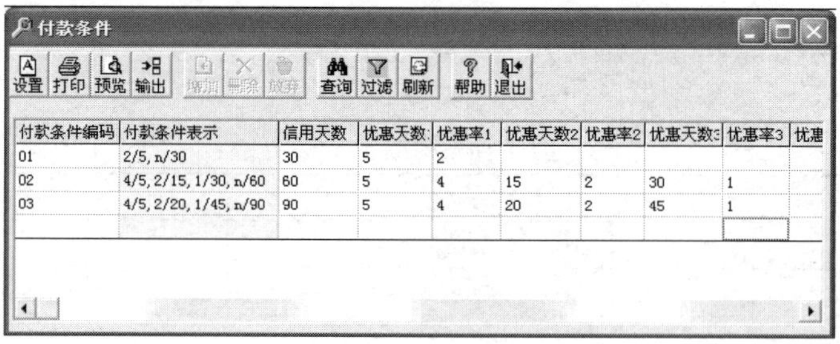

图 3.18　设定付款条件

3．开户银行

维护本单位的开户银行信息。T3 支持多个开户行和账号的设置。

步骤 1　选择“基础设置”|“收付结算”|“开户银行”命令，打开“开户银行”对话框。

步骤 2　按实验资料输入开户银行信息，然后单击“增加”按钮保存。

拓展任务

任务 1　定义常用摘要

任务下达

以账套主管身份设置常用摘要。

常用摘要编码为 01；常用摘要正文为“提现金”；相关科目为 1001。

任务解析

企业在填制凭证时经常会用到一些经济业务说明，如“提现金”“付货款”等，可以将这些常用的经济业务说明定义为企业凭证的常用摘要，以方便使用。

任务指引

步骤 1　选择“基础设置”|“常用摘要”命令，打开“常用摘要”对话框。

步骤 2　按资料输入常用摘要各项内容。

任务 2　查看编码方案

任务下达

以账套主管的身份查看（或修改）编码方案。

任务解析

如果企业在建账时设置了分类编码方案和数据精度，可以在 T3 基础设置中的基本信息中查看或修改。

任务指引

步骤 1　选择“基础设置”|“基本信息”|“编码方案”命令，打开“分类编码方案”对话框。

步骤 2　根据实际需要进行查看或修改。

全部完成后，将账套备份至“基础档案设置”文件夹中。

通关测试

一、判断题

1. 只有系统管理员和账套主管才能进行基础档案设置。　（　）
2. 部门档案中的负责人信息只能从已经建立的职员档案中进行选择。　（　）
3. 不设置客户的税号，就不能向该客户开具销售专用发票。　（　）

4．指定现金总账科目和银行总账科目的作用是指定出纳的专管科目。（　）
5．增加会计科目时，必须先建上级科目，再建下级科目。（　）

二、选择题

1．必须先建立（　　），才能建立职员档案。
A．客户分类　B．部门档案　C．会计科目　D．开户银行
2．在 T3 基础设置中，可以对（　　）账套信息进行修改。
A．会计期间　B．编码方案　C．系统启用　D．数据精度
3．财务档案包括以下哪些内容？（　　）
A．凭证类别　B．结算方式　C．项目目录　D．常用摘要
4．如果本公司客户较多，“应收账款”科目应选择（　　）辅助核算。
A．部门核算　B．个人往来　C．客户往来　D．供应商往来
5．关于项目，以下说法错误的是（　　）。
A．具有相同特点的一类项目可以定义为一个项目大类
B．一个项目大类可以核算多个科目
C．可以定义项目的具体栏目
D．一个科目也可以对应到不同的项目大类

三、实训题

恢复中顺科技“系统管理”账套，进行基础档案设置实训。

实训 2：基础档案设置

1．机构设置
（1）部门档案如表 3.12 所示。

表 3.12　部门档案

部门编码	部门名称	负责人
1	企管部	孙云
2	财务部	
3	采购部	
4	销售部	
5	生产部	

（2）职员档案如表 3.13 所示。

表 3.13　职员档案

编号	姓名	部门
101	孙云	企管部
201	白兵	财务部
202	李炎	财务部
203	苏浩	财务部
301	吴越	采购部
401	肖义	销售部
501	马小峰	生产部
502	郭平	生产部

2. 往来单位

（1）客户分类如表 3.14 所示。

表 3.14　客户分类

客户分类编码	客户分类名称
1	华北
2	华南

（2）客户档案如表 3.15 所示。

表 3.15　客户档案

编号	客户名称	简　称	所属分类码	税　号	开户银行	账　号	分管部门	专管业务员
001	北京顺达商贸集团	北京顺达	1	91120104584321457C	中行北京分行	6892311014-65	销售部	肖义
002	广州浩达健身俱乐部	广州浩达	2	91349429839101584A	中行广州分行	4942100031-29	销售部	肖义

（3）供应商档案如表 3.16 所示。

表 3.16　供应商档案

编号	供应商名称	简　称	所属分类码	税　号	开户银行	账　号	分管部门	分管业务员
001	立丰达商贸有限公司	立丰达	00	911304325863254121	中行北京分行	10452365241-13	采购部	吴越
002	利兴科技有限公司	利兴科技	00	91110652365236547D	中行广州分行	10696334352-48	采购部	吴越

3. 财务信息

（1）外币种类。本企业采用固定汇率核算外币，外币只涉及美元一种，美元币符为$，2020 年 1 月初记账汇率为 6.80。

（2）会计科目。本企业常用会计科目如表 3.17 所示。

表 3.17　会计科目

科目编号及名称	辅助核算	方　向	币别/计量	备　注
1001 库存现金	日记账	借		修改
1002 银行存款	银行账、日记账	借		修改
100201 中行存款	银行账、日记账	借		增加
10020101 人民币户	银行账、日记账	借		增加
10020102 美元户	银行账、日记账	借	美元	增加
1121 应收票据	客户往来	借		修改
1122 应收账款	客户往来	借		修改
1123 预付账款	供应商往来	借		修改
1221 其他应收款		借		
122101 备用金	部门核算	借		增加
122102 应收个人款	个人往来	借		增加
1403 原材料		借		
140301 光盘		借	数量核算——张	增加
140302 原纸		借	数量核算——包	增加

（续表）

科目编号及名称	辅助核算	方　向	币别/计量	备　注
1405 库存商品	项目核算	借		修改
1901 待处理财产损溢		借		
2201 应付票据	供应商往来	贷		修改
2202 应付账款		贷		修改
220201 应付货款	供应商往来	贷		增加
220202 暂估应付款		贷		增加
2203 预收账款	客户往来	贷		修改
2211 应付职工薪酬		贷		
221101 应付工资		贷		增加
221102 应付福利费		贷		增加
221103 工会经费		贷		增加
221104 职工教育经费		贷		增加
221105 社会保险		贷		增加
221106 住房公积金		贷		增加
2221 应交税费		贷		
222101 应交增值税		贷		增加
22210101 进项税额		贷		增加
22210105 销项税额		贷		增加
4104 利润分配		贷		
410415 未分配利润		贷		增加
5001 生产成本		借		
500101 直接材料	项目核算	借		增加
500102 直接人工		借		增加
500103 制造费用		借		增加
500104 其他		借		增加
5101 制造费用		借		
510101 工资		借		增加
510102 折旧		借		增加
510103 其他		借		增加
6001 主营业务收入	项目核算	贷		修改
6401 主营业务成本	项目核算	借		修改
6601 销售费用		借		
660101 工资		借		复制
660102 福利费		借		复制
660103 办公费		借		复制
660104 差旅费		借		复制
660105 招待费		借		复制
660106 折旧费		借		复制
6602 管理费用		借		
660201 工资	部门核算	借		增加
660202 福利费	部门核算	借		增加

（续表）

科目编号及名称	辅助核算	方 向	币别/计量	备 注
660203 办公费	部门核算	借		增加
660204 差旅费	部门核算	借		增加
660205 招待费	部门核算	借		增加
660206 折旧费	部门核算	借		增加
6603 财务费用		借		
660301 利息		借		增加
660302 手续费		借		增加

① 增加“备注”栏中标注为“增加”的会计科目。

② 将“管理费用”科目下的明细科目复制到“销售费用”科目。

③ 修改“备注”栏中标注为“修改”的会计科目。

④ 指定“现金总账”科目和“银行总账”科目。

（3）凭证类别如表3.18所示。

表3.18 凭证类别

凭证分类	限制类型	限制科目
收款凭证	借方必有	1001,1002
付款凭证	贷方必有	1001,1002
转账凭证	凭证必无	1001,1002

（4）项目分录。

项目大类：产品。

核算科目：库存商品、生产成本/直接材料、主营业务收入、主营业务成本。

项目分类：1——多媒体套件；2——定制礼品。

项目目录如表3.19所示。

表3.19 项目目录

项目编码	项目名称	所属分类码
101	智慧养生	1
102	瑜伽入门	1
201	纪念册	2

4. 收付结算

（1）结算方式如表3.20所示。

表3.20 结算方式

结算方式编码	结算方式名称	票据管理
1	现金结算	否
2	支票结算	否
201	现金支票	是
202	转账支票	是
3	电汇	否

（2）付款条件如表 3.21 所示。

表 3.21 付款条件

编 码	信用天数/天	优惠天数 1/天	优惠率 1/%	优惠天数 2/天	优惠率 2/%
01	30	5	2		
02	60	5	4	15	2

（3）本单位开户银行。

编码为 01，名称为“中国银行北京分行朝阳分理处”，账号为 63412563。

5. 定义常用摘要

编码为 01，摘要正文为“从中行提现金”，相关科目为“1001 库存现金”。

6. 备份“基础设置”账套

项目 4

总账管理

知识目标

1. 了解总账管理子系统的主要功能。
2. 熟悉总账管理子系统的操作流程。
3. 掌握总账管理子系统初始化的工作内容。
4. 理解总账管理子系统中各参数的含义。
5. 理解会计科目辅助核算的用途。
6. 熟悉凭证填制、审核、记账日常操作流程。
7. 掌握凭证、账簿查询的基本方法。
8. 了解期末自定义凭证的作用，掌握自定义凭证的方法。
9. 掌握现金管理的基本工作内容。
10. 理解结账的含义和结账要满足的前提条件。

技能目标

1. 学会设置总账管理子系统的参数。
2. 掌握不同会计科目期初余额输入的操作。
3. 掌握凭证填制、修改、审核、记账、查询等基本操作。
4. 掌握出纳签字、银行对账的基本操作。
5. 掌握转账定义及生成的基本操作。
6. 掌握期末结账的操作。

项目背景

在 T3 中输入基础档案后，就可以开始学习总账管理子系统应用了。总账管理子系统是 T3 最核心的子系统，是企业会计信息化的起点。

在进行日常业务处理之前，还须根据本企业自身的需要，对总账管理子系统进行初始化设定，设定其应用环境，使 T3 变成更适合企业实际需要的专用系统。其主要工作包括设置总账选项、明细账权限和期初余额的输入等。因此，项目实施小组需要结合企业的自身需求设置总账管理子系统的各项参数，并整理企业各会计科目的期初余额，将其准确地输入系统中。

总账管理子系统完成初始化后，就可以通过其管理企业的各项日常业务，进行账簿查询和业务分析等工作了。

在本项目中，华宇电脑项目实施小组已预先整理好了各项资料，开始进行总账管理系统的初始化设置，并对企业的日常业务进行处理。

基本知识

4.1 认识总账管理子系统

总账管理子系统的主要功能包括总账管理子系统初始化、凭证管理、现金管理、往来管理、项目管理、账簿管理和月末处理。

4.1.1 总账管理子系统初始化

总账管理子系统初始化是由企业用户根据自身的行业特性和管理需求，将通用的总账管理子系统设置为适合企业自身特点的专用系统的过程。总账管理子系统初始化主要包括系统选项设置和期初数据输入两项内容。

4.1.2 凭证管理

凭证是记录企业各项经济业务发生的载体，凭证管理是总账管理子系统的核心功能，主要包括填制凭证、出纳签字、审核凭证、记账、查询打印凭证等。

4.1.3 现金管理

现金管理为出纳人员提供了一个集成办公环境，可以完成现金日记账、银行存款日记账的查询和打印，随时产生最新资金日报表，以便进行银行对账并生成银行存款余额调节表。

4.1.4 往来管理

往来管理主要是管理企业和客户、供应商之间的业务往来，包括设置客户、供应商档案和进行客户、供应商往来业务查询。

4.1.5 项目管理

项目管理是总账管理子系统提供的特别功能，可以方便企业按特定项目对象进行收入、费用的归集。

4.1.6 账簿管理

总账管理子系统提供了强大的账证查询功能，可以查询打印总账、明细账、日记账、发生额余额表、多栏账、序时账等。它不但可以查询到已记账凭证的数据，而且查询的账表中也可以包含未记账凭证的数据，并可以轻松实现总账、明细账、日记账和凭证的联查。

4.1.7 月末处理

总账管理子系统月末处理主要包括自动转账凭证的定义、自动转账凭证的生成、对账和结账等内容。

4.2　总账管理子系统和其他子系统之间的数据关系

总账管理子系统既可以独立运行，也可以同其他子系统协同运转。总账管理子系统和其他子系统之间的数据关系如图 4.1 所示。

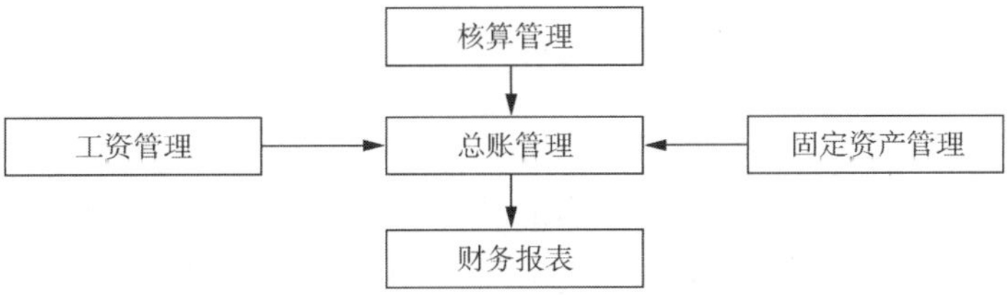

图 4.1　总账管理子系统和其他子系统之间的数据关系

4.3　总账管理子系统的应用流程

总账管理子系统的应用流程指示了正确使用总账管理子系统的操作顺序，从而有助于帮助企业实现快速应用。总账管理子系统的应用流程如图 4.2 所示。

注意

① 在图 4.2 中的系统初始化阶段，与总账管理子系统相关的基础档案（内框包含的部分）在 T3 基础设置中进行设置。此处仅为列示，以保持体系的完整性。

② 如果在总账管理子系统选项中设置了出纳凭证必须由出纳签字，在凭证处理流程中就必须经过出纳签字环节。出纳签字和凭证审核没有先后次序之分。

实训任务

任务 1　总账管理子系统选项设置

任务下达

以系统管理员的身份恢复“基础档案设置”账套。以账套主管的身份登录 T3 总账，进行总账管理子系统选项设置。

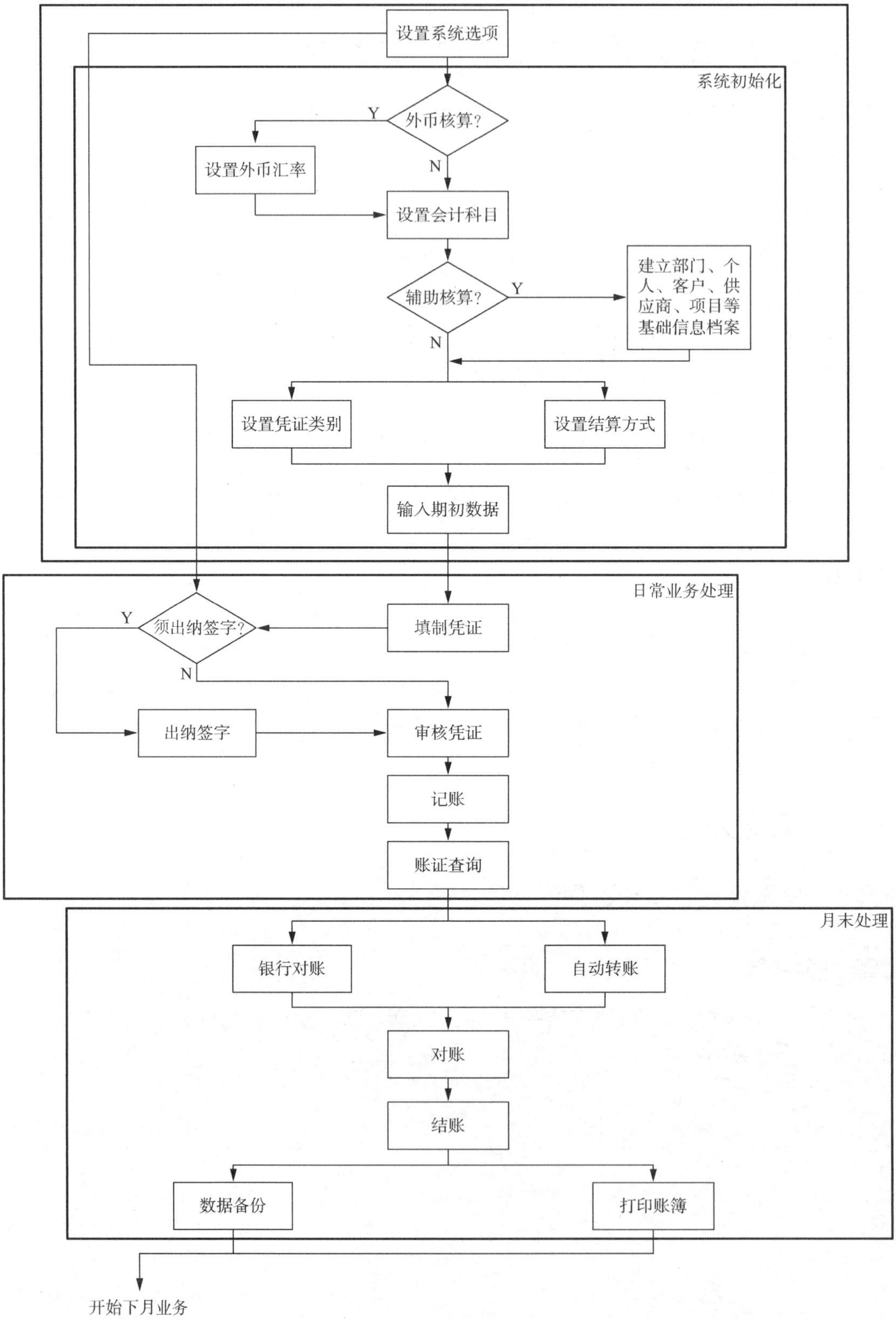

图 4.2　总账管理子系统的应用流程

任务解析

通用软件内设计了大量的业务参数，企业通过对系统参数进行设置可以决定企业的应用模式和应用流程。为了明确各项参数的适用对象，软件一般对参数进行分门别类的管理。T3 总账管理系统将参数存放于以下 4 个选项卡。

1．“凭证”选项卡

该选项卡可进行以下设置。

① 制单控制。

② 凭证控制。

③ 凭证编号方式。系统提供系统编号和手工编号两种方式。如果选用系统编号，系统就在填制凭证时按照设置的凭证类别按月自动编号。

④ 外币核算。有外币业务时，企业可以选择“固定汇率”或“浮动汇率”处理方式。

⑤ 预算控制。根据预算管理子系统或财务分析子系统设置的预算数对业务发生进行控制。

⑥ 合并凭证显示、打印。选中此复选框，在填制凭证、查询凭证、出纳签字和凭证审核时，凭证按照“按科目、摘要相同方式合并”或“按科目相同方式合并”合并显示，在明细账显示界面提供“合并打印”的选项。

2．“账簿”选项卡

该选项卡用来设置各种账簿的输出方式和打印要求等。

3．“会计日历”选项卡

在“会计日历”选项卡中可查看各会计期间的起始日期和结束日期，以及启用会计年度和启用日期。

4．“其他”选项卡

在“其他”选项卡中可以进行以下设置。

① 可查看建立账套时的一些信息，包括账套名称、单位名称、账套存放的路径、行业性质和定义的科目级长等。

② 可以修改数量小数位、单价小数位和本位币精度。

③ 在参照部门目录、查询部门辅助账时，可以指定查询列表的内容是按编码顺序显示还是按名称顺序显示。对个人往来辅助核算和项目辅助核算也可以进行设置。

任务详情

华宇电脑总账选项设置如表 4.1 所示。

表 4.1　总账选项

选项卡	选项设置
凭证	制单序时控制 支票控制 资金及往来赤字控制 允许修改、作废他人填制的凭证 允许查看他人填制的凭证

（续表）

选项卡	选项设置
凭证	可以使用其他系统受控科目 打印凭证页脚姓名 出纳凭证必须经由出纳签字 凭证编号方式采用系统编号 外币核算采用固定汇率 其他采用系统默认设置
账簿	账簿打印位数按软件的标准设定 明细账查询权限控制到科目 明细账打印按年排页
会计日历	会计日历为 1 月 1 日—12 月 31 日
其他	数量小数位和单价小数位设为 2 位 部门、个人、项目按编码方式排序

任务指引

步骤 1　以账套主管身份登录 T3，选择“总账”|“设置”|“选项”命令，打开“选项”对话框。

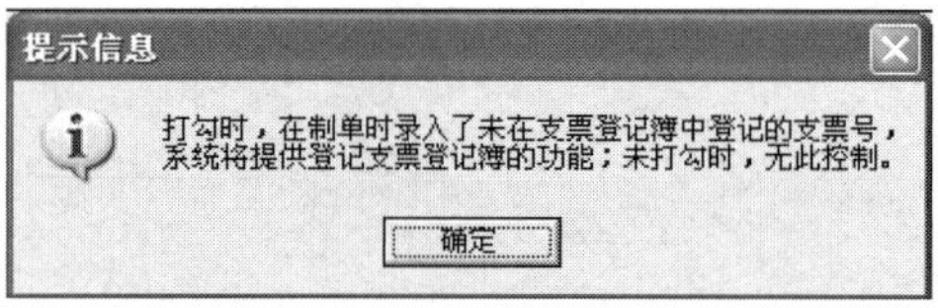

图 4.3　支票控制提示信息

步骤 2　单击“凭证”选项卡，按表 4.1 所示进行相应的设置。

步骤 3　在选择支票控制时，系统提示如图 4.3 所示。单击“确定”按钮返回。

步骤 4　设置完成后如图 4.4 所示。

步骤 5　单击“账簿”选项卡，按表 4.1 所示进行相应的设置。设置完成后如图 4.5 所示。

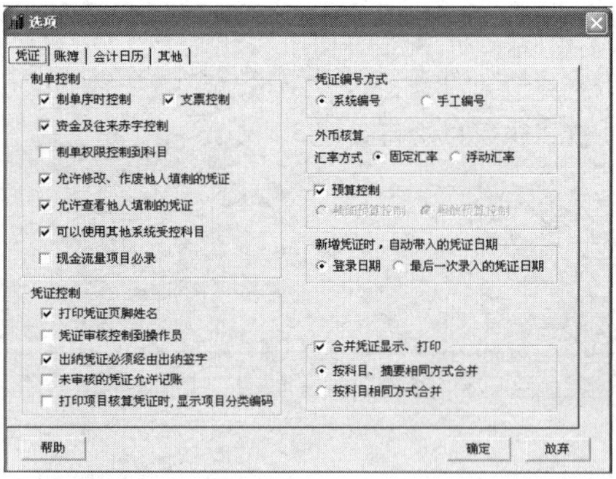

图 4.4　“凭证”选项卡

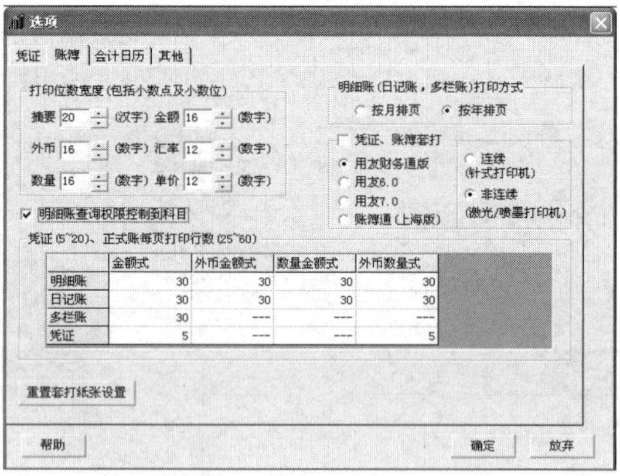

图 4.5　“账簿”选项卡

步骤 6　单击“其他”选项卡，按表 4.1 所示进行相应的设置。设置完成后如图 4.6 所示。然后单击“确定”按钮返回。

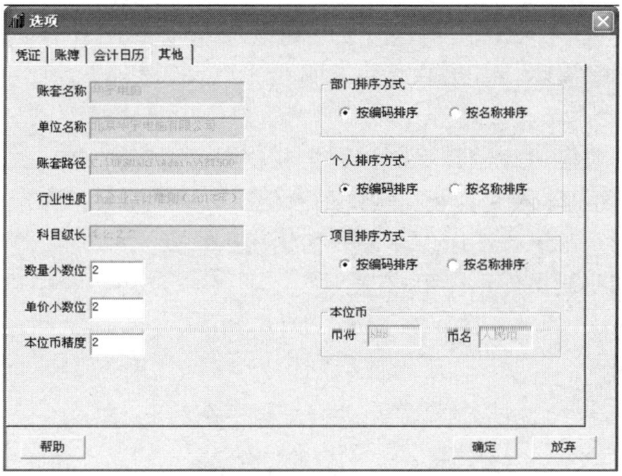

图 4.6　“其他”选项卡

任务2　总账期初余额输入

任务下达

以账套主管的身份输入总账期初余额。

任务解析

总账管理子系统参数设置完成后，还需要建立各账户的余额数据，才能接替手工业务处理进程。各账户余额数据的准备与总账管理子系统启用的会计期间相关。

1. 准备期初数据

为了保持账簿资料的连续性，应该将原有系统下截止到总账启用日为止的各账户年初余额、累计发生额和期末余额输入到计算机系统中。

选择年初启用总账和选择年中启用总账需要准备的期初数据是不同的。

（1）年初建账

如果选择年初建账，则只需要准备各账户上年年末的余额作为新一年的期初余额，且年初余额和月初余额是相同的。

（2）年中建账

如果选择年中建账，则不但要准备各账户启用会计期间上一期的期末余额作为启用期的期初余额，而且还要整理自本年度开始截止到启用期的各账户累计发生数据。

如果科目设置了某种辅助核算，那么还需要准备辅助项目的期初余额。如果“应收账款”科目设置了客户往来辅助核算，除了要准备“应收账款”总账科目的期初数据外，还要详细记录这些应收账款是哪些客户的销售未收，因此，要按客户名称整理详细的应收余额数据。

2. 输入期初数据

输入期初余额时，根据科目性质的不同，可分为以下几种情况。

① 末级科目的余额可以直接输入。

② 非末级科目的余额数据由系统根据末级科目数据逐级向上汇总而得。

③ 科目有数量和外币核算时，在输入完本位币金额后，还要输入相应的数量和外币信息。

④ 科目设置了客户往来、供应商往来、个人往来、部门核算、项目核算时，需要按照辅助核算对象录入期初余额，总账科目余额自动生成。

3．进行试算平衡

期初数据输入完毕后应进行试算平衡。如果期初余额试算不平衡，则虽然可以填制、审核凭证，但不能进行记账处理。因为企业在实现信息化时，初始设置工作量大，占用时间比较长，为了不影响日常业务的正常进行，所以允许在初始化工作未完成的情况下进行凭证的填制。

凭证一经记账，期初数据便不能再修改。

任务详情

按表 4.2 所示进行科目期初余额输入并进行试算平衡。

表 4.2　科目期初余额表

元

科目编码	科目名称	方　向	辅助核算	期初余额
1001	库存现金	借		15 654.00
1002	银行存款	借		531 812.00
100201	中行存款	借		531 812.00
10020101	人民币户	借		205 412.00
10020102	美元户	借		326 400.00
			外币核算——美元	48 000.00
1122	应收账款	借	见表 4.3	113 000.00
1221	其他应收款	借	见表 4.4	2 800.00
1403	原材料	借		67 500.00
140301	主板	借		60 000.00
			数量核算——个	100
140302	键盘	借		7500.00
			数量核算——个	60
1405	库存商品	借		1 571 000.00
1601	固定资产	借		381 880.00
1602	累计折旧	贷		44 032.60
2001	短期借款	贷		480 000.00
2202	应付账款	贷		74 125.00
220201	应付货款	贷	见表 4.5	14 125.00
220202	暂估应付款	贷		60 000.00
2211	应付职工薪酬	贷		236 161.40
221101	应付工资	贷		192 430.20
221102	应付奖金	贷		28 023.20
221104	应付社会保险费	贷		11 220.00
221105	应付住房公积金	贷		4 488.00
2221	应交税费	贷		78 160.00
222101	应交增值税	贷		36 660.00
22210101	进项税额	贷		−89 650.00
22210105	销项税额	贷		126 310.00
222102	未交增值税	贷		20 000.00

（续表）

科目编码	科目名称	方　向	辅助核算	期初余额
222106	应交所得税	贷		18 000.00
222112	应交个人所得税	贷		3 500.00
3001	实收资本	贷		1 000 000.00
3101	盈余公积	贷		230 000.00
310101	法定盈余公积	贷		230 000.00
3104	利润分配	贷		541 167.00
310415	未分配利润	贷		541 167.00

辅助明细资料如表 4.3 至表 4.5 所示。

表 4.3　“1122 应收账款”期初余额　元

日　期	凭证号	客　户	摘　要	方　向	金　额	业务员	票　号
2019-12-26	记-128	瑞美	期初	借	113 000	任志刚	FP1226

表 4.4　“1221 其他应收款”期初余额　元

日　期	凭证号	部　门	个　人	摘　要	方　向	期初余额
2019-12-28	记-132	企管办	何润东	出差借款	借	2 800

表 4.5　“220201 应付货款”期初余额　元

日　期	凭证号	供应商	摘　要	方　向	金　额	业务员	票　号
2019-12-28	记-136	亚捷	期初数据	贷	14 125	杨帅	FZ1228

任务指引

1. 输入末级科目期初余额

步骤 1　在 T3 中选择“总账”|“设置”|“期初余额”命令，打开“期初余额录入”对话框。

步骤 2　在 1001（库存现金）科目“期初余额”栏中输入金额 15 654，然后按回车键。末级科目余额输入完成后，上级科目余额自动汇总生成。

步骤 3　按表 4.2 所示输入其他末级科目期初余额，末级科目底色为白色。

2. 输入数量/外币辅助核算科目期初余额

步骤 1　在“期初余额录入”对话框中，外币辅助核算科目 10020102 显示为两行：首先在第 1 行中输入人民币期初余额 326 400，然后在第 2 行中输入美元期初余额 48 000，如图 4.7 所示。

步骤 2　数量辅助核算科目 140301 也显示为两行：首先在第 1 行中输入人民币期初余额 60 000，然后在第 2 行中输入数量期初余额 100。同理，输入键盘期初余额后，原材料科目自动汇总，如图 4.8 所示。

3. 输入客户往来辅助核算科目期初余额

在会计科目有“客户往来”“供应商往来”“个人往来”辅助核算时，不能直接输入该账户的期初余额，而是必须输入辅助账的期初余额。辅助账期初余额输入完毕后，将自动带回总账。

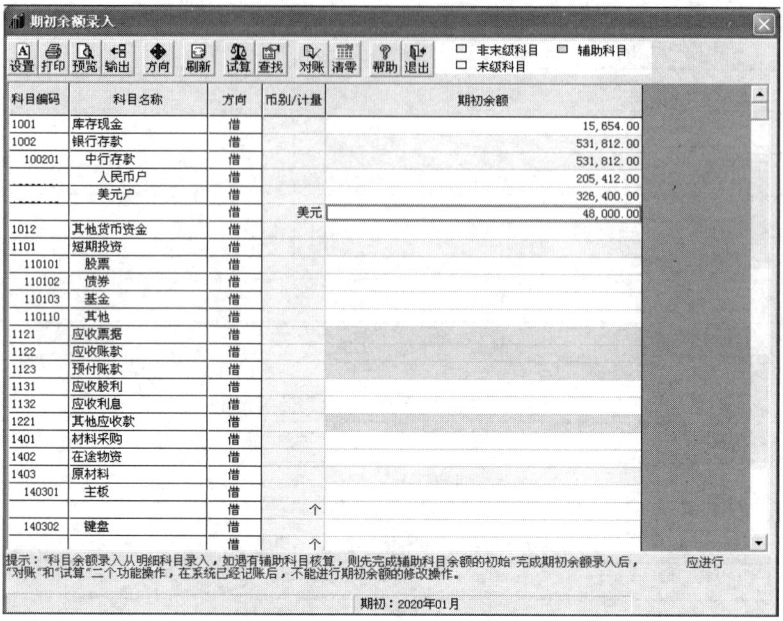

图 **4.7** 输入外币辅助核算科目期初余额

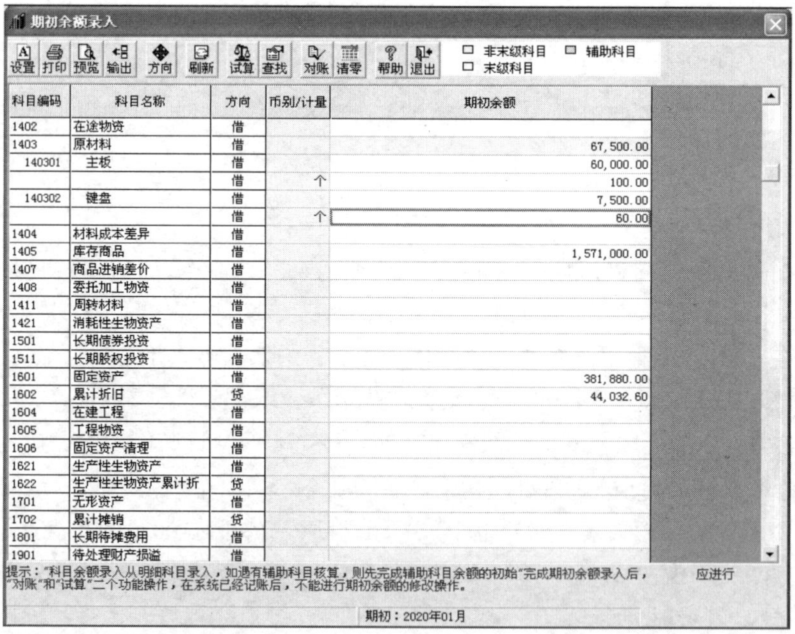

图 **4.8** 输入数量辅助核算科目期初余额

步骤 1 双击“1122 应收账款”科目的“期初余额”栏，打开“客户往来期初”对话框。

步骤 2 单击“增加”按钮，按表 4.3 所示输入资料，如图 4.9 所示。

步骤 3 完成后单击“退出”按钮，辅助账期初余额自动带到总账。

步骤 4 同理，输入“其他应收款”“应付货款”科目期初余额。

注意

辅助核算科目的底色显示为蓝色，期初余额的输入要在相应的辅助账中进行。

4．进行期初余额试算平衡

步骤 1　期初余额输入完成，单击“试算”按钮，打开“期初试算平衡表”对话框，如图 4.10 所示。

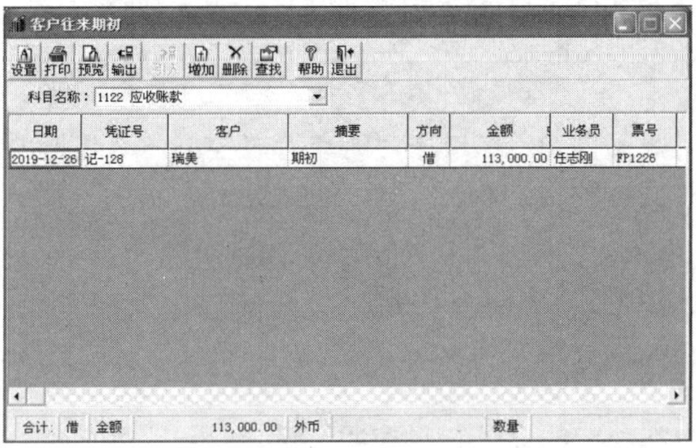

图 4.9　输入客户往来辅助核算科目期初余额

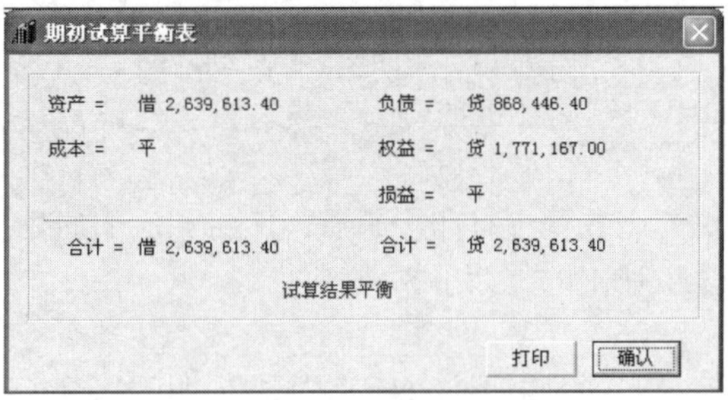

图 4.10　期初试算平衡

步骤 2　如果期初余额不平衡，则修改期初余额；如果期初余额试算平衡，则单击“确定”按钮。

步骤 3　期初余额试算平衡后，备份账套至“总账初始化”文件夹中。

注意

期初余额试算不平衡时，可以进行填制凭证、审核凭证等操作，但不能记账。

任务 3　填制凭证

任务下达

以会计 102 耿丽身份在 T3 中进行填制凭证、修改凭证和删除凭证的操作。

任务解析

总账管理子系统初始化工作完成后，企业就可以开始进行日常业务处理了。总账管理子系统日常业务处理主要包括凭证管理、现金管理、往来管理、项目管理、账簿查询和总账月末处理。

记账凭证是登记账簿的依据，是总账管理子系统的唯一数据来源，因此，凭证管理是总账管理子系统最为核心的内容。凭证管理主要包括填制凭证、出纳签字、审核凭证、查询凭证、记账等内容。

记账凭证按其编制来源可分为两大类：手工填制凭证和机制凭证。机制凭证包括利用总账管理子系统自动转账功能生成的凭证和在其他子系统中生成传递到总账管理子系统的凭证。

1．填制凭证

填制凭证时各项目应填制的内容和注意事项如下。

（1）凭证类别

填制凭证时可以直接选择所需的凭证类别。如果在设置凭证类别时设置了凭证的限制类型，就必须符合限制类型的要求，否则系统会给出错误提示。

（2）凭证编号

如果选择“系统编号”方式，则系统按凭证类别按月自动生成凭证编号；如果选择“手工编号”方式，则需要手工输入凭证号，但应注意凭证号的连续性、唯一性。

（3）凭证日期

填制凭证时，日期一般自动取登录系统时的业务日期。在选中“制单序时控制”复选框的情况下，凭证日期应大于或与该类凭证最后一张凭证的日期相同，但不能超过机内系统日期。

（4）附单据数

记账凭证打印出来后，应将相应的原始凭证粘附其后。这里的附单据数就是指将来该记账凭证所附的原始单据数。

（5）摘要

摘要是对经济业务的概括说明。每行摘要将随相应的会计科目在明细账、日记账中出现。摘要可以直接输入，如果定义了常用摘要的话，也可以调用常用摘要。凭证中的每一行都必须有摘要，否则凭证无法保存。

（6）会计科目

填制凭证时，要求会计科目必须是末级科目。可以输入科目编码、科目名称、科目助记码。

如果输入的是银行科目，一般系统会要求输入有关结算方式的信息，此时最好输入，以方便日后进行银行对账；如果输入的科目有外币核算，系统会自动带出在外币设置时已设置的相关汇率——如果不符还可以修改，输入外币金额后系统会自动计算出本币金额；如果输入的科目有数量核算，应该输入数量和单价，系统会自动计算出本币金额；如果输入的科目有辅助核算，应该输入相关的辅助信息，以便系统生成辅助核算账簿。

（7）金额

金额可以是正数或负数（红字），但不能为 0。凭证金额应符合“有借必有贷，借贷必相等”的原则，否则将不能保存。

另外，如果设置了常用凭证，可以在填制凭证时直接调用常用凭证，从而增加凭证输入的速度和规范性。

2．修改凭证

在信息化方式下，凭证的修改分为无痕迹修改和有痕迹修改。

（1）无痕迹修改

无痕迹修改是指系统内不保存任何修改线索和痕迹。对于尚未审核和签字的凭证可以直接进行修改；对于已经审核或者签字的凭证应当先取消审核或签字，然后才能修改。显然，在这两种情况下，都没有保留任何审计线索。

（2）有痕迹修改

有痕迹修改是指系统通过保存错误凭证和更正凭证的方式来保留修改痕迹，因而可以留下审计线索。对于已经记账的错误凭证，一般应采用有痕迹修改，具体方法是采用红字更正法或补充更正法。前者适用于更正记账金额大于应记金额的错误或会计科目的错误，后者适用于更正记账金额小于应记金额的错误。

能否修改他人填制的凭证，取决于系统参数的设置。其他子系统生成的凭证，只能在总账管理子系统中进行查询、审核、记账，不能修改和作废，只能在生成该凭证的原子系统中进行修改和删除，以保证记账凭证与原子系统中的原始单据相一致。

修改凭证时，一般情况下凭证类别和编号是不能修改的。修改凭证日期时，为了保持序时性，日期应介于前后两张凭证日期之间，且日期的月份不能修改。

3. 删除凭证

对于尚未审核和签字的凭证，如果不需要的话，可以直接将其作废。作废凭证仍保留凭证内容和编号，仅显示“作废”字样。作废凭证不能修改、不能审核，但应参与记账，否则月末无法结账。记账时不对作废凭证进行数据处理，相当于一张空凭证。进行账簿查询时，查不到作废凭证的数据。

与作废凭证相对应，系统也提供对作废凭证的恢复，即将已标识为“作废”的凭证恢复为正常凭证。如果作废凭证没有保留的必要，可以通过“整理凭证”将其彻底删除。

任务详情

1. 根据以下企业经济业务在T3中填制凭证

① 1月1日，国内销售部任志刚报销业务招待费1 500元。以现金支付（附单据一张）。

② 1月6日，收到达昌集团投资资金20 000美元，汇率1:6.80（转账支票号ZZ0106）。

③ 1月6日，财务部冯洁从中行人民币户提取现金10 000元，作为备用金（现金支票号XJ0106）。

④ 1月18日，采购部杨帅采购一批主板，共200个，单价600元。以转账支票支付，票号ZZ0118。

⑤ 1月18日，销售部任志刚收到瑞美集团转账支票一张，金额113 000元，用以偿还前欠货款（转账支票号WZ0118）。

⑥ 1月18日，收到向亚捷公司购买的键盘300个，增值税专用发票上注明无税单价120元，适用税率13%。入材料二库，货款未付。

⑦ 1月25日，国内销售部向北京实创技术学院出售华宇天骄电脑10台，无税单价6 000元，适用税率13%。货款未付。

⑧ 1月25日，企管办何润东报销差旅费2 800元。

⑨ 1月25日，报销销售人员交通费832元、通讯费2 200元、业务招待费3 900元。调用常用凭证生成。

2. 修改凭证

经检查发现，1月18日填制的记-0006号凭证有两处错误：一是供应商应为“日星”而非“亚捷”；二是采购键盘200个误录为300个。

3. 删除凭证

将记-0009号凭证删除。

任务指引

1. 填制凭证

① 第1笔业务处理——会计科目无辅助核算。其会计分录如下。

借：销售费用——业务招待费（560106）　　1 500

　　贷：库存现金（1001）　　1 500

步骤 1　以会计 102 耿丽的身份进入 T3，选择“总账”|“凭证”|“填制凭证”命令，打开“填制凭证”窗口。

步骤 2　单击“增加”按钮，系统自动增加一张空白记账凭证。

步骤 3　输入制单日期“2020.01.01”，输入附单据数为 1。

步骤 4　输入摘要为“报销业务招待费”；选择科目名称为 560106、借方金额为 1 500，按回车键；摘要自动带到下一行，输入贷方科目为 1001、贷方金额为 15 00，如图 4.11 所示。

步骤 5　单击“保存”按钮，打开“现金流量表”对话框。单击“增加”按钮，选择该笔业务的现金流量项目“支付其他与经营活动有关的现金”。然后单击“保存”按钮返回。

注意

① 凭证一旦保存，其凭证类别、凭证编号即不能修改。

② 正文中不同行的摘要可以相同，也可以不同，但不能为空。每行摘要将随相应的会计科目在明细账、日记账中出现。

③ 科目编码必须是末级的科目编码。

④ 金额不能为 0；红字以“-”号表示。

⑤ 可按“=”键取当前凭证借贷方金额的差额到当前光标位置。

⑥ 凭证中涉及现金流量科目的需要选择现金流量项目，以便为编制现金流量表提供数据准备。

② 第 2 笔业务处理——有银行科目且设置了外币核算。其会计分录如下。

借：银行存款——中行存款——美元户（10020102）　　136 000

　　贷：实收资本（3001）　　136 000

步骤 1　增加一张记账凭证，输入摘要“收投资款”；输入外币科目 10020102，系统自动显示外币汇率 6.80，并弹出辅助项。选择结算方式为 202（转账支票）、票号为 ZZ0106，如图 4.12 所示。

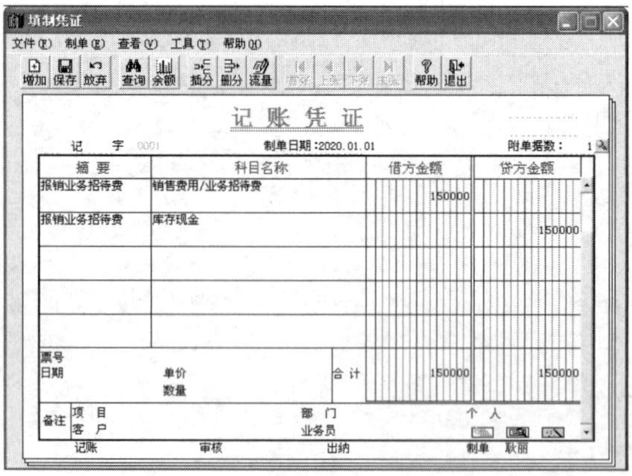

图 4.11　填制凭证——第 1 笔业务

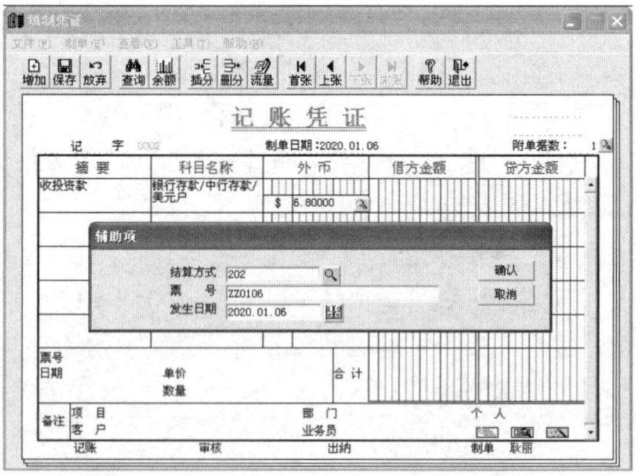

图 4.12　填制凭证——第 2 笔业务

注意

汇率栏中的内容是固定的，不能输入或修改。如果使用浮动汇率，汇率栏中会显示最近的一次汇率，并可以直接在汇率栏中修改。

步骤 2 单击“确认”按钮，输入外币金额为 20 000，系统自动算出并显示本币金额 136 000。选择该笔业务的现金流量项目为“吸收投资者投资收到的现金”，然后单击“保存”按钮返回。

步骤 3 继续输入贷方数据。凭证输入完成后，单击“保存”按钮保存凭证。

③ 第 3 笔业务处理——结算方式设置了“票据管理”，需要登记支票登记簿。其会计分录如下。

借：库存现金（1001） 10 000

  贷：银行存款——中行存款——人民币户（10020101） 10 000

步骤 1 增加一张记账凭证，可选择常用摘要“提现金”。输入借方相关信息后，打开“现金流量表”对话框。本笔业务不涉及现金流量变动，因此单击“退出”按钮返回。

步骤 2 继续输入贷方信息，完成后单击“保存”按钮，系统弹出“此支票尚未登记，是否登记？”信息提示框。单击“是”按钮，打开“票号登记”对话框，进行支票登记，如图 4.13 所示。

步骤 3 单击“确定”按钮，保存凭证。

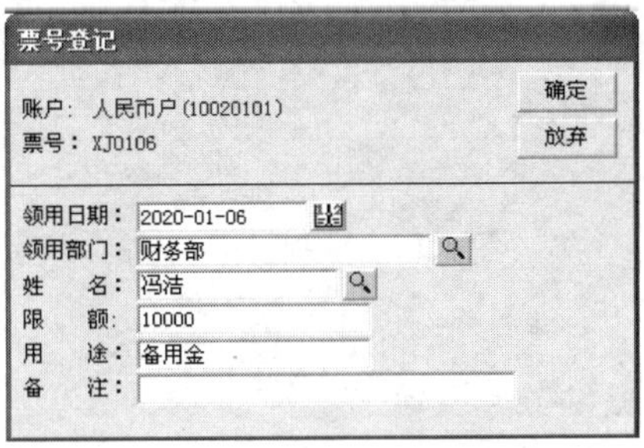

图 4.13 填制凭证——第 3 笔业务

注意

如果在“选项”对话框中选中了“支票控制”复选框，且结算方式设为票据管理，则银行账辅助信息不能为空，而且该方式的票号应在支票登记簿中有记录。

④ 第 4 笔业务处理——会计科目设置了数量核算。其会计分录如下。

借：原材料——主板（140301） 120 000

  应交税费——应交增值税——进项税额（22210101） 15 600

  贷：银行存款——中行存款——人民币户（10020101） 135 600

步骤 1 增加一张记账凭证，输入完会计科目 140301 后，系统打开“辅助项”对话框。

步骤 2 输入数量为 200、单价为 600，如图 4.14 所示。然后单击“确认”按钮。

步骤 3 输入其他信息，本笔业务现金流量项目选择“购买原材料、商品、接受劳务支付的现金”。然后保存凭证并登记支票簿。

注意

系统根据“数量 × 单价”自动计算出金额，并默认放置于借方。如果应为贷方金额，可按键盘上的空格键调整金额到贷方。

⑤ 第 5 笔业务处理——会计科目设置了客户往来核算。其会计分录如下。

借：银行存款——中行存款——人民币户（10020101） 113 000

  贷：应收账款（1122） 113 000

步骤 1 增加一张记账凭证。在填制凭证的过程中，输入完客户往来科目 1122 后，打开“辅助项”对话框。

步骤 2 选择客户为“瑞美”、业务员为“任志刚”、发生日期为“2020.01.18”，如图 4.15 所示。然后单击“确认”按钮。

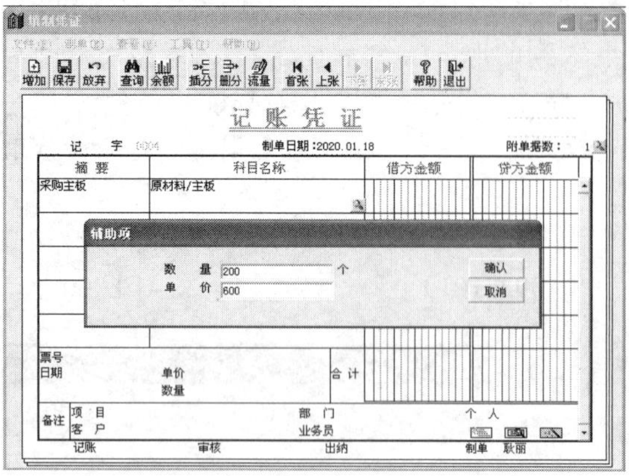

图 4.14　填制凭证——第 4 笔业务

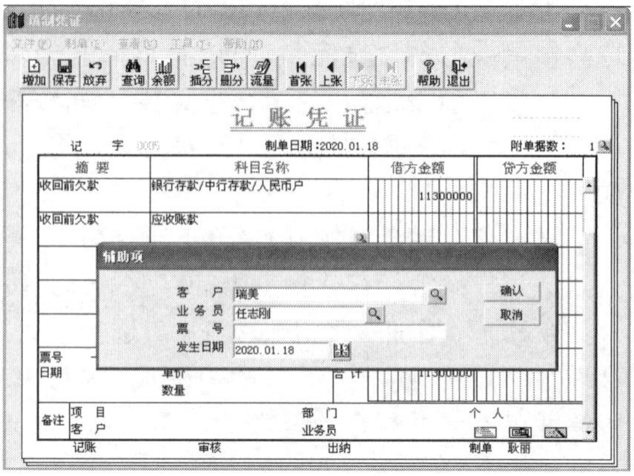

图 4.15　填制凭证——第 5 笔业务

步骤 3　单击“保存”按钮，保存凭证。本笔业务现金流量项目选择“销售产成品、商品、提供劳务收到的现金”。

⑥ 第 6 笔业务处理——会计科目设置了供应商往来核算。其会计分录如下。

借：原材料——键盘（140302）　　36 000

　　应交税金——应交增值税——进项税额（22210101）　　4 680

　　贷：应付账款——应付货款（220201）　　40 680

步骤 1　增加一张记账凭证。在填制凭证的过程中，输入完供应商往来科目 2202 后，打开“辅助项”对话框。

步骤 2　选择供应商为“亚捷”、业务员为“杨帅”、发生日期为“2020.01.18”，如图 4.16 所示。然后单击“确认”按钮。

步骤 3　单击“保存”按钮，保存凭证。

⑦ 第 7 笔业务处理——会计科目设置了项目核算。其会计分录如下。

借：应收账款（1122）　　67 800

　　贷：主营业务收入（5001）　　60 000

　　　　应交税费——应交增值税——销项税额（22210106）　　7 800

步骤 1　在填制凭证的过程中，输入完项目核算科目 5001 后，打开“辅助项”对话框。

步骤 2　选择输入项目名称为“华宇天骄”，如图 4.17 所示。然后单击“确认”按钮。

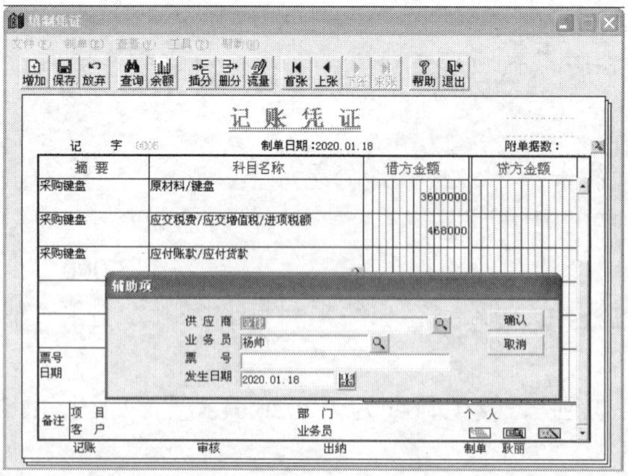

图 4.16　填制凭证——第 6 笔业务

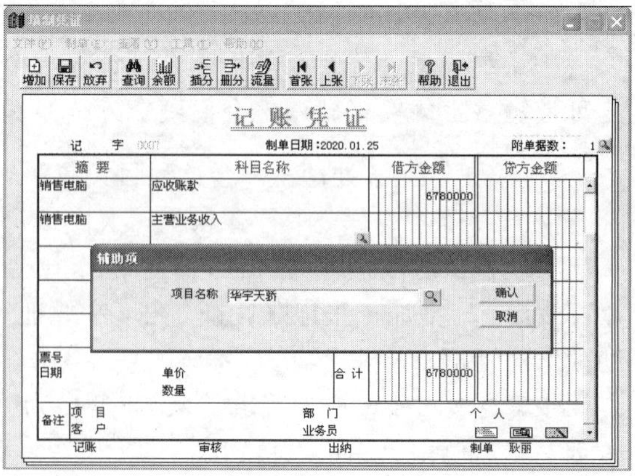

图 4.17　填制凭证——第 7 笔业务

步骤 3　单击“保存”按钮，保存凭证。

⑧ 第 8 笔业务处理——会计科目设置了部门核算和个人核算。其会计分录如下。

借：管理费用——差旅费（560212）　　　　2 800

　　贷：其他应收款（1221）　　　　2 800

步骤 1　在填制凭证的过程中，输入完部门核算科目 560212 后，打开“辅助项”对话框。选择部门为“企管办”，如图 4.18 所示。然后单击“确认”按钮。

步骤 2　输入完个人往来科目 1221，打开“辅助项”对话框。选择部门为“企管办”、个人为“何润东”、发生日期为“2020.01.25”，如图 4.19 所示。然后单击“确认”按钮。

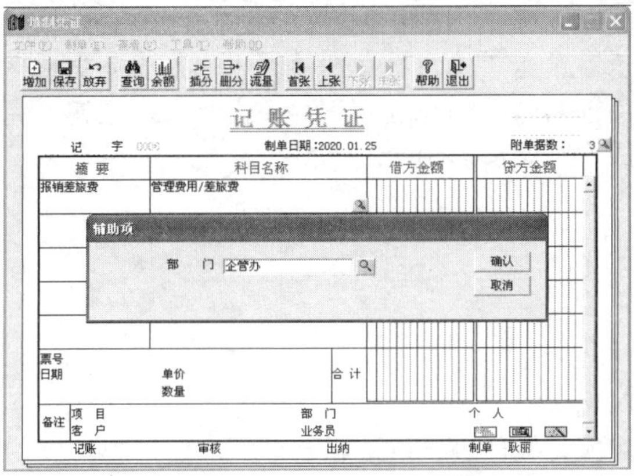

图 4.18　填制凭证——第 8 笔业务：会计科目设置了部门辅助核算项目

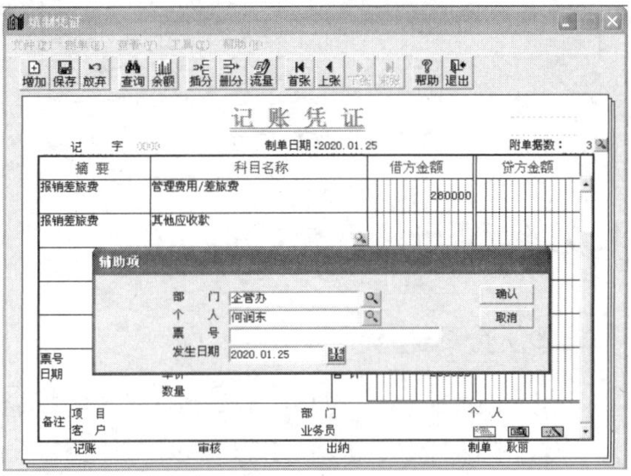

图 4.19　填制凭证——第 8 笔业务：会计科目设置了个人往来辅助核算

步骤 3　单击“保存”按钮，保存凭证。

注意

在输入个人信息时，如果不输入部门名称，只输入个人名称，则系统将根据所输入的个人名称自动输入其所属的部门。

⑨ 第 9 笔业务处理——调用常用凭证完成。

步骤 1　在“填制凭证”窗口中，选择“制单”|“调用常用凭证”命令或按 F4 键，打开“调用常用凭证”对话框。选中“0105 报销业务人员交通/通讯/招待费”，单击“选入”按钮返回“填制凭证”窗口，各行摘要、科目均自动带出。

步骤 2　补充输入各行金额，然后保存凭证。该笔业务记入“支付其他与经营活动有关的现金”现金流量项目。

2．修改凭证

步骤 1　在“填制凭证”窗口中，单击“上张”“下张”按钮，找到“记-0006”号凭证。

步骤 2　将光标定位在第 1 行，移动鼠标指针到凭证下方的“数量”处，待鼠标指针的形状变为时双击，打开“辅助项”对话框。修改数量为 200，然后单击“确认”按钮返回。

步骤 3　修改第 2 行进项税额为 3 120。

步骤 4　将光标定位在第 3 行，移动鼠标指针到凭证下方“备注”栏的供应商处，待鼠标指针的形状变为时双击，打开“辅助项”对话框。删除供应商“亚捷”，重新选择供应商为“日星”，然后单击“确认”按钮返回。

步骤 5　按“=”键修改贷方金额，然后保存凭证。

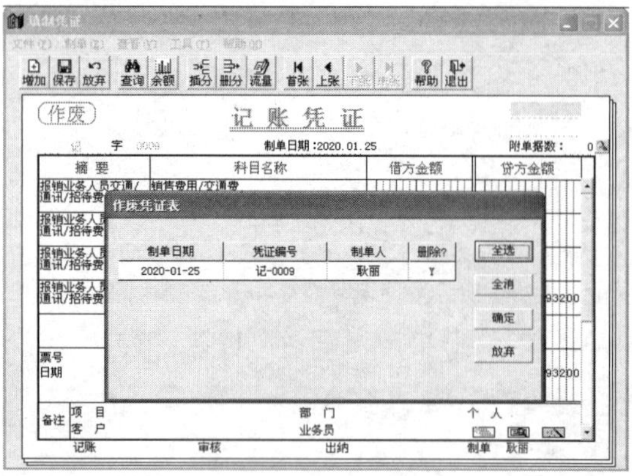

图 4.20　删除凭证

3．删除凭证

步骤 1　在“填制凭证”窗口中，单击“上张”“下张”按钮，找到“记-0009”号凭证。

步骤 2　选择“制单”|“作废/恢复”命令，凭证左上角出现(作废)标记。

步骤 3　选择“制单”|“整理凭证”命令，选择凭证期间为“2020.01”，单击“确定”按钮，打开“作废凭证表”对话框。

步骤 4　选择要删除的凭证，如图 4.20 所示。单击“确定”按钮，弹出“是否还需整理凭证断号”信息提示框。单击“是”按钮，完成作废凭证的删除。

任务 4　凭证复核

任务下达

① 出纳签字。1 月 31 日，由出纳 103 冯洁对现金银行凭证进行审核并签字。

② 审核凭证。1 月 31 日，由主管 101 于谦对所有凭证进行审核并签字。

任务解析

为了保证会计事项处理正确和记账凭证填制正确，需要对记账凭证进行复核。凭证复核包括出纳签字和审核凭证。

1．出纳签字

由于出纳凭证涉及企业资金的收支，所以应加强对出纳凭证的管理。出纳签字功能使得出纳可以对涉及现金、银行存款的凭证进行核对，以确定凭证是否有误。如果凭证正确无误，出纳便可签字，否则必须交由制单人进行修改后再重新核对。

出纳凭证是否必须由出纳签字取决于系统参数的设置，如果选中了“出纳凭证必须由出纳签字”复选框，那么出纳凭证必须经过出纳签字才能记账。

2．审核凭证

审核凭证是审核人员按照相关规定，对制单员填制的记账凭证进行检查核对，如是否与原始凭证相符、会计分录是否正确等。凭证审核无误后，审核人便可签字，否则可以标识错误，返回由制单人进行修改后再重新审核。

如果设置了凭证审核明细权限，则审核凭证还会受到明细权限的制约。

任务指引

1．出纳签字

步骤 1　选择“文件”|“重新注册”命令，打开“登录”对话框。

步骤 2　以 103 冯洁的身份注册，进入总账管理子系统。

步骤 3　选择“总账”|“凭证”|“出纳签字”命令，打开“出纳签字”查询条件对话框。

步骤 4　单击“确认”按钮，打开“出纳签字”凭证列表对话框，如图 4.21 所示。

步骤 5　双击要签字的凭证或单击“确定”按钮，打开“出纳签字”窗口。

步骤 6　单击“签字”按钮，凭证底部的“出纳”处自动签上出纳人姓名，如图 4.22 所示。

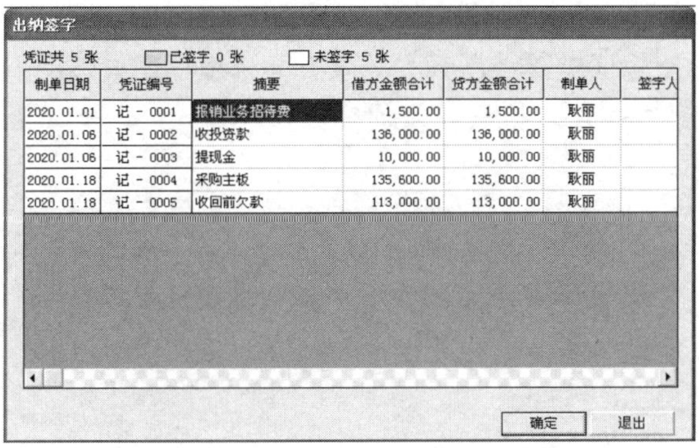

图 4.21　“出纳签字”凭证列表对话框

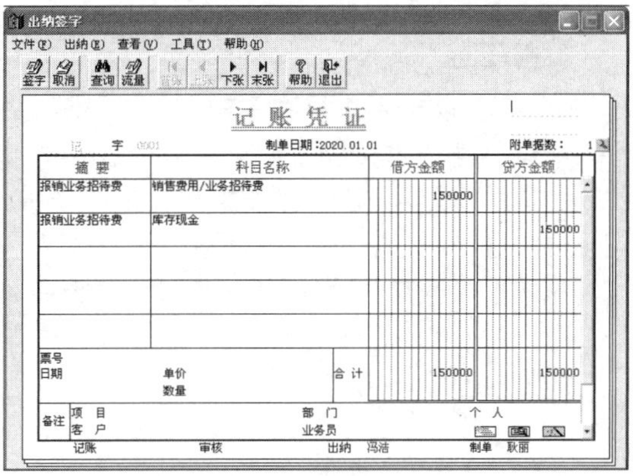

图 4.22　出纳签字凭证

步骤 7　如果需要对其他凭证签字，可以翻页找到对应的凭证进行签字。完成后单击“退出”按钮，返回“出纳签字”窗口。

步骤 8　单击“退出”按钮退出。

注意

① 凭证填制人和出纳签字人可以为不同的人，也可以为同一个人。

② 按照会计制度规定，凭证的填制和审核不能是同一个人。

③ 在进行出纳签字和审核之前，通常需要先更换操作员。

④ 涉及指定为现金科目和银行科目的凭证才需要出纳签字。

⑤ 凭证一经签字，就不能被修改、删除，只有取消签字后才可以修改或删除。取消签字只能由出纳自己进行。

⑥ 凭证签字并非审核凭证的必要步骤。如果在设置总账管理子系统参数时，不选中“出纳凭证必须经由出纳签字”复选框，则无须出纳签字。

⑦ 可以选择“签字”|“成批出纳签字”命令对所有凭证进行出纳签字。

2．审核凭证

步骤 1　以账套主管的身份重新登录，选择“总账”|“凭证”|“审核凭证”命令，打开“凭证审核”对话框。

步骤 2　单击“确认”按钮，打开“凭证审核”列表对话框。

步骤 3　双击要签字的凭证或单击“确定”按钮，打开“审核凭证”窗口。

步骤 4　检查要审核的凭证，无误后单击“审核”按钮，凭证底部的“审核”处自动签上审核人姓名（见图 4.23），并自动翻到下一张凭证。

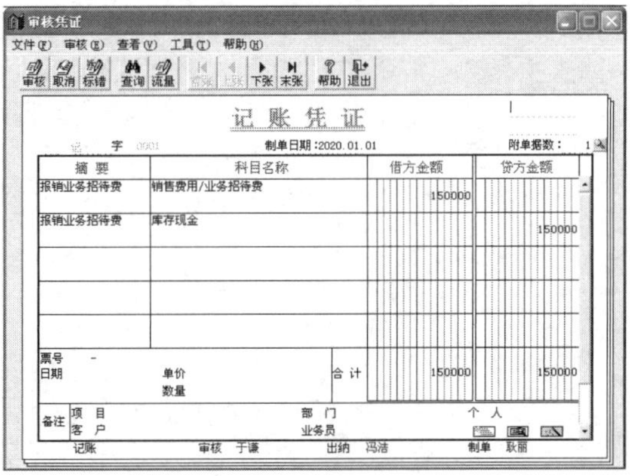

图 4.23　审核凭证

步骤 5　如果需要对其他凭证审核，可以翻页找到对应的凭证进行审核。审核完成后单击“退出”按钮，返回“审核凭证”窗口。

步骤 6　单击“退出”按钮退出。

注意

① 审核人必须具有审核权。如果选中了“凭证审核控制到操作员”复选框，那么还需要进行凭证审核权限设置，即审核人必须拥有对制单人所制凭证的审核权。

② 作废凭证不能被审核，也不能被标错。

③ 审核人和制单人不能是同一个人，凭证一经审核，就不能被修改、删除，只有取消审核签字后才可修改或删除；已标记作废的凭证不能被审核，需要先取消作废标记后才能审核。

④ 审核凭证发现错误时，可单击“标错”按钮，使凭证左上角显示“有错”字样，以提醒制单人对有错凭证进行修改。

任务 5　凭证记账

任务下达

由账套主管 101 于谦对本月凭证进行记账处理。

任务解析

记账凭证经过审核签字后，便可以记账了。在计算机系统中，记账是由计算机自动进行的。记账过程一旦遇到断电或因其他原因造成中断，系统会自动调用恢复记账前状态功能恢复数据，然后可以再重新选择记账。

如果记账后发现输入的记账凭证有错误需要进行修改，需要人工调用恢复记账前状态功能。系统提供了两种恢复记账前状态的方式：将系统恢复到最后一次记账前状态和将系统恢复到月初状态。只有主管才能选择将数据恢复到月初状态。

如果期初余额试算不平衡，则不能记账；如果上月未结账，则本月不能记账。

任务指引

1．记账

步骤 1　以 101 于谦的身份选择“总账”|“凭证”|“记账”命令，打开“记账”对话框。

步骤 2　单击“全选”按钮，选择所有的凭证作为记账的范围，如图 4.24 所示。

步骤 3　单击“下一步”按钮，显示记账报告。如果需要打印记账报告，可单击“打印”按钮；如果不需要打印记账报告，单击“下一步”按钮。

步骤 4　单击“记账”按钮，打开“期初试算平衡表”对话框。单击“确定”按钮，系统开始登录有关的总账和明细账、辅助账。登记完后，弹出“记账完毕！”信息提示对话框。

步骤 5　单击“确定”按钮，记账完毕。

注意

① 第 1 次记账时，如果期初余额试算不平衡，则不能记账。

② 如果上月未记账，则本月不能记账。

③ 未审核凭证不能记账，记账范围应小于等于已审核范围。

④ 作废凭证不需要审核可直接记账。

2. 反记账

步骤 1 以 101 于谦的身份登录 T3。

步骤 2 选择“总账”|“期末”|“对账”命令，打开“对账”对话框。

步骤 3 按 Ctrl+H 组合键，弹出“恢复记账前状态功能已被激活。”信息提示框，如图 4.25 所示。单击“确定”按钮返回，在“凭证”菜单下会显示“恢复记账前状态”菜单项。

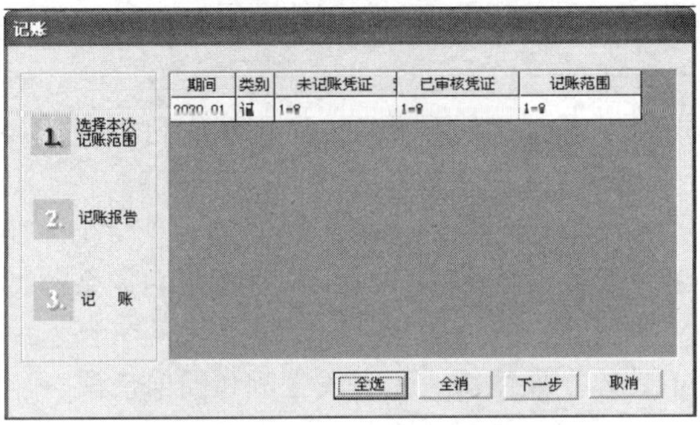

图 4.24 选择本次记账范围

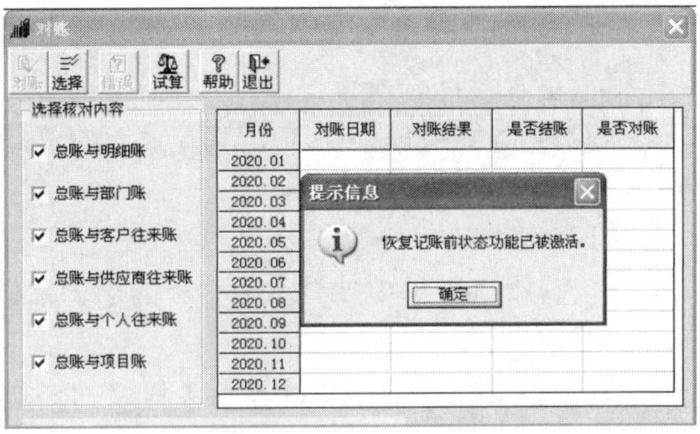

图 4.25 激活恢复记账前状态功能

步骤 4 单击“退出”按钮。

步骤 5 选择“凭证”|“恢复记账前状态”命令，打开“恢复记账前状态”对话框。

步骤 6 选中“最近一次记账前状态”单选按钮，如图 4.26 所示。

步骤 7 单击“确定”按钮，弹出“请输入主管口令”信息提示框。

步骤 8 输入主管口令后单击“确定”按钮，稍候系统弹出“恢复记账完毕！”信息提示对话框。然后单击“确定”按钮。

步骤 9 由 101 于谦重新进行记账，并备份账套为“总账日常业务”账套。

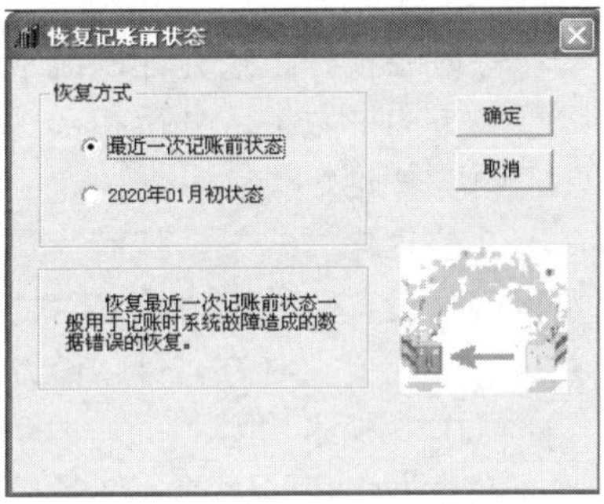

图 4.26 恢复记账前状态

注意

① 如果退出系统后又重新进入系统或在“对账”对话框中按 Ctrl+H 组合键，将重新隐藏“恢复记账前状态”功能。

② 只有账套主管才有恢复记账的权限。

③ 已结账月份的数据不能取消记账。

④ 取消记账后，一定要重新记账。

任务 6 账簿查询

任务下达

1 月 31 日，以账套主管 101 于谦的身份进行账簿查询。

任务解析

企业发生的经济业务，经过制单、复核、记账后，就可以查询、打印各种账簿了。计算机系统的账簿查询具有以下鲜明特点：首先，在查询各种账簿时，可以包括未记账凭证；其次，与手工环境不同，在信息化方式下，各种账簿都可以针对各级科目进行查询；再者，可以进行账表联查，如查询总账时可以联查明细账，而查明细账时可以联查凭证等。

以下对基本会计账簿查询和辅助账簿查询分别进行介绍。

1. 基本会计账簿查询

基本会计账簿就是手工处理方式下的总账、发生额余额表、明细账、序时账、日记账、多栏账等。

（1）总账

查询总账时，可单独显示某科目的年初余额、各月发生额合计、全年累计发生额和月末余额。

（2）发生额余额表

发生额余额表可以同时显示各科目的期初余额、本期发生额、累计发生额和期末余额。

（3）明细账

明细账以凭证为单位显示各账户的明细发生情况，包括日期、凭证号、摘要、借方发生额、贷方发生额和余额。

（4）序时账

序时账根据记账凭证以流水账的形式反映各账户的信息，一般包括日期、凭证号、科目、摘要、方向、数量、外币和金额等。

（5）日记账

在信息化方式下，任何账户都可以查询日记账，只要将会计科目设置为日记账即可，而且可以随时设置。现金、银行存款日记账一般是在出纳功能中单独查询的。日记账一般包括日期、凭证号、摘要、对方科目、借方发生额、贷方发生额和余额。

（6）多栏账

在查询多栏账之前，必须先设置多栏账的格式。设置多栏账格式可以有两种方式：自动编制栏目和手工编制栏目。

2. 辅助核算账簿查询

辅助核算账簿在手工处理方式下一般作为备查账存在。

（1）个人核算

个人核算主要进行个人借款、还款管理工作，以便及时控制个人借款，完成清欠工作。个人核算可以提供个人往来明细账、催款单、余额表、账龄分析报告和自动清理核销已清账等功能。

（2）部门核算

部门核算主要是为了考核部门收支的发生情况，及时反映控制部门费用的支出，对各部门的收支情况加以比较分析，便于部门考核。部门核算可以提供各级部门的总账、明细账核算，以及对各部门的收入与费用进行部门收支分析等功能。

（3）项目核算

项目核算用于收入、成本、在建工程等业务的核算，以项目为中心为使用者提供各项目的成本、费用、收入、往来等汇总与明细信息，以及项目计划选择报告等。

（4）客户核算和供应商核算

客户核算和供应商核算主要进行客户与供应商往来款项的发生、清欠管理工作，以便及时掌握往来款项的最新情况。它可以提供往来款的总账、明细账、催款单、对账单、往来账清理、账龄分析报告等功能。如果用户启用了应收款管理系统和应付款管理系统，则可以分别在这两个系统中对客户往来款和供应商往来款进行更为详细地核算与管理。

任务详情

① 查询 2020 年 1 月余额表。
② 查询 2020 年 1 月主板数量金额明细账。
③ 定义并查询 2020 年 1 月管理费用多栏账。
④ 查询何润东 2020 年 1 月个人往来清理情况。
⑤ 查询 2020 年 1 月各部门收支分析表。

任务指引

1．查询 2020 年 1 月余额表

步骤 1　以 101 于谦的身份进入 T3，选择“总账”|“账簿查询”|“余额表”命令，打开“发生额及余额表查询条件”对话框。

步骤 2　单击“确认”按钮，打开“发生额及余额表”对话框，如图 4.27 所示。

发生额及余额表

月份：2020.01-2020.01

科目编码	科目名称	期初余额		本期发生		期末余额	
		借方	贷方	借方	贷方	借方	贷方
1001	库存现金	15,654.00		10,000.00	1,500.00	24,154.00	
1002	银行存款	531,812.00		249,000.00	145,600.00	635,212.00	
1122	应收账款	113,000.00		67,800.00	113,000.00	67,800.00	
1221	其他应收款	2,800.00			2,800.00		
1403	原材料	67,500.00		144,000.00		211,500.00	
1405	库存商品	1,571,000.00				1,571,000.00	
1601	固定资产	381,880.00				381,880.00	
1602	累计折旧		44,032.60				44,032.60
资产小计		2,683,646.00	44,032.60	470,800.00	262,900.00	2,891,546.00	44,032.60
2001	短期借款		480,000.00				480,000.00
2202	应付账款		74,125.00		27,120.00		101,245.00
2211	应付职工薪酬		236,161.40				236,161.40
2221	应交税费		78,160.00	18,720.00	7,800.00		67,240.00
负债小计			868,446.40	18,720.00	34,920.00		884,646.40
3001	实收资本		1,000,000.00		136,000.00		1,136,000.00
3101	盈余公积		230,000.00				230,000.00
3104	利润分配		541,167.00				541,167.00
权益小计			1,771,167.00		136,000.00		1,907,167.00
5001	主营业务收入				60,000.00		60,000.00
5601	销售费用			1,500.00		1,500.00	
5602	管理费用			2,800.00		2,800.00	
损益小计				4,300.00	60,000.00	4,300.00	60,000.00
合计		2,683,646.00	2,683,646.00	493,820.00	493,820.00	2,895,846.00	2,895,846.00

图 4.27　发生额及余额表

步骤 3　单击“累计”按钮，系统自动增加“借方累计发生额”“贷方发生额”两个栏目。

2．查询 2020 年 1 月主板数量金额明细账

步骤 1　选择“总账”|“账簿查询”|“明细账”命令，打开“明细账查询条件”对话框。选择查询科目“140301—140301”，如图 4.28 所示。

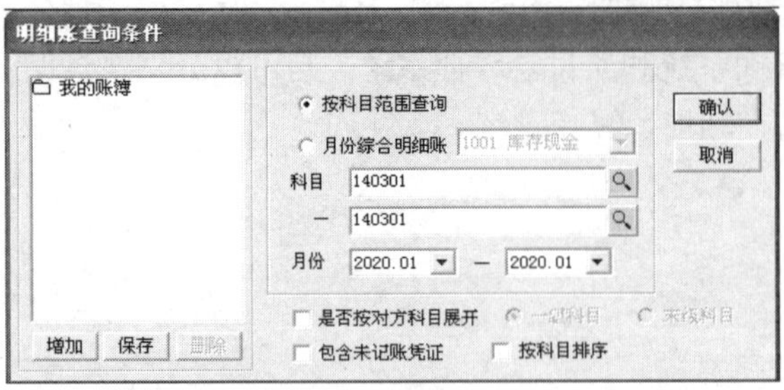

图 4.28　明细账查询条件

步骤 2　单击“确认”按钮，打开“明细账”对话框。选择“数量金额式”账页形式，显示如图 4.29 所示。

3．定义并查询 2020 年 1 月管理费用多栏账

步骤 1　选择“总账”|“账簿查询”|“多栏账”命令，打开“多栏账”对话框。

步骤 2　单击“增加”按钮，打开“多栏账定义”对话框。选择核算科目“5602 管理费用”，单击“自动编制”按钮，系统自动将管理费用下的明细科目作为多栏账的栏目，如图 4.30 所示。

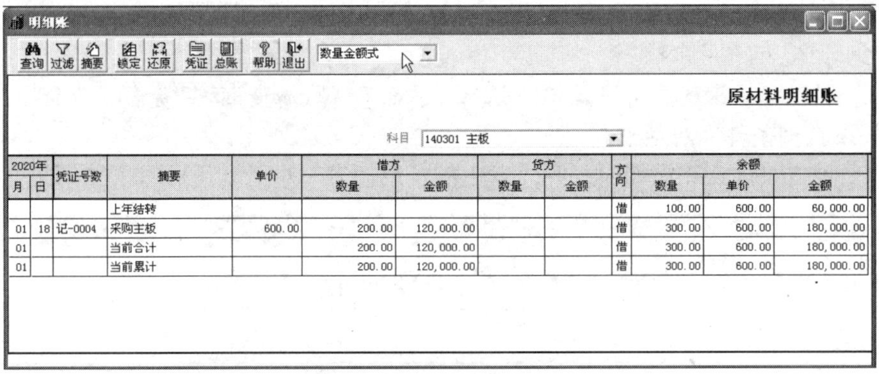

图 4.29　数量金额式明细账

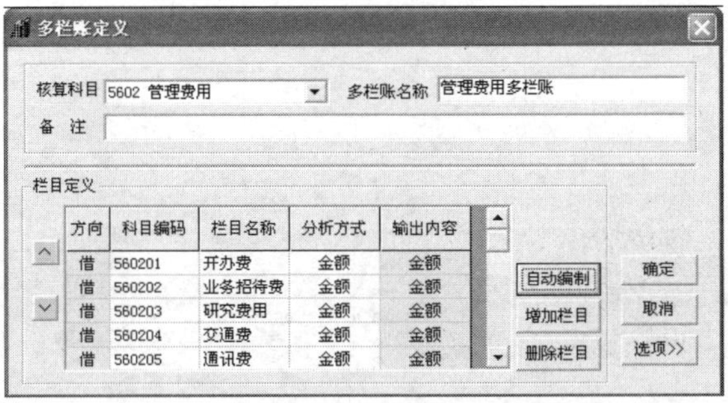

图 4.30　多栏账定义

步骤 3　单击“确定”按钮，完成管理费用多栏账的定义。

步骤 4　单击“查询”按钮，打开“多栏账查询”对话框。单击“确定”按钮，显示管理费用多栏账，如图 4.31 所示。

4．查询何润东 2020 年 1 月个人往来清理情况

步骤 1　选择“总账”|“辅助查询”|“个人往来清理”命令，打开“个人往来两清条件”对话框。

步骤 2　选择部门“企管办”、个人“何润东”，选中“显示已两清”复选框，如图 4.32 所示。

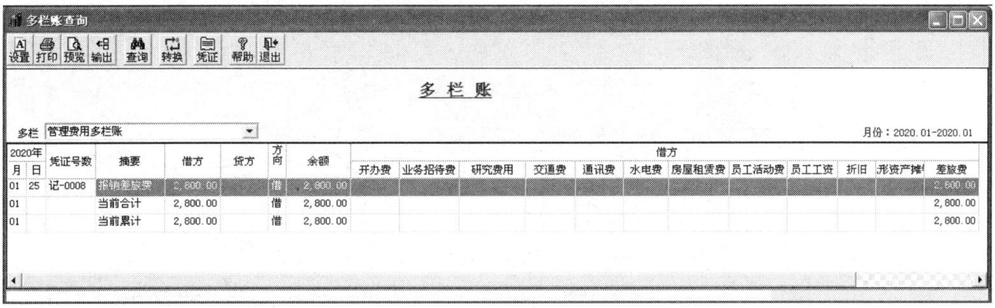

图 4.31　管理费用多栏账

步骤 3　单击“确认”按钮，打开“个人往来两清”对话框。单击“勾对”按钮，系统自动将已达账项打上已结清的标志，如图 4.33 所示。

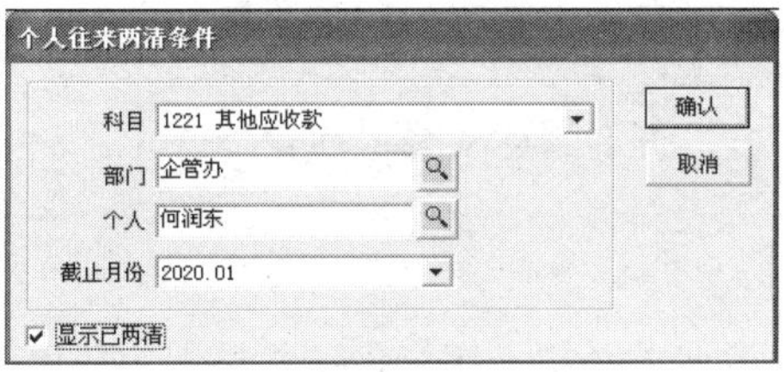

图 4.32　个人往来两清条件

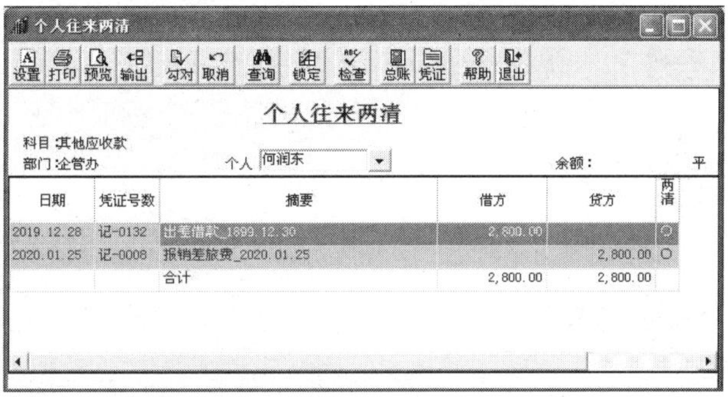

图 4.33　个人往来两清

5. 查询 2020 年 1 月各部门收支分析表

步骤 1　选择“总账”|“辅助查询”|“部门收支分析”命令，打开“部门收支分析条件”对话框。

步骤 2　选择管理费用下的明细科目作为分析科目，如图 4.34 所示。

步骤 3　单击“下一步”按钮。选择所有部门作为分析部门，如图 4.35 所示。

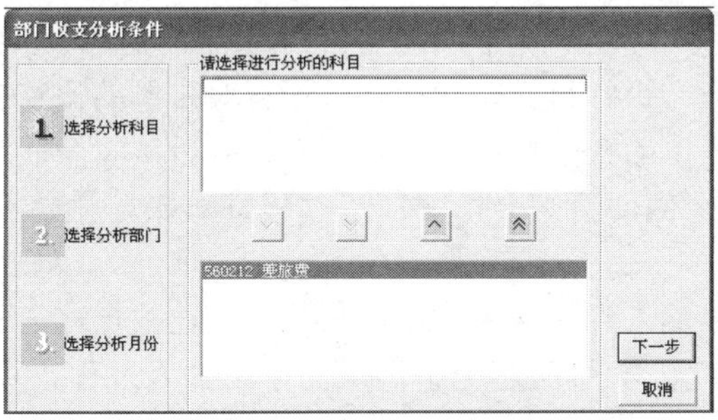

图 4.34　选择分析科目

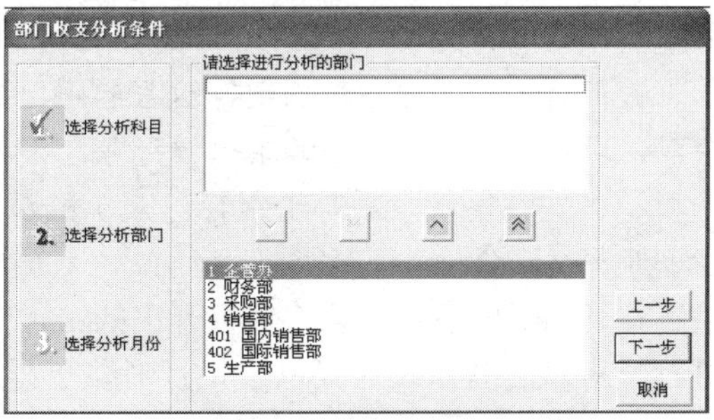

图 4.35　选择分析部门

步骤 4　单击“下一步”按钮。选择“2020.01”作为分析月份，然后单击“完成”按钮，系统显示部门收支分析表，如图 4.36 所示。

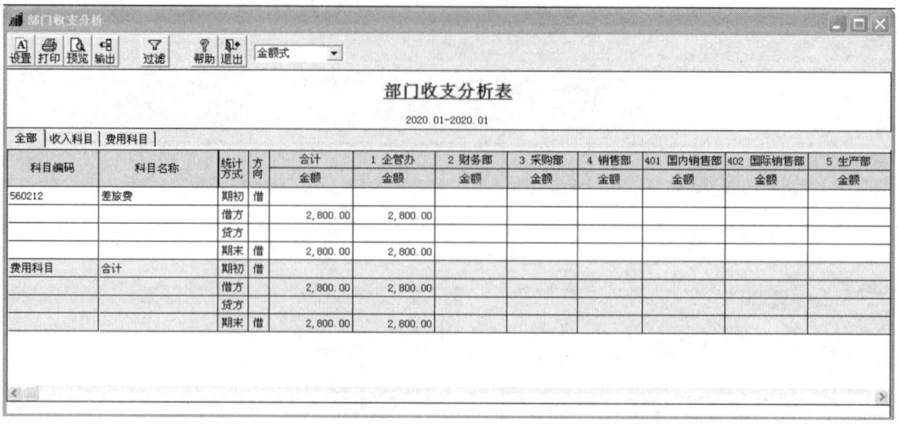

科目编码	科目名称	统计方式	方向	合计	1 企管办	2 财务部	3 采购部	4 销售部	401 国内销售部	402 国际销售部	5 生产部
				金额	金额	金额	金额	金额	金额	金额	金额
560212	差旅费	期初	借								
		借方		2,800.00	2,800.00						
		贷方									
		期末	借	2,800.00	2,800.00						
费用科目	合计	期初	借								
		借方		2,800.00	2,800.00						
		贷方									
		期末	借	2,800.00	2,800.00						

图 4.36　部门收支分析表

任务 7　现金管理

任务下达

由出纳 103 冯洁进行银行对账、现金日记账和资金日报查询、支票登记簿管理。

任务解析

现金管理是总账管理子系统为出纳人员提供的一套管理工具和工作平台，包括现金和银行存款日记账的查询打印、资金日报、支票登记簿和银行对账。

1．银行对账

银行对账是出纳在月末应进行的一项工作。企业为了了解未达账项的情况，通常都会定期与开户银行进行对账。在信息化方式下，银行对账的程序如下。

步骤 1　输入银行对账期初数据。

在第 1 次利用总账管理系统进行银行对账前，应该输入银行启用日期时的银行对账期初数据。

银行对账的启用日期是指使用银行对账功能前最后一次手工对账的截止日期。银行对账不一定与总账管理系统同时启用，银行对账的启用日期可以晚于总账管理子系统的启用日期。

银行对账期初数据包括银行对账启用日的企业方银行日记账和银行方银行对账单的调整前余额，以及启用日期之前的单位日记账和银行对账单的未达账项。输入期初数据后，应保证银行日记账的调整后余额等于银行对账单的调整后余额，否则会影响以后的银行对账。

步骤 2　输入银行对账单。

在开始对账前，必须将银行开出的银行对账单输入到系统中，以便将其与企业银行日记账进行核对。有些系统还提供了银行对账单导入的功能，从而避免了烦琐的手工输入过程。

步骤 3　银行对账。

银行对账可采用自动对账和手工对账相结合的方式，先进行自动对账，然后在此基础上再进行手工对账。

自动对账是指系统根据设定的对账依据，将银行日记账（银行未达账项文件）与银行对账单进行自动核对和勾销。对于已核对无误的银行业务，系统将自动在银行日记账和银行对账单双方打上两清标志，视为已达账项，否则视为未达账项。对账依据可由用户自己设置，但“方向+金额”是必要条件，通常可设置为“结算方式+结算号+方向+金额”。

采用自动对账后，可能还有一些特殊的已达账项没有对上而被视为未达账项。为了保证对账的彻底性和正确性，在自动对账的基础上还要进行手工补对。例如，自动对账只能针对“一对一”的情况进行对账，而对于“一对多”“多对一”或“多对多”的情况，只能由手工对账来实现。

步骤4 查询打印余额调节表。

在进行对账后，系统会根据对账结果自动生成银行存款余额调节表，以供用户查询打印或输出。

对账后，还可以查询银行日记账和银行对账单对账的详细情况，包括已达账项和未达账项。

步骤5 核销银行账。

为了避免文件过大，占用磁盘空间，可以利用核销银行账功能将已达账项删除。对于企业银行日记账已达账项的删除不会影响企业银行日记账的查询和打印。

步骤6 长期未达账项审计。

有的软件还提供长期未达账项审计的功能。通过设置截止日期和至截止日期未达天数，系统可以自动将至截止日期未达账项未达天数超过指定天数的所有未达账项显示出来，以便企业了解长期未达账项情况，从而采取措施对其追踪、加强监督，避免不必要的损失。

2. 现金、银行日记账和资金日报表的查询打印

现金日记账和银行存款日记账不同于一般会计科目的日记账，是属于出纳管理的，因此将其查询和打印功能放置于出纳管理平台。现金、银行日记账一般可按月查询或按日查询，查询时也可以包含未记账凭证在内。

资金日报表可以反映现金和银行存款日发生额及余额情况。在手工环境下，资金日报表由出纳员逐日填写，以反映当日营业终了时现金、银行存款的收支情况和余额；在计算机系统中，资金日报表可由总账管理系统根据记账凭证自动生成，以便及时掌握当日借贷金额合计、余额和当日业务量等信息。资金日报表既可以根据已记账凭证生成，也可以根据未记账凭证生成。

3. 支票登记簿

加强支票的管理对于企业来说非常重要，因此总账管理子系统提供了支票登记簿功能，以供出纳员详细登记支票领用和报销情况，如领用日期、领用部门、领用人、支票号、用途、预计金额、报销日期、实际金额、备注等。

在使用支票登记簿时，需要注意以下问题。

① 建立会计科目时，必须为银行存款科目设置银行账属性。

② 设置结算方式时，必须为支票结算方式设置票据管理属性。

③ 领用支票时，银行出纳必须据实填写领用日期、领用部门、领用人、支票号、用途、预计金额、备注等信息。

④ 经办人持原始单据报销支票时，会计人员据此填制记账凭证。在输入该凭证时，系统要求输入结算方式和支票号。填制完凭证后，在采取支票控制的方式下，系统自动在支票登记簿中将该支票填上报销日期，表示该支票已报销。否则，出纳员需要自己填写报销日期。

任务详情

1. 银行对账

华宇电脑银行账的启用日期为2020年1月1日；中行人民币户企业日记账调整前余额为

205 412.00 元，银行对账单调整前余额为 212 962.00 元；未达账项一笔，系银行 2019 年 12 月 31 日已收转账支票企业未收 7 550 元。

2020 年 1 月份取得的银行对账单如表 4.6 所示。要求进行银行对账，查询银行存款余额调节表。

表 4.6　银行对账单

元

日　期	结算方式	票　号	借方金额	贷方金额
2020.01.06	201	XJ0106		10 000
2020.01.16			63 260	
2020.01.18	202	ZZ0118		135 600
2020.01.18	202	WZ0118	113 000	

2．查询现金日记账

3．查看 1 月 18 日资金日报

4．进行支票登记

1 月 31 日，采购员杨帅领用转账支票一张，用于购买键盘，金额为 5 000 元，票号为 0131。

任务指引

1．银行对账

（1）输入银行对账期初

步骤 1　用 103 冯洁的身份登录 T3，选择“现金”|“设置”|“银行期初录入”命令，打开“银行科目选择”对话框。

步骤 2　选择科目为“10020101 人民币户”，单击“确定”按钮，打开“银行对账期初”对话框。

步骤 3　确定启用日期为“2020.01.01”。

步骤 4　输入单位日记账的调整前余额为 205 412.00，输入银行对账单的调整前余额为 212 962. 00。

步骤 5　单击“对账单期初未达项”按钮，打开“银行方期初”对话框。

步骤 6　单击“增加”按钮，输入日期为“2019.12.31”、结算方式为 202、借方金额为 7 550，如图 4.37 所示。

步骤 7　单击“保存”按钮，然后单击“退出”按钮，返回“银行对账期初”对话框，如图 4.38 所示。

注意

① 第 1 次使用银行对账功能前，系统要求输入日记账和对账单未达账项，而在开始使用银行对账功能之后不再使用此功能。

② 在输入完单位日记账、银行对账单期初未达账项后，不要随意调整启用日期，尤其是向前调，因为这样可能会造成启用日期后的期初数不能再参与对账。

（2）输入银行对账单

步骤 1　选择“现金”|“现金管理”|“银行账”|“银行对账单”命令，打开“银行科目选择”对话框。

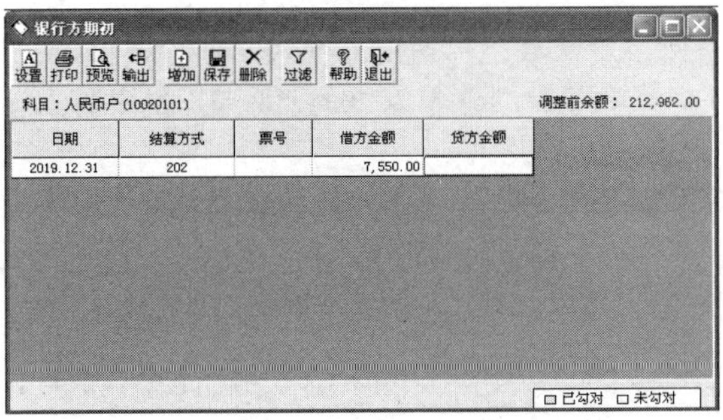

图 **4.37**　银行方期初增加

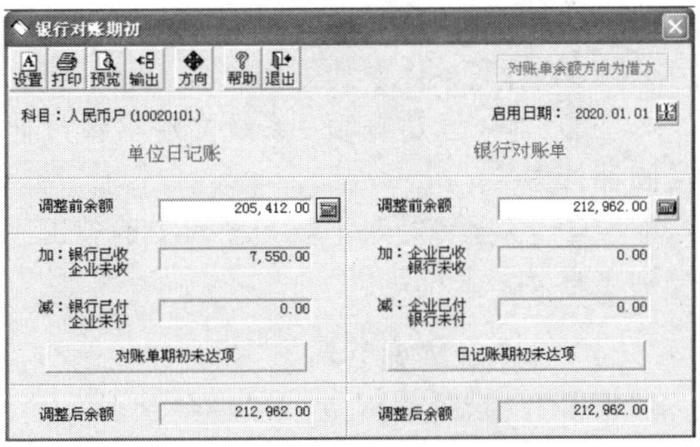

图 **4.38**　银行对账期初

步骤 2　选择科目为“10020101 人民币户”、月份为“2020.01—2020.01”，单击“确定”按钮，打开“银行对账单”对话框。

步骤 3　单击“增加”按钮，输入银行对账单数据。然后单击“保存”按钮，如图 4.39 所示。

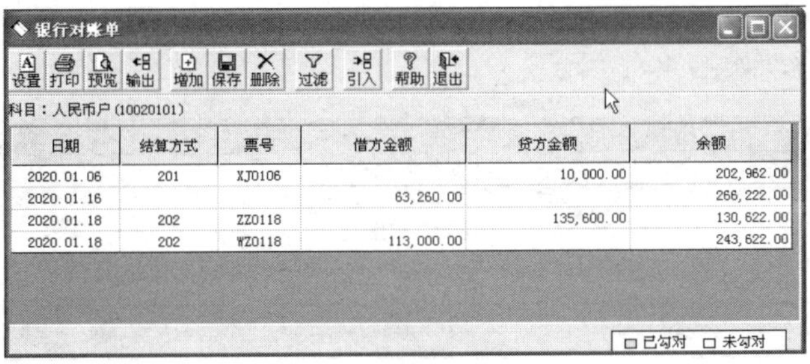

图 **4.39**　银行对账单

（3）进行 1 月份银行自动对账工作

步骤 1　选择“现金”|“现金管理”|“银行账”|“银行对账”命令，打开“银行科目选择”对话框。

步骤 2　选择科目为“10020101 人民币户”、月份为“2020.01—2020.01”，单击“确定”按钮，打开“银行对账”窗口。

步骤 3　单击“对账”按钮，打开“自动对账”条件对话框。

步骤 4　输入截止日期为“2020.01.31”，并默认系统提供的其他对账条件。

步骤 5　单击“确定”按钮，显示自动对账结果，如图 4.40 所示。

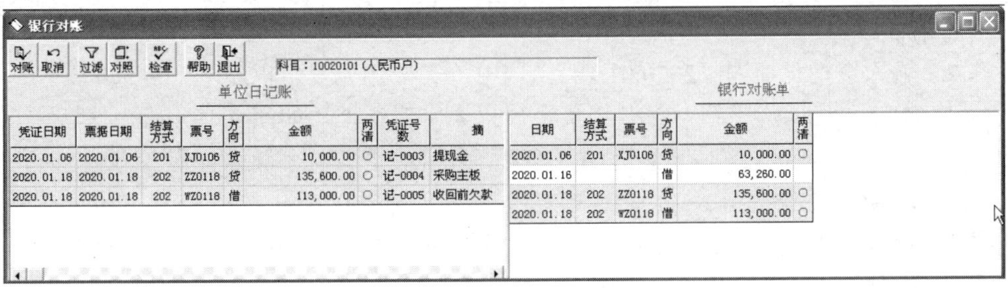

图 **4.40**　银行对账

注意

① 对账条件中的方向、金额相同是必选条件，对账截止日期则可输入，也可不输。

② 对于已达账项，系统自动在银行存款日记账和银行对账单双方的“两清”栏中打上圆圈标志。

③ 在自动对账不能完全对上的情况下，可采用手工对账。手工对账的标志为 Y，以区别于自动对账标志。

（4）查询余额调节表

步骤 1　选择“现金”|“现金管理”|“银行账”|“余额调节表查询”命令，打开“银行存款余额调节表”窗口。

步骤 2　选中科目“10020101 人民币户”。

步骤 3　单击“查看”按钮或双击该行，即显示该银行账户的银行存款余额调节表。

2．查询现金日记账

步骤 1　选择“现金”|“现金管理”|“日记账”|“现金日记账”命令，打开“现金日记账查询条件”对话框。

步骤 2　选择科目为“1001 库存现金”，默认月份为“2020.01”，单击“确定”按钮，打开“现金日记账”对话框，如图 4.41 所示。

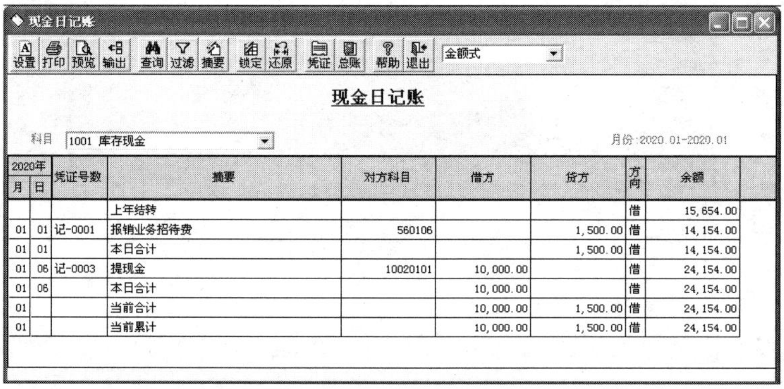

2020年 月	日	凭证号数	摘要	对方科目	借方	贷方	方向	余额
			上年结转				借	15,654.00
01	01	记-0001	报销业务招待费	560106		1,500.00	借	14,154.00
01	01		本日合计			1,500.00	借	14,154.00
01	06	记-0003	提现金	10020101	10,000.00		借	24,154.00
01	06		本日合计		10,000.00		借	24,154.00
01			当前合计		10,000.00	1,500.00	借	24,154.00
01			当前累计		10,000.00	1,500.00	借	24,154.00

图 4.41　现金日记账

步骤 3　双击某行或将光标定位在某行再单击“凭证”按钮，可查看相应的凭证。

步骤 4　单击“退出”按钮。

3．查看 1 月 18 日的资金日报表

步骤 1　选择“现金”|“现金管理”|“日记账”|“资金日报”命令，打开“资金日报表查询条件”对话框。

步骤 2　输入查询日期为“2020.01.18”，选中“有余额无发生也显示”复选框。

步骤 3　单击“确认”按钮，打开“资金日报表”对话框，如图 4.42 所示。然后单击“退出”按钮。

4．登记支票簿

步骤 1　选择“现金”|“票据管理”|“支票登记簿”命令，打开“银行科目选择”对话框。

步骤 2　选择科目为人民币户 10020101，单击“确定”按钮，打开“支票登记”对话框。

步骤 3　单击“增加”按钮。

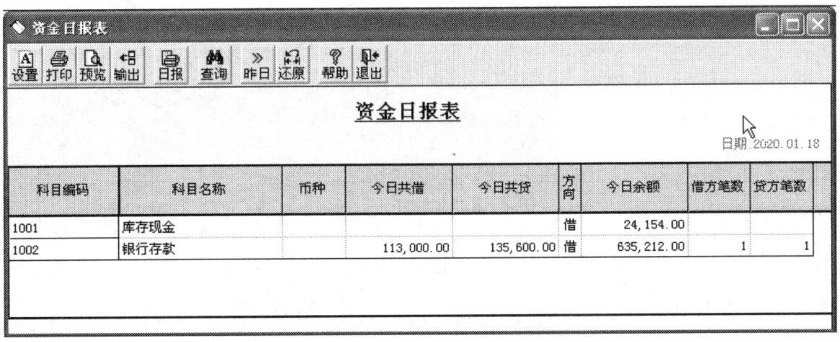

图 4.42　资金日报表

步骤 4　输入领用日期为“2020.01.31”、领用部门为“采购部”、领用人为“杨帅”、支票号 0131、预计金额为 5 000、用途为“采购键盘”，单击“保存”按钮，如图 4.43 所示。

图 4.43　支票登记

注意

① 只有在“结算方式”对话框中选中“票据管理方式”复选框才能在此选择登记。
② 领用日期和支票号必须输入，其他内容可输可不输。
③ 报销日期不能在领用日期之前。
④ 已报销的支票可成批删除。

任务 8　项目管理

任务下达

以账套主管 101 于谦的身份查询“华宇天骄”项目明细账，并进行项目统计分析。

任务解析

项目核算用于收入、成本、在建工程等业务的核算。它以项目为中心为使用者提供各项目的成本、费用、收入、往来等汇总和明细信息，以及项目计划选择报告等。

任务指引

1. 查询“华宇天骄”项目明细账

步骤 1　以 101 于谦的身份重新登录 T3，选择“项目”|“账簿”|“项目明细账”|“项目

明细账”命令，打开“项目明细账条件”对话框。

步骤 2　选择项目“华宇天骄”，如图 4.44 所示。

步骤 3　单击“确定”按钮，显示项目明细账。

2. 进行项目统计分析

步骤 1　选择“项目”|“账簿”|“项目统计分析”命令，打开“项目统计条件”对话框。

步骤 2　使用默认条件，单击“下一步”按钮。

步骤 3　选择所有项目核算科目作为统计科目，如图 4.45 所示。

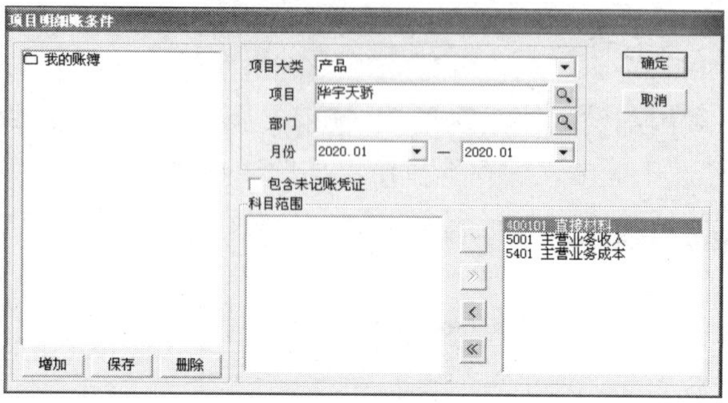

图 4.44　项目明细账条件

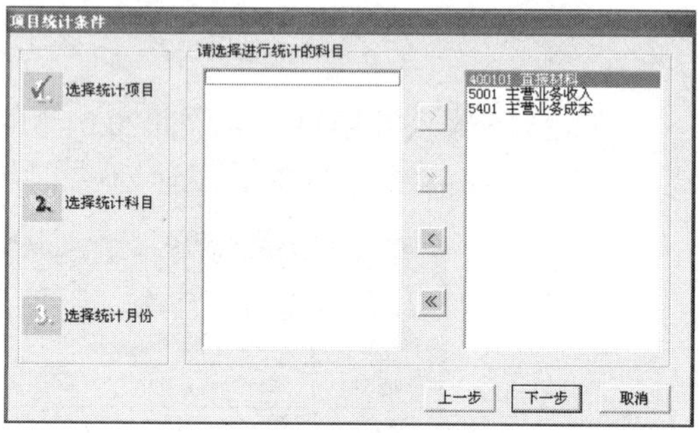

图 4.45　项目统计条件

步骤 4　单击“下一步”按钮，选择统计月份“2020.01”。然后单击“完成”按钮，显示项目统计情况，如图 4.46 所示。

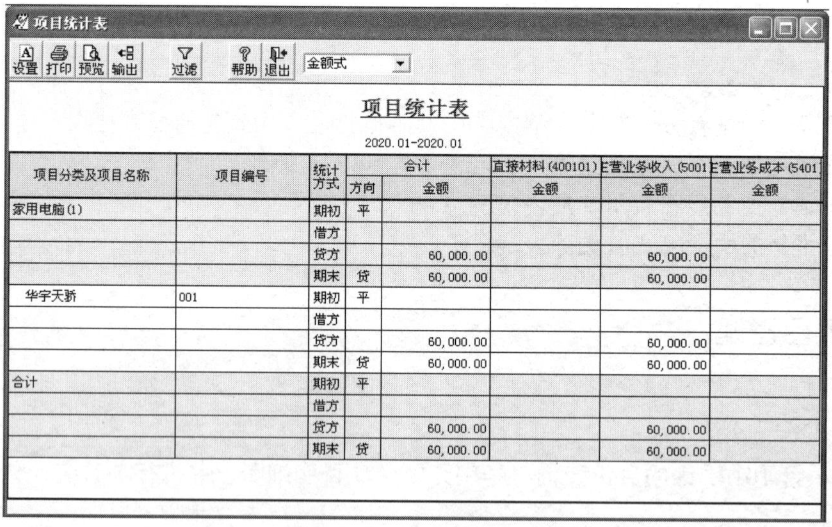

项目统计表

2020.01-2020.01

项目分类及项目名称	项目编号	统计方式	合计 方向	合计 金额	直接材料(400101) 金额	主营业务收入(5001 金额	主营业务成本(5401 金额
家用电脑(1)		期初	平				
		借方					
		贷方		60,000.00		60,000.00	
		期末	贷	60,000.00		60,000.00	
华宇天骄	001	期初	平				
		借方					
		贷方		60,000.00		60,000.00	
		期末	贷	60,000.00		60,000.00	
合计		期初	平				
		借方					
		贷方		60,000.00		60,000.00	
		期末	贷	60,000.00		60,000.00	

图 4.46　项目统计表

任务 9　往来管理

任务下达

查询供应商“日星”明细账。

任务解析

往来管理包括客户往来核算和供应商往来核算。

客户往来核算和供应商往来核算主要进行客户与供应商往来款项的发生、清欠管理工作，以便及时掌握往来款项的最新情况。它可以提供往来款项的余额表、明细账、催款单、往来账清理、往来账龄分析等功能。

任务指引

步骤 1　选择“往来”|“账簿”|“供应商往来明细账”|“供应商明细账”命令，打开“供应商明细账”对话框。

步骤 2　选择供应商“日星”，单击“确定”按钮，显示供应商明细账。

任务 10　月末处理

任务下达

以 102 耿丽的身份进行转账定义和转账生成；以账套主管 101 于谦的身份进行凭证审核、记账、对账和结账。

任务解析

在每个会计期间结束，企业都要完成一些特定的工作，主要包括期末转账业务、对账及试算平衡、月末结账。

1．转账定义

（1）转账的分类

转账分为内部转账和外部转账。

① 外部转账是指将其他专项核算子系统自动生成的凭证转入到总账管理子系统，如工资管理子系统有关工资费用分配的凭证、固定资产管理子系统有关固定资产增减变动及计提折旧的凭证、核算管理子系统生成的出入库凭证等。

② 内部转账就是本书所讲的自动转账，是指在总账管理子系统内部通过设置凭证模板而自动生成相应的记账凭证。这是因为一些期末业务具有较强的规律性，而且每个月都会重复发生，如费用的分配、费用的分摊、费用的计提、税金的计算、成本费用的结转、期间损益的结转等。这些业务的凭证分录是固定的，金额来源和计算方法也是固定的，因而可以利用自动转账功能将处理这些经济业务的凭证模板定义下来，期末通过调用这些模板来自动生成相关凭证。

（2）定义转账凭证

要想利用自动转账功能自动生成记账凭证，首先应该定义凭证模板。T3 中提供自定义转账、对应结转、销售成本结转、汇兑损益结转和期间损益结转 5 种类型。

定义凭证模板时，应设置凭证类别、摘要、借贷会计科目及其金额公式。其中，关键是金额公式的设置。因为各月金额不可能总是相同的，所以不能直接输入金额数，而必须利用总账管理子系统提供的账务函数来提取账户数据，如期初余额函数、期末余额函数、发生额函数、累计发生额函数、净发生额函数等。

定义转账凭证时，一定要注意凭证的生成顺序。

凭证模板只需要定义一次即可，各月不必重复定义。

（3）转账生成

凭证模板定义好以后，当每个月发生相关经济业务时就可不必再通过手工输入凭证，而可以直接调用已定义好的凭证模板来自动生成相关的记账凭证。

利用凭证模板生成记账凭证需要各月重复进行。

一般而言，只有在凭证记账后，账务函数才能取出相关数据。因此，利用自动转账生成凭证时，一定要使得相关凭证已经全部记账，这样才能保证取出的数据且是完整的。例如，定义了一张根据本期利润计提所得税的凭证，那么要生成该张凭证，就必须保证有关利润的凭证已经全部记账，否则要么不能取出相应的数据而导致金额为 0 不能生成凭证，要么取出的数据不完整而导致所得税计提错误。

利用自动转账生成的凭证属于机制凭证，仅仅代替了人工查账和填制凭证的环节，仍然需要审核记账。

2．对账及试算平衡

对账是对账簿数据进行核对，以检查记账是否正确、账账是否相符。对账包括总账与明细账、总账与辅助账的核对。试算平衡时系统会将所有账户的期末余额按会计平衡公式“借方余额=贷方余额”进行平衡检验，并输出科目余额表。在正常情况下，系统自动记账后，应该是账账相符的，账户余额也是平衡的。但由于非法操作或计算机病毒等原因，有时可能会造成数据被破坏，因此造成账账不符。为了检查是否账证相符、账账相符和账户余额是否平衡，应经常使用对账和试算平衡功能。结账时，一般系统会自动进行对账和试算平衡。

3．月末结账

每月工作结束后，在月末都要进行结账。结账前最好进行数据备份。结账后，当月不能再填制凭证，并终止各账户的记账工作。同时，系统会自动计算当月各账户发生额合计和余额，并将其转入下月月初。本月结账时，系统会进行下列工作。

① 检查本月业务是否已全部记账，有未记账凭证时不能结账。

② 检查上月是否已结账，上月未结账，则本月不能结账。实际上，上月未结账的话，本月也不能记账，只能填制、复核凭证。

③ 核对总账和明细账、总账和辅助账，账账不符不能结账。

④ 对科目余额进行试算平衡，试算结果不平衡将不能结账。

⑤ 检查损益类账户是否已结转至本年利润。

⑥ 当各子系统集成应用时，总账管理子系统必须在其他各子系统结账后才能最后结账。

任务详情

1．转账定义

① 按短期借款期初余额 8%计提短期借款利息，设置自定义转账凭证。

② 定义期间损益结转凭证。

2．转账生成

1 月 31 日，由 102 耿丽生成上述计提短期借款利息和结转期间损益凭证。

3．对账

4．月末结账

任务指引

1．自定义凭证

（1）按短期借款期初余额 8%计提短期借款利息，设定自定义转账凭证

其相关会计分录的编制方法如下。

借：财务费用——利息费用（560301）　　短期借款（2001）科目的期初余额×0.08/12

　　贷：应付利息（2231）　　　　　　　用 JG( )取对方科目计算结果

步骤 1　选择“总账”|“期末”|“转账定义”|“自定义转账”命令，打开“自动转账设置”对话框。

步骤 2　单击“增加”按钮，打开“转账目录”对话框。

步骤 3　输入转账序号为 0001，选择转账说明为“计提短期借款利息”、凭证类别为“记 记账凭证”，如图 4.47 所示。

步骤 4　单击“确定”按钮，继续定义转账凭证分录信息。

步骤 5　确定分录的借方信息。选择科目编码为 560301、方向为“借”，在“金额公式”栏单击“参照”按钮，打开“公式向导”对话框。选择“期初余额”、QC( )，如图 4.48 所示。

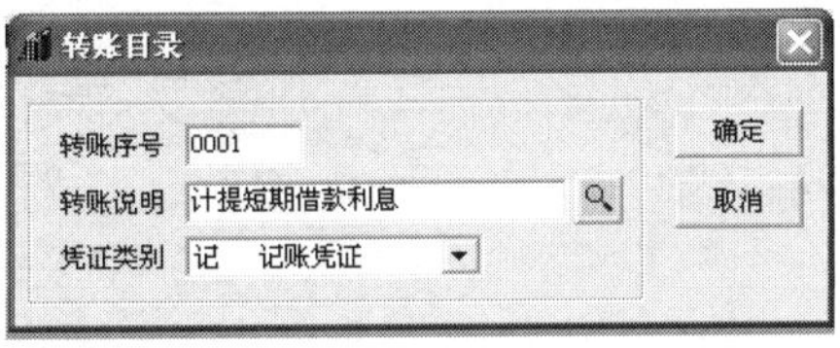

图 4.47　定义转账目录

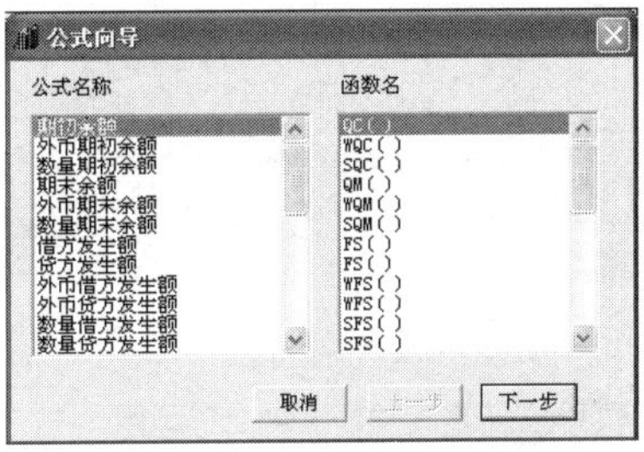

图 4.48　选择期初余额函数

步骤 6　单击“下一步”按钮，在“公式向导”对话框中选择科目为 2001。然后单击“完成”按钮，返回“金额公式”栏。继续输入“*0.08/12”。

步骤 7　单击“增行”按钮，确定分录的贷方信息。选择科目编码为 2231、方向为“贷”，输入或选择金额公式 JG( )。

步骤 8　单击“保存”按钮，完成后如图 4.49 所示。然后单击“退出”按钮返回。

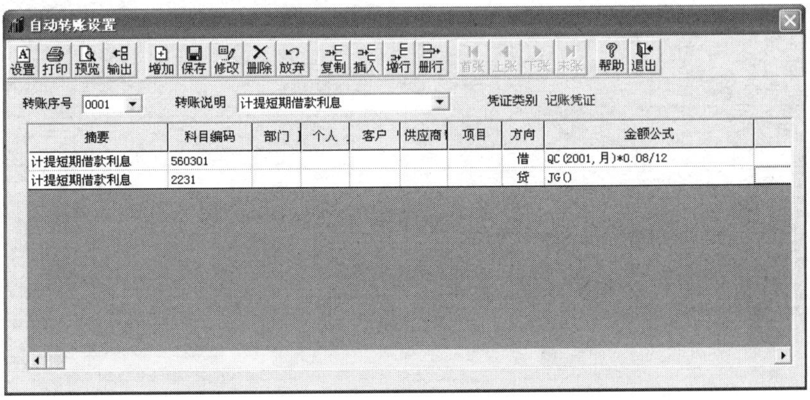

图 4.49　计提短期借款利息自定义凭证

注意

① 转账科目可以为非末级科目、部门可为空，以表示所有部门。

② 输入转账计算公式有两种方法：一是直接输入计算公式；二是用向导方式输入公式。

③ JG( )的含义为取对方科目计算结果，其中的“( )”必须为英文符号，否则系统会提示“金额公式不合法：未知函数名”。

（2）定义期间损益结转凭证

步骤 1　选择“总账”|“期末”|“转账定义”|“期间损益”命令，打开“期间损益结转设置”对话框。

步骤 2　选择本年利润科目为 3103，如图 4.50 所示。然后单击“确定”按钮返回。

图 4.50　定义期间损益结转凭证

2. 转账生成

（1）生成计提短期借款利息凭证，并审核记账

步骤 1　由 102 耿丽登录总账管理子系统，选择“总账”|“期末”|“转账生成”命令，打开“转账生成”对话框。

步骤 2　单击“自定义转账”单选按钮，再单击“全选”按钮，如图 4.51 所示。

步骤 3　单击“确定”按钮，系统生成转账凭证。

步骤 4　单击“保存”按钮，系统自动将当前凭证追加到未记账凭证中，凭证左上角出现“已生成”标志，如图 4.52 所示。

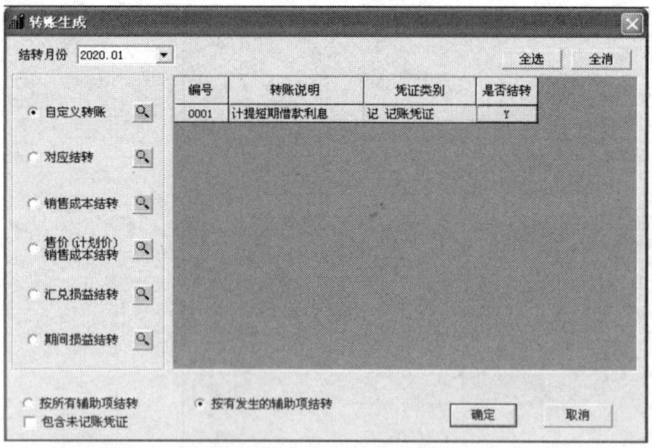

图 4.51　转账生成

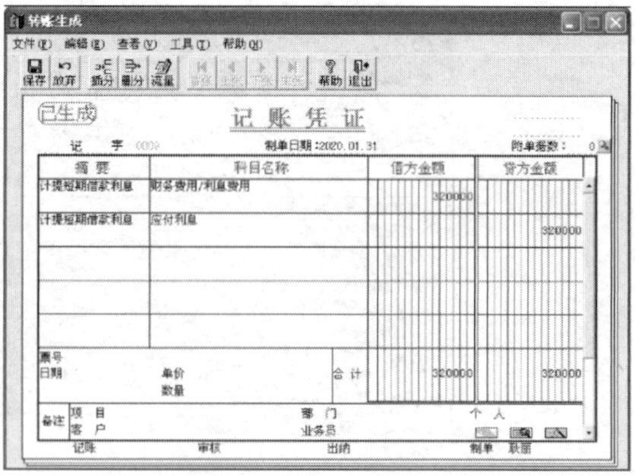

图 4.52　自动转账生成

步骤5　由101于谦对该凭证进行审核、记账。

注意

① 进行转账生成之前，注意转账月份为当前会计月份。
② 进行转账生成之前，应先将相关经济业务的记账凭证登记入账。
③ 转账凭证每月只生成一次。
④ 生成的转账凭证仍需要审核，才能记账。

（2）生成期间损益结转凭证，并审核记账

步骤1　由102耿丽登录总账管理子系统，选择“总账”|“期末”|“转账生成”命令，打开“转账生成”对话框。

步骤2　单击“期间损益结转”单选按钮，再单击“全选”按钮，然后单击“确定”按钮，生成期间损益结转凭证。单击“保存”按钮，凭证如图4.53所示。

步骤3　单击“退出”按钮返回。

步骤4　由101于谦对该凭证进行审核、记账。

3．由101于谦进行1月份对账工作

步骤1　选择“总账”|“期末”|“对账”命令，打开“对账”对话框。

步骤2　将光标定位在要进行对账的月份“2020.01”，单击“选择”按钮。

步骤3　单击“对账”按钮，开始自动对账，并显示对账结果，如图4.54所示。

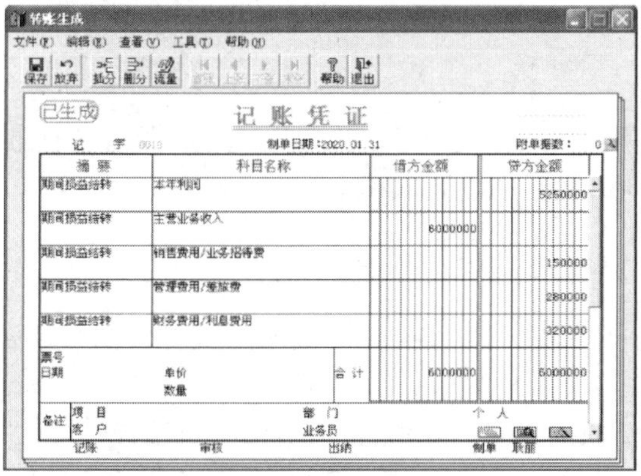

图4.53　生成期间损益结转凭证

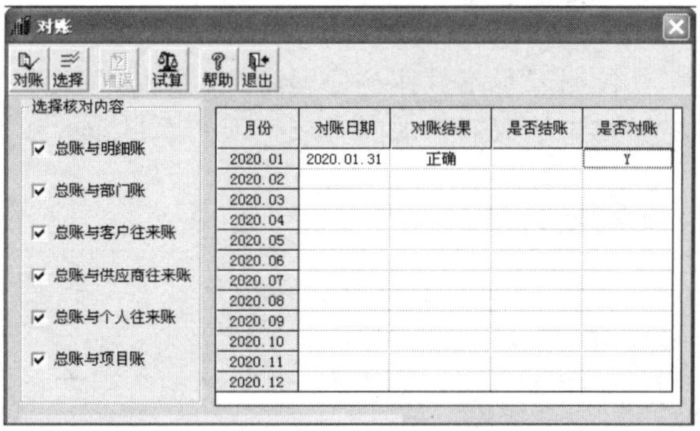

图4.54　对账

步骤4　单击“试算”按钮，可以对各科目类别余额进行试算平衡。

4．由101于谦进行1月份结账工作，并备份账套

步骤1　选择“总账”|“期末”|“结账”命令，打开“结账”对话框。

步骤2　单击要结账月份“2020.01”，然后单击“下一步”按钮。

步骤3　单击“对账”按钮，系统对要结账的月份进行账账核对。

步骤4　单击“下一步”按钮，系统显示“2020年01月工作报告”。

步骤5　查看工作报告后，单击“下一步”按钮。单击“结账”按钮，如果符合结账要求，系统将进行结账，否则不予结账。

步骤6　将账套备份至“总账期末业务”。

注意

① 结账只能由有结账权限的人进行。
② 如果本月还有未记账凭证，则本月不能结账。
③ 结账必须按月连续进行，上月未结账，则本月不能结账。
④ 如果总账与明细账对账不符，则不能结账。
⑤ 如果与其他系统联合使用，而其他子系统未全部结账，则本月不能结账。
⑥ 结账前，要进行数据备份。
⑦ 结账后，如果须取消结账，可以在“结账”对话框中按 Ctrl+Shift+F6 组合键激活取消结账功能。

拓展任务

任务 1　反结账

任务下达

由 101 于谦取消 2020 年 1 月结账。

任务解析

结账表示本月业务处理终结，系统将账户余额自动结转到下月，本月不允许再处理任何业务。如果结账后发现尚有未处理的本月业务或其他情况，则需要取消本月结账。

任务指引

步骤 1　由 101 于谦登录总账管理子系统，选择“总账”|“期末”|“结账”命令，打开“结账”对话框。

步骤 2　将光标定位于“2020.01”所在行，按 Ctrl+Shift+F6 组合键，打开“确认口令”对话框。输入主管口令 1，如图 4.55 所示。

步骤 3　单击“确认”按钮，结账标记取消。

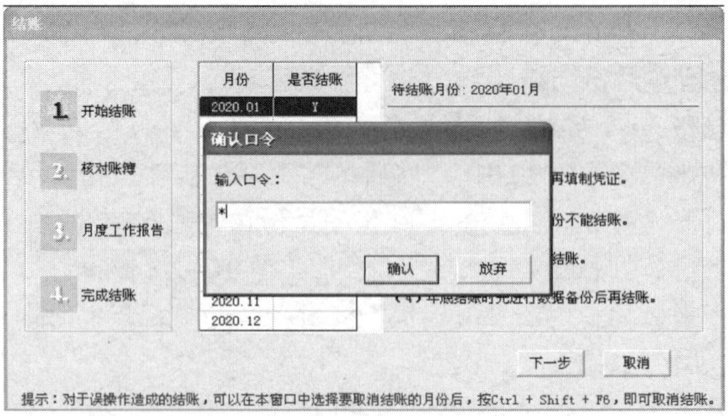

图 4.55　取消结账

任务 2　红字冲销

任务下达

由 102 耿丽冲销记-0010 号结转期间损益凭证。

任务解析

冲销凭证是针对已记账凭证而言的。红字冲销既可以采用手工方式，也可以由系统自动进行。如果采用自动冲销，只要告知系统要被冲销的凭证类型和凭证号，系统便会自动生成一张与该凭证相同，只是金额为红字（负数）的凭证。

任务指引

步骤 1　由 102 耿丽登录总账管理子系统，选择“总账”|“凭证”|“填制凭证”命令，打开“填制凭证”窗口。

步骤 2　选择“制单”|“冲销凭证”命令，打开“冲销凭证”对话框。输入凭证号为 0010，单击“确定”按钮，系统自动生成红字冲销凭证，如图 4.56 所示。

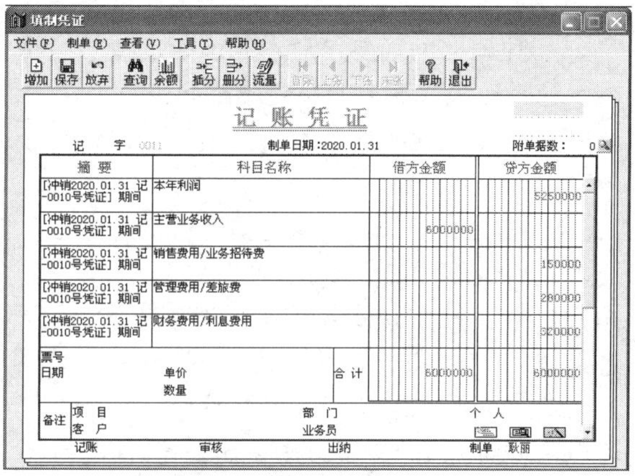

图 4.56　红字冲销凭证

任务 3　查询凭证

任务下达

查询 2020 年 1 月用库存现金支出的金额大于 1 000 元的凭证。

任务解析

查询是计算机系统相较手工方式的优势之一：既可以查询已记账凭证，也可以查询未记账凭证；既可以查询作废凭证，也可以查询标错凭证；既可以按凭证号范围查询，也可以按日期查询；既可以按制单人查询，也可以按审核人或出纳员查询；通过设置查询条件，可以按科目、摘要、金额、外币、数量、结算方式或各种辅助项查询，快捷方便。

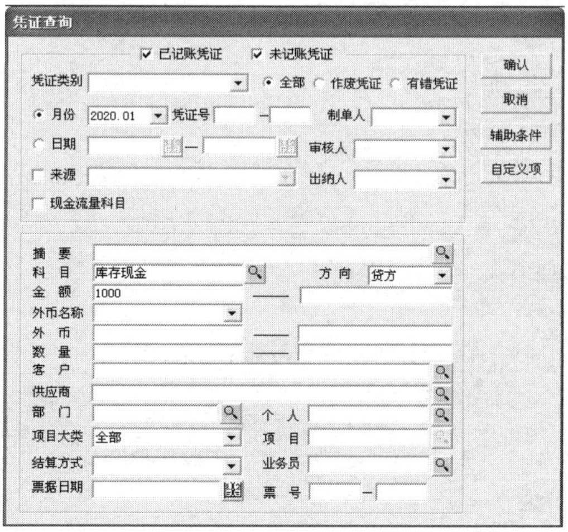

图 4.57　凭证查询

任务指引

步骤 1　选择“总账”|“凭证”|“查询凭证”命令，打开“凭证查询”对话框。

步骤 2　单击“辅助条件”按钮，选择科目为“库存现金”、方向为“贷方”，输入金额为 1 000，如图 4.57 所示。

步骤 3　单击“确认”按钮，系统显示出符合要求的凭证。

通关测试

一、判断题

1. 制单序时控制是指凭证的填制日期必须大于等于系统日期。（　）

2. 记账凭证是登记账簿的依据，是总账管理子系统的唯一数据来源。（　）

3. 在总账系统中，期初余额试算不平衡时，可以填制凭证，但不能选择记账功能。（　）

4. 凭证上的摘要是对本凭证所反映的经济业务内容的说明，凭证上的每个分录行必须有摘要，且同一张凭证上的摘要应相同。（　）

5. 在填制记账凭证时所使用的会计科目必须是末级会计科目，金额可以为 0，红字用“-”号表示。（　）

6. 在记账时，已作废的凭证将参与记账，否则月末无法结账。但系统不对作废凭证进行处理，即相当于一张空凭证。（　）

7. 在总账管理子系统中，取消出纳凭证的签字既可由出纳员自己进行，也可由账套主管进行。（　）

8. 通过总账管理子系统账簿查询功能，既可以实现对已记账经济业务的账簿信息查询，也可以实现对未记账凭证的模拟记账信息查询。（　）

9. 每个月月末，均需要先进行转账定义，再进行转账生成。（　）

10. 在总账管理子系统中，上月未结账，本月可以先记账，但本月不能结账。（　）

二、选择题

1. 以下（　）不是总账管理系统提供的选项。

A. 凭证编号方式采用自动编号　　B. 外币核算采用固定汇率

C. 出纳凭证必须经由出纳签字　　D. 结账前一定要进行对账

2. 以下科目中，（　）可能是其他系统的受控科目。

A. 库存现金　　B. 应收账款

C. 预付账款　　D. 管理费用

3. 如果企业 2020 年 5 月 1 日启用总账，那么需要在 T3 系统中录入（　）科目期初数据。

A. 2020 年年初余额　　B. 2020 年 1—4 月借贷方累计发生额

C. 2020 年 1—4 月各月借贷方发生额　　D. 2020 年 4 月末余额

4. 总账期初余额不平衡，则不能进行（　）操作。

A. 填制凭证　　B. 修改凭证　　C. 审核凭证　　D. 记账

5. 凭证一旦保存，则以下哪项内容不能修改？（　）

A. 凭证类别　　B. 凭证日期　　C. 附单据数　　D. 凭证摘要

6. 总账管理子系统中取消凭证审核的操作员必须是（　）。

A. 该凭证制单人　　B. 有审核权限的人

C. 会计主管　　D. 该凭证审核人

7. 在总账管理子系统中，用户可通过（　　）功能彻底删除已作废记账凭证。

A. 冲销凭证　　B. 作废凭证

C. 整理凭证　　D. 删除分录

8. 在总账管理子系统中设置自定义转账分录时无须定义以下哪一项内容？（　　）

A. 凭证号　　B. 凭证类别

C. 会计科目　　D. 借贷方向

9. 关于审核凭证，以下说法正确的是（　　）。

A. 凭证必须审核之后才能记账

B. 审核人和记账人不能为同一人

C. 审核后的凭证不能进行无痕迹修改

D. 取消审核只能由审核人自己进行

10. 关于记账，以下哪些说法是正确的？（　　）

A. 可以选择记账范围。

B. 记账只能由账套主管进行。

C. 可以选择要记账的账簿，如总账、明细账、日记账、辅助账和多栏账。

D. 一个月可以多次记账。

三、实训题

恢复中顺科技“基础设置”账套，进行总账管理实训。

实训 3：总账管理子系统初始化

1. 本企业总账参数（见表 4.7）

表 4.7　总账参数设置

选项卡	参数设置
凭证	制单序时控制 支票控制 资金及往来赤字控制 允许修改、作废他人填制的凭证 允许查看他人填制的凭证 可以使用其他系统受控科目 打印凭证页脚姓名 出纳凭证必须经由出纳签字 凭证编号方式采用系统编号 外币核算采用固定汇率
账簿	账簿打印位数按软件的标准设定 明细账查询权限控制到科目 明细账打印按年排页
会计日历	会计日历为 1 月 1 日—12 月 31 日
其他	数量小数位和单价小数位设为 2 位 部门、个人、项目按编码方式排序

2. 总账期初余额（见表 4.8）

表 4.8　期初余额

元

科目编号及名称	辅助核算	方　向	币别/计量	期初余额	备　注
1001 库存现金	日记账	借		18 781.61	
1002 银行存款	银行账、日记账	借		318 941.19	
100201 中行存款	银行账、日记账	借		318 941.19	
10020101 人民币户	银行账、日记账	借		237 341.19	
10020102 美元户	银行账、日记账	借		81 600.00	
		借	美元	12 000.00	
1122 应收账款	客户往来	借		45 200.00	明细见表 4.9
1221 其他应收款		借		4 800.00	
122102 应收个人款	个人往来	借		4800.00	明细见表 4.10
1403 原材料		借		38 000.00	
140301 光盘		借		3 000.00	
	数量核算——张			1 500.00	
140302 原纸		借		35 000.00	
	数量核算——包			1 000.00	
1405 库存商品		借		296 000.00	明细见表 4.11
1601 固定资产		借		362 300.00	
1602 累计折旧		贷		63 764.80	
2001 短期借款		贷		240 000.00	
2202 应付账款		贷		83 100.00	
220201 应付货款		贷		79 100.00	明细见表 4.12
220202 暂估应付款		贷		4 000.00	
2221 应交税费		贷		28 700.00	
222101 应交增值税		贷		28 700.00	
22210101 进项税额		贷		-19 620.00	
22210105 销项税额		贷		48 320.00	
4001 实收资本		贷		600 000.00	
4104 利润分配		贷		68 458.00	
410415 未分配利润		贷		68 458.00	

辅助账期初明细明细数据如下。

① “1122 应收账款”期初余额借方 45 200 元，明细数据如表 4.9 所示。

表 4.9　应收账款期初明细

元

日　期	凭证号	客　户	摘　要	方　向	金　额	业务员	发票号
2019-12-26	转-225	北京顺达	期初数据	借	45 200	肖义	FP0101

② “122102 应收个人款”期初余额借方 4 800 元，明细数据如表 4.10 所示。

表 4.10　应收个人款期初明细

元

日　期	凭证号	部　门	个　人	摘　要	方　向	期初余额
2019-12-28	付-105	企管部	孙云	出差借款	借	4800

③ “1405 库存商品”期初余额借方 296 000 元，明细数据如表 4.11 所示。

表 4.11　库存商品期初明细

元

项　目	方　向	金　额
智慧养生	借	80 000
瑜伽入门	借	36 000
纪念册	借	180 000

④ “220201 应付货款”期初余额贷方 79 100 元，明细数据如表 4.12 所示。

表 4.12　应付货款期初明细

元

日　期	凭证号	供应商	摘　要	方　向	金　额	业务员	发票号
2019-12-30	转-38	利兴科技	期初数据	贷	79 100	吴越	CF1202

3. 期初余输入完毕后，进行试算平衡

4. 备份为“总账初始化”账套

实训 4：总账管理子系统日常业务处理

1. 填制凭证

2020 年 1 月发生如下经济业务，由 1102 李炎进行凭证填制。

① 5 日，销售部肖义报销业务招待费 2 500 元，以现金支付。(附单据一张)

借：销售费用——招待费（660105）　　2 500

　　贷：库存现金（1001）　　2 500

② 5 日，财务部苏浩从中行人民币户提取现金 10 000 元，作为备用金。(现金支票号 190101)

借：库存现金（1001）　　10 000

　　贷：银行存款——中行存款——人民币户（10020101）　　10 000

③ 5 日，收到宏达集团电汇投资资金 20 000 美元，汇率 1:6.80。

借：银行存款——中行存款——美元户（10020102）　　136 000

　　贷：实收资本（4001）　　136 000

④ 12 日，生产部领用光盘 500 张，单价 2 元，用于生产《智慧养生》套装。

借：生产成本——直接材料（500101）　　1 000

　　贷：原材料——光盘（140301）　　1 000

⑤ 12 日，销售部收到北京顺达集团转账支票一张，金额 45 200 元，用以偿还前欠货款。(转账支票号 ZZ0102)

借：银行存款——中行存款——人民币户（10020101）　　45 200

　　贷：应收账款（1122）　　45 200

⑥ 12 日，从利兴科技购入原纸，收到增值税专用发票一张，注明数量 600 包，单价 35 元，适用税率为 13%。已办理入库，货款未付。

借：原材料——原纸（140302）　　21 000

　　应交税金——应交增值税——进项税额（22210101）　　2 730

　　贷：应付账款——应付货款（220201）　　23 730

⑦ 25 日，企管部购办公用品 1 050 元，以现金支付。

借：管理费用——办公费（660203）　　1 050

　　贷：库存现金（1001）　　1 050

⑧ 25 日，企管部孙云出差归来，报销差旅费 3 800 元（单据 5 张），交回现金 1 000 元。

借：管理费用——差旅费（660204）　　3 800

　　库存现金（1001）　　1 000

　　贷：其他应收款/应收个人款（122102）　　4 800

⑨ 25 日，销售部销售给广州浩达 200 套《瑜伽入门》套装，无税单价为 60 元。开具增值税专用发票，适用税率为 13%。

借：应收账款（1122）　　13 560

　　贷：主营业务收入（6001）　　12 000

　　　　应交税金——应交增值税——销项税额（22210105）　　1 560

2. 审核凭证

2020 年 1 月 25 日，由 1101 白兵对所有凭证进行审核，发现付-0003 号凭证有两处错误：一是金额应为 1 005 元误输为 1 050 元；二是财务部报销办公费而非企管部。因此，对其他凭证进行审核签字，对付-0003 号凭证进行标错。

3. 修改凭证

2020 年 1 月 25 日，由 1102 李炎修改付-0003 号凭证错误，由 1101 白兵重新审核付-0003 号凭证。

4. 出纳签字

2020 年 1 月 25 日，由 1103 苏浩对收付凭证进行出纳签字。

5. 记账

2020 年 1 月 25 日，由 1102 李炎对所有凭证进行记账处理。

6. 红字冲销

记账后发现付-0001 号报销业务招待费属个人行为，不予报销，钱款已追回。2020 年 1 月 25 日，1102 李炎对该凭证进行红字冲销处理。

7. 删除凭证

经确认，付-0001 号凭证的业务属于正常业务，准予报销。2020 年 1 月 25 日，1102 李炎将以上生成的红字冲销凭证删除。

8. 备份账套

备份为“总账日常业务”账套。

实训 5　账簿管理

1. 查询现金支出在 1 000 元以上的凭证
2. 查询 2020 年 1 月余额表
3. 查询“140301 原材料/光盘”数量金额明细账
4. 定义并查询管理费用多栏账
5. 查询企管部孙云个人往来清理情况
6. 进行供应商往来账龄分析
7. 查询“智慧养生”项目明细账
8. 进行项目统计分析
9. 查询现金日记账
10. 查询 2020 年 1 月 25 日资金日报

11. 登记支票登记簿

2020 年 1 月 19 日，采购部吴越借转账支票一张，采购光盘，票号 3845，预计金额 3 600 元。

12. 银行对账

（1）银行对账期初

中顺银行账的启用日期为 2020 年 1 月 1 日；中行人民币户企业日记账调整前余额为 237 341.19 元，银行对账单调整前余额为 266 341.19 元；未达账项一笔，系银行已收企业未收款 29 000 元，支票号为 ZZ0119。

（2）银行对账单（见表 4.13）

表 4.13　1 月份银行对账单

元

日　期	结算方式	票　号	借方金额	贷方金额
2020.01.05	201	190101		10 000
2020.01.12	202	ZZ0102	45 200	
2020.01.16	202	190023	32 000	

（3）进行银行对账

（4）输出余额调节表

实训 6　总账管理子系统期末结账

1. 转账定义

（1）自定义结转设置

按短期借款期初余额 8%计提短期借款利息。

借：财务费用——利息（660301）　　　JG( )取对方科目计算结果

　　贷：应付利息（2231）　　　短期借款（2001）科目的期初余额×0.08/12

（2）期间损益结转设置

设置本年利润科目为 4103。

（3）对应结转设置

将“本年利润”科目期末余额结转至“利润分配——未分配利润”科目。

2. 转账生成

由“1102 李炎”生成自定义转账凭证、期间损益结转凭证和对应结转凭证。

由“1101 白兵”对凭证进行审核记账。

注意凭证生成的先后顺序。

3. 对账

4. 月末结账

5. 取消月末结账

6. 备份“总账期末处理”账套

项目 5

编制财务报表

知识目标

1. 了解财务报表子系统的主要功能。
2. 认知报表格式设计的主要工作事项。
3. 认知报表数据处理的主要工作内容。
4. 掌握自定义报表的基本工作流程。

技能目标

1. 掌握自定义报表的基本操作。
2. 学会利用报表模板生成资产负债表、利润表。

项目背景

企业通过在总账管理子系统中完成账务处理，把本会计期发生的各项经济业务分类登记到会计账簿中。会计账簿记录的会计信息，虽然比会计凭证反映的信息更具条理化、系统化，但就某一会计期间的经济活动的整体情况而言，其所能提供的信息仍然是分散的、部分的，不能集中反映和揭示该会计期间经营活动及财务收支的全貌。为了更全面地体现华宇电脑各项经济业务的全貌，项目实施小组需要调研各部门的需求，编制企业内部管理报表和对外财务报表，以便企业做出更合理、准确、有效的决策，在市场竞争中立于不败之地。

基本知识

5.1 认识财务报表子系统

财务报表子系统是 T3 中一个独立的子系统，为企业内部各管理部门及外部相关机构提供综合反映企业一定时期财务状况、经营成果和现金流量的会计信息。

财务报表子系统既可编制对外报表，也可编制各种内部报表。它的主要任务是设计报表的格式和编制公式，从总账管理子系统或其他业务子系统中取得相关会计信息，自动编制各种会计报表，对报表进行审核、汇总、生成各种分析图，并按预定格式输出各种会计报表。

财务报表子系统具有文件管理功能、格式管理功能、数据处理功能和图表管理功能，如图 5.1 所示。

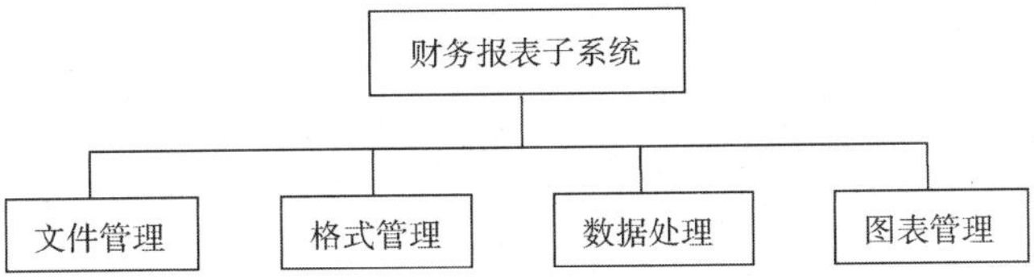

图 5.1　财务报表子系统的功能结构

① 文件管理的作用是对报表文件的创建、读取和保存进行管理。

② 格式管理主要完成对不同对象、不同要求的报表进行格式定义和对报表中数据的运算关系进行公式定义。

③ 数据处理提供数据输入与采集、报表数据计算、数据处理分析、报表汇总等功能。它既可以通过取数公式从数据库中抽取数据，也可以定义表页和表页及不同表格之间的数据钩稽运算，用于制作报表。

④ 图表管理的功能是将数据表以图形的形式进行显示。

5.2　基本概念

5.2.1　报表结构

按照报表结构的复杂性，可将报表分为简单表和复合表两类：简单表是规则的二维表，由若干行和列组成；复合表是简单表的某种组合。大多数的会计报表，如资产负债表、利润表、现金流量表等都是简单表。

简单表的格式一般由 4 个基本要素组成——标题、表头、表体和表尾，如表 5.1 所示。不同报表的 4 个基本要素是不同的。

表 5.1　通用报表的结构

资产负债表　←标题

编制单位：　　2020 年 1 月 31 日　　单位：元

资产	期末余额	年初余额	负债和所有者权益	期末余额	年初余额
流动资产：			流动负债：		
货币资金		547466.00	短期借款		480000.00
交易性金融资产			交易性金融负债		
衍生金融资产			衍生金融负债		
应收票据及应收账款		113000.00	应付票据及应付账款		74125.00
……			……		

←表头（表格标题行）　←表体（表格数据行）

会计主管：　　制表人：　←表尾

1．标题

标题用来描述报表的名称。报表的标题可能不只一行，有时会有副标题、修饰线等内容。

2．表头

表头用来描述报表的编制单位名称、日期等辅助信息和报表栏目。特别是报表的表头栏目名称，是表头的最主要内容，决定了报表的纵向结构、报表的列数及每一列的宽度。有的报表表头栏目比较简单，只有一层，而有的报表表头栏目却比较复杂，分为若干层次。

3．表体

表体是报表的核心，决定了报表的横向组成。它是报表数据的表现区域，是报表的主体。表体在纵向上由若干行组成，这些行称为表行；在横向上，每个表行又由若干个栏目构成，这些栏目称为表列。

4．表尾

表尾是指表体以下进行辅助说明的部分及编制人、审核人等内容。

5.2.2 格式设计和数据处理

我们可以把报表拆分为相对固定的内容和相对变化的内容两部分：相对固定的内容包括报表的结构、报表中的数据来源等；相对变化的内容主要是指报表中的数据。与此相适应，编制报表主要分为报表格式设计和报表数据处理。

① 报表格式设计是在 T3 中建立一张报表中相对固定的部分，主要包括设置表尺寸、行高和列宽、单元格属性、组合单元格、关键字、可变区、报表各类公式等。在格式状态下所做的操作对本报表所有的表页都发生作用。在格式状态下不能进行报表数据的输入、计算等操作。

② 报表数据处理是根据预先设定的公式进行数据的采集、计算、汇总等，以便生成会计报表。此外，还可以进行表页管理、审核、舍位平衡、制作图形、汇总和合并报表等。在数据状态下，看到的是报表的全部内容，包括格式和数据。

注意

财务中报表的格式和数据是分开管理的，它们的输入由不同的功能完成，建立报表格式时不能对数据进行操作，进行数据处理时不能编辑报表格式。格式和数据状态的转换可通过单击财务报表左下角的“格式/数据”按钮实现。

5.2.3 单元格

单元格是组成报表的最小单位，单元格名称由所在行、列标识。单元格的行号用数字 1 至 9 999 表示，列标用字母 A 至 IU 表示。

例如，A4 表示第 1 列第 4 行所在的单元。

5.2.4 单元格属性

单元格属性包括单元格类型、对齐方式、字体颜色等。

其中，单元格类型分为数值型、字符型和表样型。

① 数值型单元格中存放报表的数据，在数据状态下（“格式/数据”按钮显示为“数据”时）可进行输入和修改。数值型单元格的内容可以是 1.7×10^{-308} 至 1.7×10^{308} 之间的任何数（15 位有效数字），数字可以直接输入或由单元格中存放的单元格公式运算生成。建立一个新表时，所有单元格的类型默认为数值型。数值型单元格中可以有逗号、百分号、货币符号和小数位数等。

② 字符型单元格需要先在格式设计状态下定义，然后在数据状态下输入和修改。字符型单元格的内容可以是汉字、字母、数字和各种键盘可输入的符号组成的一串字符，一个单元格中最多可输入 63 个字符或 31 个汉字。字符型单元格的内容也可由单元格公式生成。

③ 表样型单元格是报表的格式，是定义一个没有数据的空表所需的所有文字、符号或数字。一旦单元格被定义为表样型，那么在其中输入的内容对所有表页都有效。表样型单元格在格式

状态下（“格式/数据”按钮显示为“格式”时）输入和修改。

5.2.5　区域

区域是由一张表页上的相邻单元格组成的，自起点至终点单元格是一个完整的长方形矩阵。

在财务报表中，区域是二维的，最大的区域是一个二维表的所有单元格（整个表页），最小的区域是一个单元格。

区域的表示方法是“开始区域:结束区域”，如 A4:B36 表示第 4 行第 1 列至第 36 行第 2 列的一个区域。

5.2.6　组合单元格

组合单元格是由相邻的两个或更多的单元格组合而成的单元格。这些单元格必须是同一种单元格类型（表样型、数值型、字符型），财务报表子系统在处理报表时将组合单元格视为一个单元格。

可以组合同一行相邻的几个单元格，也可以组合同一列相邻的几个单元格，还可以把一个多行多列的平面区域设为一个组合单元格。

组合单元格的名称可以用区域的名称或区域中的单元格的名称来表示。

5.2.7　关键字

关键字是游离于单元格之外的特殊对象，可以唯一地标识一个表页，用于在大量表页中快速选择表页。在格式状态下，可以对关键字进行设置、取消。在格式和数据状态下，均可以对关键字的位置进行设置。

财务报表共提供了以下 6 种关键字。关键字的显示位置在格式状态下设置，关键字的值则在数据状态下输入。每个报表可以定义多个关键字。

① 单位名称。单位名称为字符型（最大 28 个字符），是该报表表页编制单位的名称。

② 单位编号。单位编号为字符型（最大 10 个字符），是该报表表页编制单位的编号。

③ 年。年为数值型（1980～2099），是该报表表页反映的年度。

④ 季。季为数值型（1～4），是该报表表页反映的季度。

⑤ 月。月为数值型（1～12），是该报表表页反映的月份。

⑥ 日。日为数值型（1～31），是该报表表页反映的日期。

除此之外，财务报表有自定义关键字的功能，可以用于业务函数中。

5.2.8　固定区、可变区

固定区是指组成一个区域的行数和列数的数量是固定的。一旦设定好以后，在固定区域内的单元格总数是不变的。

可变区是指屏幕显示一个区域的行数或列数是不固定的。可变区的最大行数或最大列数是在格式设计中设定的，在一个报表中只能设置一个可变区。

5.2.9　公式

财务报表中的公式共有 3 种，即单元公式、审核公式、舍位公式。

① 单元公式。单元公式可定义报表数据间的运算关系。

② 审核公式。审核公式用于审核报表内或报表间的钩稽关系是否正确。

③ 舍位公式。舍位公式用于报表数据进行进位或小数取整后重新调整平衡关系。

5.3 编制报表的工作流程

在财务报表子系统中，编制报表主要有两种方法：对于各企业标准的对外财务报告，一般调用系统预置的报表模板，微调后快速生成；对于企业内部用的各种管理报表，需要自行完成报表定义。结合以上两种情况，编制报表的工作流程如图 5.2 所示。

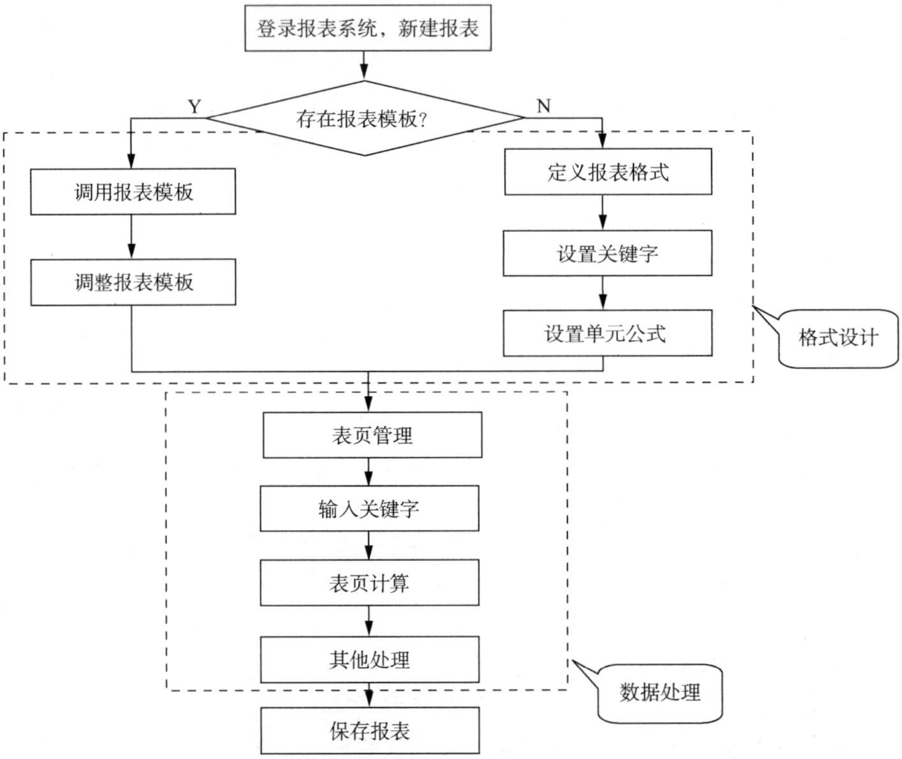

图 5.2 编制报表的工作流程

5.3.1 登录报表系统，新建报表

在财务报表子系统中新建报表时，系统自动建立一张空表，默认表名为 report1，并自动进入格式设计状态。在保存文件时按照文件命名的基本规定为此报表命名。

5.3.2 设计报表的格式

在格式状态下进行报表的格式设计时，格式对整个报表都有效。设计报表的格式包括以下操作。

① 设置表尺寸。设置表尺寸即定义报表的大小，也就是设定报表的行数和列数。

② 输入表内文字。表内文字包括表头、表体和表尾（关键字值除外）。在格式状态下定义的单元格内容为自动默认下的表样型，定义为表样型的单元格在数据状态下不允许修改和删除。

③ 确定关键字在表页上的位置，如单位名称、年、月等。

④ 定义行高和列宽。

⑤ 定义组合单元格。

⑥ 设置单元格风格。这是指设置单元格的字型、字体、字号、颜色、图案、折行显示等。

⑦ 设置单元格属性。这是指把需要输入数字的单元格设定为数值型；把需要输入字符的单元格设定为字符型。

⑧ 画表格线。

⑨ 设置可变区。

⑩ 定义各类公式。公式的定义在格式状态下进行。

如果是对外常用报表，T3 中预置了不同行业的报表模板，报表模板中已经完成了报表的格式设计工作。调用报表模板后，可以检查或在原有模板的基础上稍做修改即可使用，从而省去了大量的公式定义工作。

5.3.3　报表数据处理

报表格式和报表中的各类公式定义好之后，就可以输入数据并进行处理了。报表数据处理在数据状态下进行，包括以下操作。

① 因为新建的报表只有一张表页，所以需要追加多个表页。

② 如果报表中定义了关键字，则应输入每张表页上关键字的值。例如，输入关键字“单位名称”的值：第 1 页输入“甲单位”，第 2 页输入“乙单位”，第 3 页输入“丙单位”等。

③ 在数值型单元格或字符型单元格中输入数据。

④ 如果报表中有可变区，可变区初始只有一行或一列，则需要追加可变行或可变列，并在可变行或可变列中输入数据。随着数据的输入，当前表页的单元格公式将自动运算并显示结果。如果报表中有审核公式和舍位平衡公式，则执行审核和舍位。需要的话，做报表汇总和合并报表。

⑤ 报表图形处理。有必要的话，在选取报表数据后可以制作各种图形，如直方图、圆饼图、折线图、面积图、立体图等。图形可随意移动，图形的标题、数据组可以按照要求设置，图形可以打印输出。

实训任务

任务 1　新建报表

任务下达

以系统管理员的身份恢复“总账期末业务”账套，再由账套主管身份进入 T3，启用财务报表，并新建一张空报表。

任务解析

使用财务报表子系统编制报表的第 1 步是新建一张报表。新报表中默认所有单元格均为数值型。

任务指引

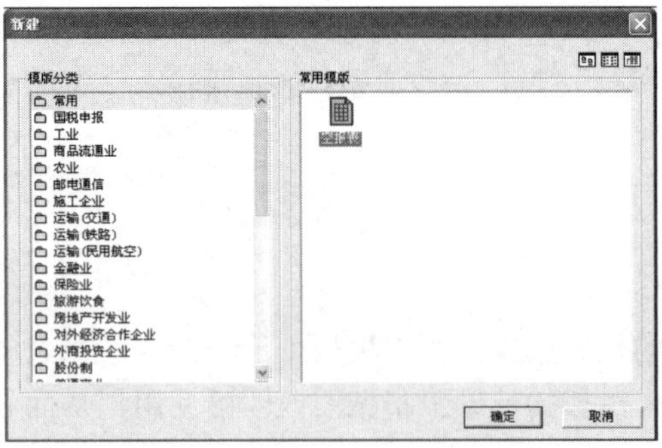

图 5.3　新建空报表

步骤 1　以系统管理员的身份进入系统管理，恢复“总账期末业务”账套。

步骤 2　以账套主管的身份进入 T3，单击左侧的“财务报表”功能，进入财务报表管理系统。

步骤 3　选择“文件”|“新建”命令，打开“新建”对话框。选择左侧列表框中的“常用”选项，在右侧列表框中选择“空报表”选项（见图 5.3），建立一张空白报表，报表名默认为 report1。

任务 2　设计报表格式

任务下达

以账套主管身份设计“货币资金表”报表格式。

任务解析

不同的报表格式定义的内容也会有所不同，但一般情况下报表格式应该包括报表表样、单元格类型、单元格风格等内容。

① 报表表样包括格式线、标题、表头、表体、表尾等内容。通过设置报表的表样可以确定整张报表的大小和外观。

报表表样设置的具体内容一般包括设置表尺寸、定义行高和列宽、画表格线、定义组合单元格、输入表头表体表尾等内容、定义显示风格。

在定义报表的表样的时候，注意状态栏应为格式状态。报表表样定义完之后，在格式状态下可以查看和修改，在数据状态下则只能查看，不能修改。

② 单元格类型在报表管理系统里一般可以分为数值型单元格、字符型单元格和表样型单元格。

③ 单元格风格是指报表表样和数据的显示风格，如字体、颜色图案、对齐方式等。

任务详情

货币资金表报表的格式如表 5.2 所示。

表 5.2　货币资金表格式

货币资金表

编制单位：　　　　　　　　　年　月　日

项　目	行　次	期初数	期末数
库存现金	1		
银行存款	2		
合计	3		

制表人：

具体要求如下。

① 在 B2 单元格设定关键字“年”，在 C2 单元格设定关键字“月”“日”，并设置“月”关键字偏移量为-30。

② 定义第 1 行行高为 7、A 列列宽为 40。

③ 将 A1 到 D1 的单元格组合在一起。

④ 设置表内字体格式如下。

- 标题。“货币资金表”设置为黑体、14 号、全部居中。
- 表体。表体中的文字设置为楷体、12 号、全部居中。
- 表尾。“制表人：”设置为宋体、10 号、水平右对齐、垂直居中。
- 设置 D7 单元格类型为字符型。

⑤ 在 A3 至 D6 区域画表格线。

任务指引

1．设置表尺寸

步骤 1　单击空白报表底部左下角的“格式/数据”按钮，使当前状态为格式状态。

步骤 2　选择“格式”|“表尺寸”命令，打开“表尺寸”对话框。

步骤 3　输入行数为 7、列数为 4，如图 5.4 所示。然后单击“确认”按钮。

2．输入表内文字

步骤 1　在 A1 单元格输入“货币资金表”，然后按回车键。

步骤 2　按表 5.2 所示的内容在相应单元格中输入，完成后如图 5.5 所示。

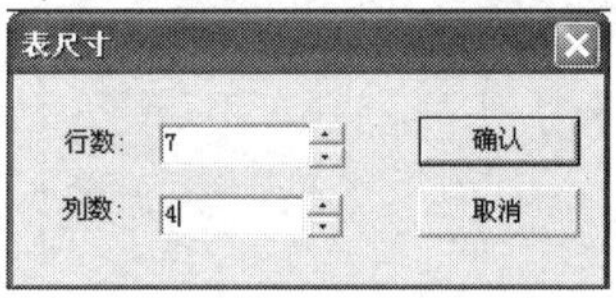

图 5.4　表尺寸设定

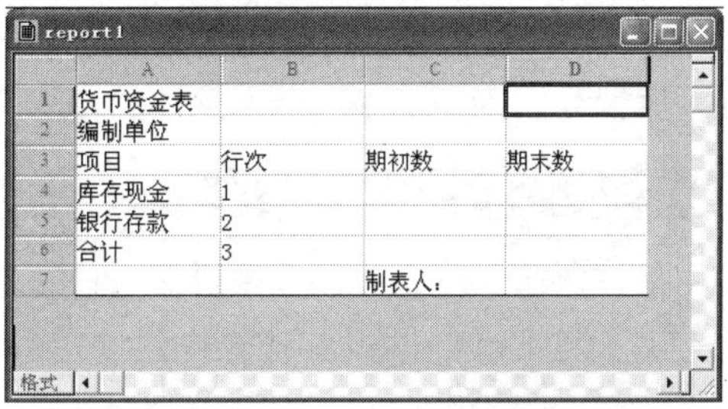

图 5.5　输入表内文字

注意

① 报表项目是指报表的文字内容，主要包括表头内容、表体项目、表尾项目等，不包括关键字。

② 日期一般不作为文字内容输入，而是需要设置为关键字。

3．设置关键字

步骤 1　选中需要设置关键字的单元格 B2。

步骤 2　选择“数据”|“关键字”|“设置”命令，打开“设置关键字”对话框。

步骤 3　选中“年”单选按钮，如图 5.6 所示。然后单击“确定”按钮。

步骤 4　同理，在 C2 单元格中设置“月”“日”关键字。

步骤 5　选择“数据”|“关键字”|“偏移”命令，打开“定义关键字偏移”对话框。

步骤 6　在需要调整位置的关键字后面输入偏移量。设置“月”为-30，如图 5.7 所示。然后单击“确定”按钮。

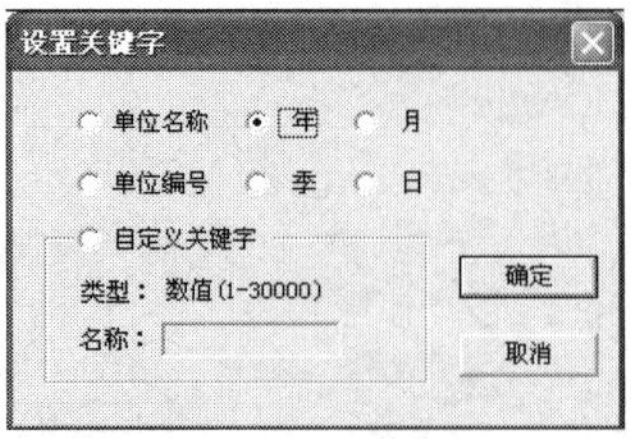

图 5.6　设置关键字

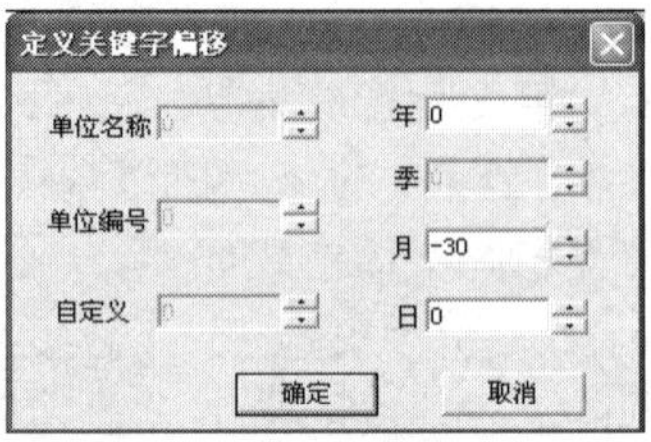

图 5.7　定义关键字偏移

注意

① 每张报表可以定义多个关键字。

② 如果要取消关键字，则选择“数据”|“关键字”|“取消”命令。

③ 关键字的位置可以用偏移量来表示，负数值表示向左移，正数值表示向右移。在调整时，可以通过输入正或负的数值来调整。

④ 关键字偏移量单位为像素。

4．定义行高和列宽

步骤 1　选中需要调整的单元所在行号 1。

步骤 2　选择“格式”|“行高”命令，打开“行高”对话框。

步骤 3　输入行高为 7，如图 5.8 所示。然后单击“确认”按钮。

步骤 4　选中需要调整的单元格所在的 A 列，选择“格式”|“列宽”命令，打开“列宽”对话框。设置列宽为 40，如图 5.9 所示。

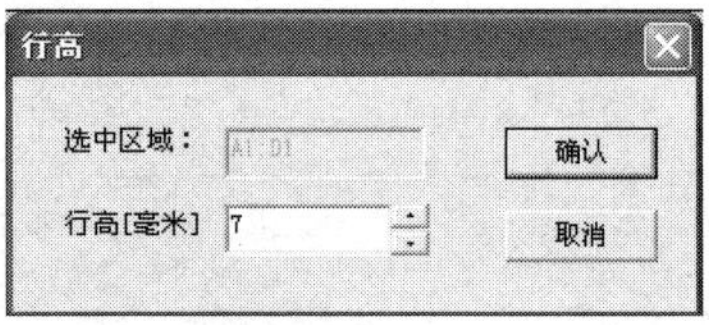

图 5.8　设置行高

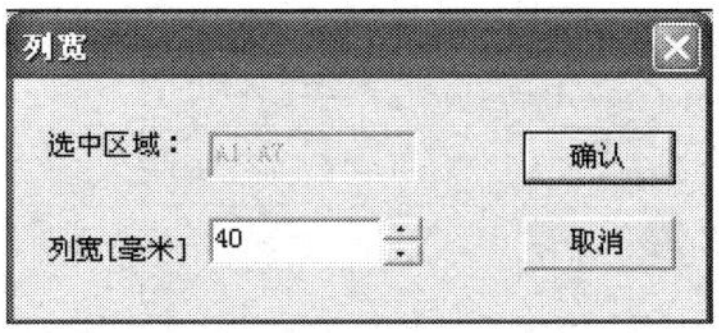

图 5.9　设置列宽

注意

行高、列宽的单位为毫米。

5．定义组合单元格

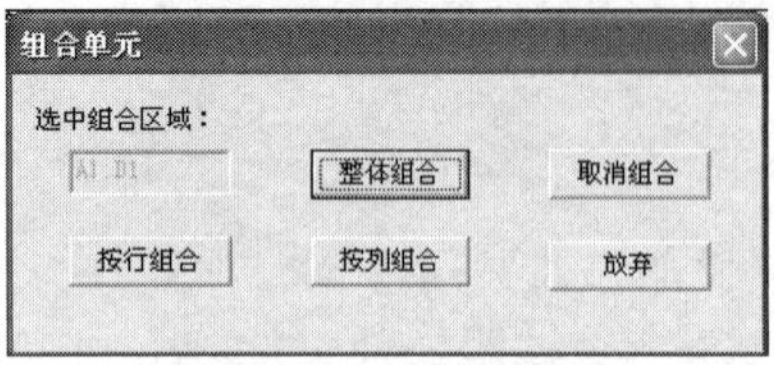

图 5.10　组合单元格

步骤 1　选择需要合并的区域 A1:D1。

步骤 2　选择“格式”|“组合单元”命令，打开“组合单元”对话框。

步骤 3　选择组合方式“整体组合”或“按行组合”(见图 5.10)，A1:D1 即合并成一个单元格。

6．设置单元格属性

步骤 1　选中标题所在的组合单元格 A1。

步骤 2　选择“格式”|“单元属性”命令，打开“单元格属性”对话框。

步骤 3　切换到“字体图案”选项卡，设置字体为“黑体”、字号为 14，如图 5.11 所示。

步骤 4　切换到“对齐”选项卡，设置水平与垂直对齐方式均为“居中”，如图 5.12 所示。然后单击“确定”按钮。

图 5.11　设置字体

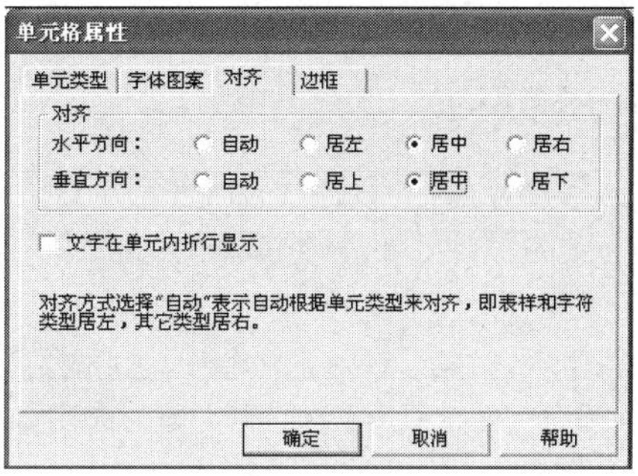

图 5.12　设置对齐

步骤 5　同理，设置表体、表尾字体。

步骤 6　选定 D7 单元格。选择“格式”|“单元属性”命令，打开“单元格属性”对话框。在“单元类型”选项卡的“单元类型”列表框中选择“字符”选项，如图 5.13 所示。然后单击“确定”按钮。

注意

① 格式状态下输入内容的单元格均默认为表样型单元格；未输入内容的单元格均默认为数值型单元格，在数据状态下可输入数值。如果希望在数据状态下输入字符，应将其定义为字符型单元格。

② 字符型单元格和数值型单元格输入内容后只对本表页有效，表样型单元格输入内容后对所有表页有效。

7．画表格线

步骤 1　选中报表需要画线的区域 A3:D6。

步骤 2　选择“格式”|“区域画线”命令，打开“区域画线”对话框，如图 5.14 所示。

步骤 3　选中“网线”单选按钮，单击“确认”按钮，将所选区域画上表格线。

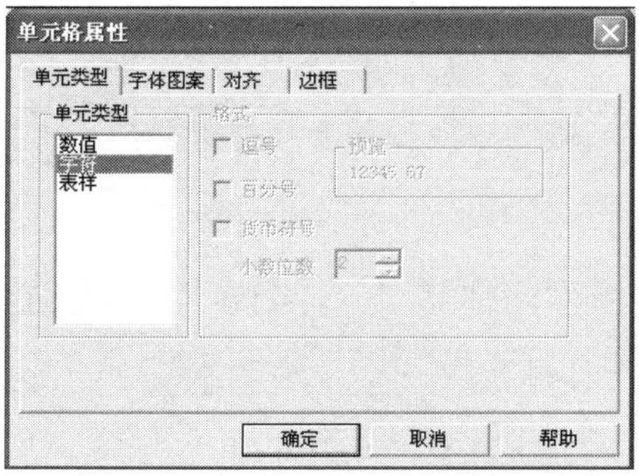

图 5.13　设置单元格属性

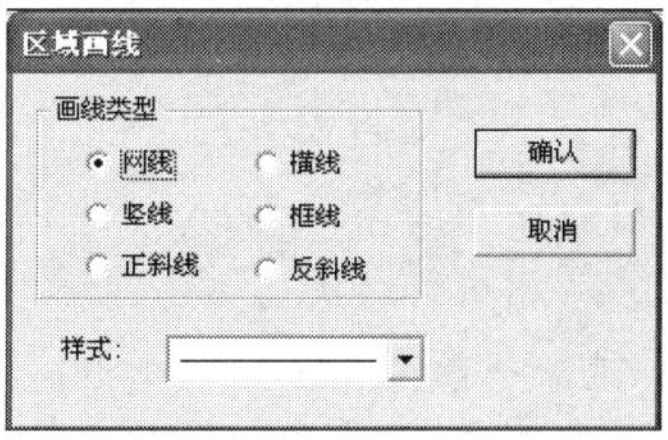

图 5.14　“区域画线”对话框

任务3　定义报表公式

任务下达

以账套主管的身份定义货币资金表各单元格的计算公式。

任务解析

报表公式定义也属于报表格式定义的范畴，本书将其独立列作一个任务是为了强调报表公式定义的重要性。财务报表系统提供了丰富的计算公式，可以完成几乎所有的计算要求。

1．单元公式

单元公式的定义在格式状态下进行，在报表单元格中输入“=”就可直接定义计算公式。计算公式可以取本表页的数据，可以取其他表页中的数据，也可以取其他报表的数据。

单元公式中最常用的是账务函数，账务函数的作用是从总账中获取数据。其基本格式为：

函数名（〈科目编码〉,〈会计期间〉,〈方向〉,[〈账套号〉],[〈会计年度〉],[〈编码1〉],[〈编码2〉],[〈是否包含未记账〉]）

其中，科目编码可以是科目名称，但必须加用双引号；会计期间可以是“年”“季”“月”等变量，也可以是用具体数字表示的年、季、月；方向即“借”或“贷”，可以省略；账套号为数字，默认为第1套账；会计年度即数据取数的年度，可以省略；编码1和编码2与科目编码的核算账类有关，可以取科目的辅助账，如职员编码、项目编码等，如果无辅助核算则省略。

账务函数主要包括以下几种。

总账函数	金额式	数量式	外币式
期初余额函数	QC( )	SQC( )	WQC( )
期末余额函数	QM( )	SQM( )	WQM( )
发生额函数	FS( )	SFS( )	WFS( )
累计发生额函数	LFS( )	SLFS( )	WLFS( )
条件发生额函数	TFS( )	STFS( )	WTFS( )
对方科目发生额函数	DFS( )	SDFS( )	WDFS( )
净额函数	JE( )	SJE( )	WJE( )
汇率函数	HL( )		

2．审核公式

审核公式用于审核报表内或报表之间的钩稽关系是否正确。

报表中的各个数据之间一般都存在着某种核算关系，利用这种核算关系可以定义审核公式。审核公式的格式为：

<表达式><逻辑运算符><表达式>[MESS"说明信息"]

其中，逻辑运算符有=、>、<、>=、<=、< >；“说明信息”为一字符串，最大长度64字，用于表示某一审核公式不通过时警告框中的提示信息。

3．舍位平衡公式

舍位平衡公式用于报表数据进行进位或小数取整时调整数据，以避免破坏原数据平衡。

在报表汇总或合并时，如以“元”为单位的报表上报，可能会转换为以“千元”或“万元”为单位的报表，原来的数据平衡关系可能会被破坏，因此需要调整，使之符合指定的平衡公式。

报表经舍位后，重新调整平衡关系的公式称为舍位平衡公式。

任务详情

① C6 单元格的合计数用算术求和公式定义。
② 库存现金和银行存款的数据利用账务函数获得。
③ D6 单元格的合计数利用统计函数定义。
④ 保存报表名称为“货币资金表”。

任务指引

1．定义 C6 单元格公式

C6 单元格的公式为 C6=C4+C5。

步骤 1　选定需要定义公式的单元格 C6，即期初数的合计单元格。

步骤 2　选择“数据”|“编辑公式”|“单元公式”命令，打开“定义公式”对话框。

步骤 3　在“定义公式”对话框内直接输入“C4+C5”（见图 5.15），单击“确认”按钮。

图 5.15　定义公式

> **注意**
>
> ① 单元格公式中涉及的符号均为英文半角字符。
> ② 单击 fx 按钮或按“=”键，都可打开“定义公式”对话框。

2．定义 D5 单元格公式

D5 单元格公式就是银行存款期末数从总账中获取。同理，定义 C4、C5 和 D4 的单元格公式。

步骤 1　选定被定义单元格 D5，即银行存款期末数。

步骤 2　单击 *fx* 按钮，打开“定义公式”对话框。

步骤 3　单击“函数向导”按钮，打开“函数向导”对话框。

步骤 4　在“函数分类”列表框中选择“用友账务函数”，在右边的“函数名”列表框中选择“期末（QM）”，如图 5.16 所示。单击“下一步”按钮，打开“用友账务函数”对话框。

步骤 5　单击“参照”按钮，打开“账务函数”对话框。

步骤 6　选择科目为 1002，其余各项均采用系统默认值，如图 5.17 所示。单击“确定”按钮，返回“用友账务函数”对话框。

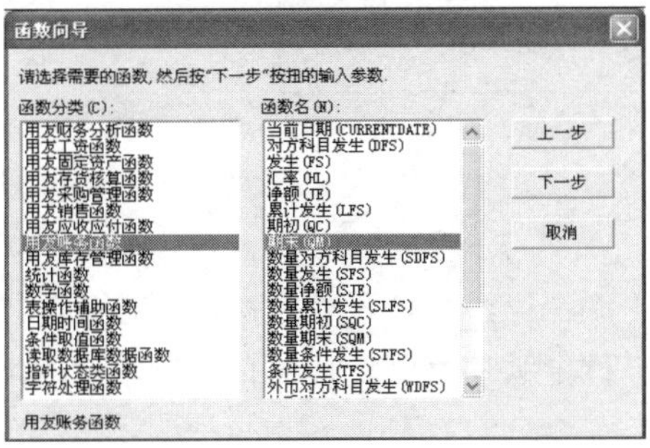

图 5.16　“函数向导”对话框

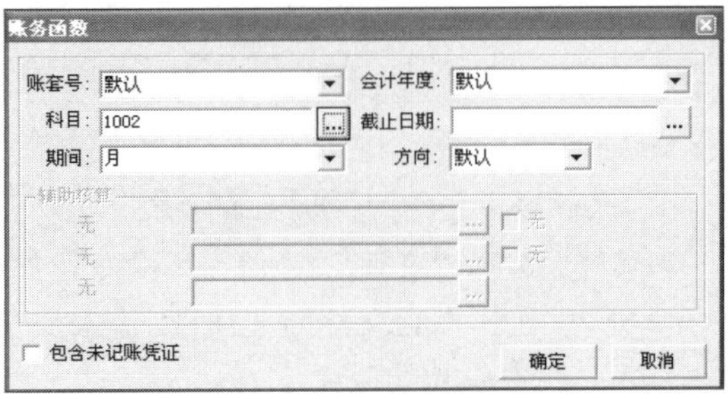

图 5.17　定义账务函数

步骤 7　单击“确定”按钮，返回“定义公式”对话框。然后单击“确认”按钮。

步骤 8　输入其他单元格公式。

注意

如果未进行账套初始，那么账套号和会计年度需要直接输入。

3．定义 D6 单元格公式

将 D6 单元格公式定义为列合计，利用统计函数定义。

步骤 1　选定被定义单元格 D6，单击 *fx* 按钮，打开“定义公式”对话框。

步骤 2　单击“函数向导”按钮，打开“函数向导”对话框。

步骤 3　在“函数分类”列表框中选择“统计函数”，在右边的“函数名”列表框中选中 PTOTAL 选项，如图 5.18 所示。

步骤 4　单击“下一步”按钮，打开“固定区统计函数”对话框。

步骤 5　在“固定区区域”文本框中输入“D4:D5”，如图 5.19 所示。

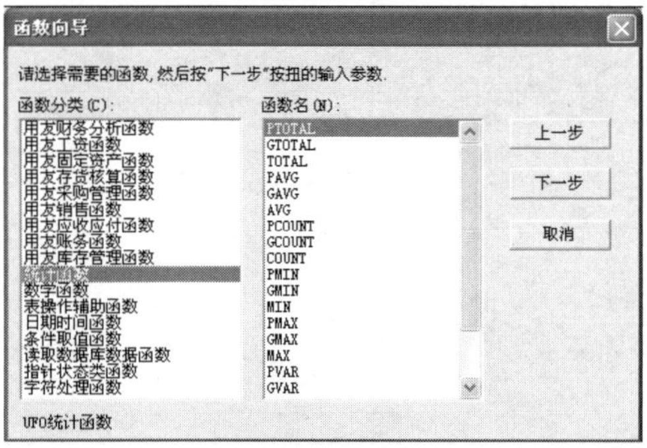

图 5.18　统计函数

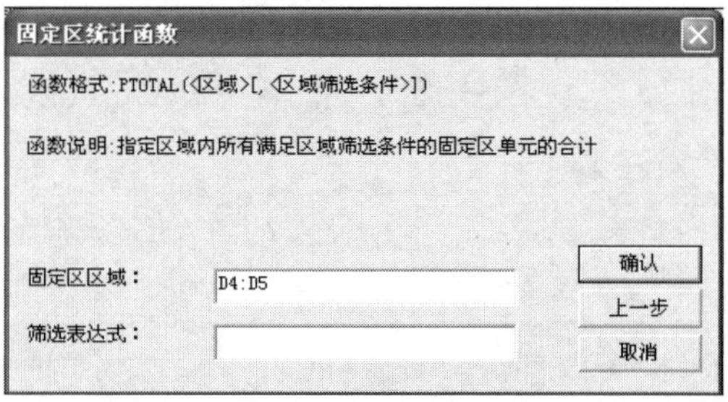

图 5.19　固定区统计函数

步骤 6　单击“确认”按钮返回，定义完成后如图 5.20 所示。

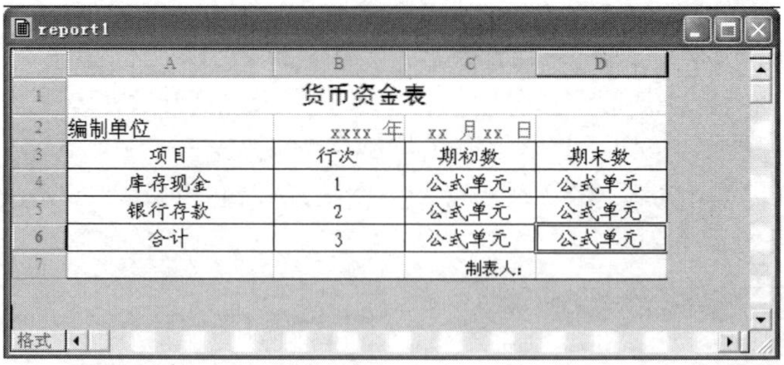

图 5.20　公式定义

4．保存报表名称为“货币资金表”

步骤 1　选择“文件”|“保存”命令，如果是第 1 次保存，则打开“另存为”对话框。

步骤 2　选择保存文件的文件夹，输入报表文件名“货币资金表”，选择保存类型为“*.rep”，然后单击“保存”按钮。

注意

① 报表格式设置完以后切记要及时将这张报表格式保存下来，以便以后随时调用。
② 如果没有保存就退出，系统会出现提示“是否保存报表？”，以防止误操作。
③ .rep 为报表文件专用扩展名。
④ 报表文件独立于 SQL 数据库存在，不包含在备份账套内。

任务 4　报表数据处理

任务下达

以账套主管的身份进行报表数据处理。

任务解析

报表数据处理主要包括生成报表数据、审核报表数据和舍位平衡操作等工作。数据处理工作必须在数据状态下进行。处理时，计算机会根据已定义的单元格公式、审核公式和舍位平衡公式自动进行取数、审核及舍位平衡等操作。

报表数据处理一般是针对某一特定的表页进行的，因此在数据处理时还涉及表页的操作，如增加、删除、插入和追加表页等。

报表的数据包括报表单元格的数值和字符及游离于单元格之外的关键字。数值型单元格只能生成数字，而字符型单元格既能生成数字又能生成字符。数值型单元格和字符型单元格可以由公式生成也可以由键盘输入，而关键字则必须由键盘输入。

任务详情

① 生成 2020 年 1 月货币资金表。
② 增加一张表页以便生成 2 月份货币资金表。

任务指引

1. 打开货币资金表，切换报表由格式状态变为数据状态

步骤 1　进入财务报表子系统，选择“文件”|“打开”命令。

步骤 2　选择存放报表格式的文件夹中的报表文件“货币资金表.rep”，再单击“打开”按钮。

步骤 3　保证空白报表底部左下角的“格式/数据”按钮当前状态为数据状态，如图 5.21 所示。如果需要切换状态，单击左下角的“格式/数据”按钮即可。

注意

报表数据处理必须在数据状态下进行。

2. 输入关键字生成报表

步骤 1　选择“数据”|“关键字”|“录入”命令，打开“录入关键字”对话框。

步骤 2　输入年为 2020、月为 1、日为 31，如图 5.22 所示。

步骤 3　单击“确认”按钮，弹出“是否重算第 1 页？”对话框。

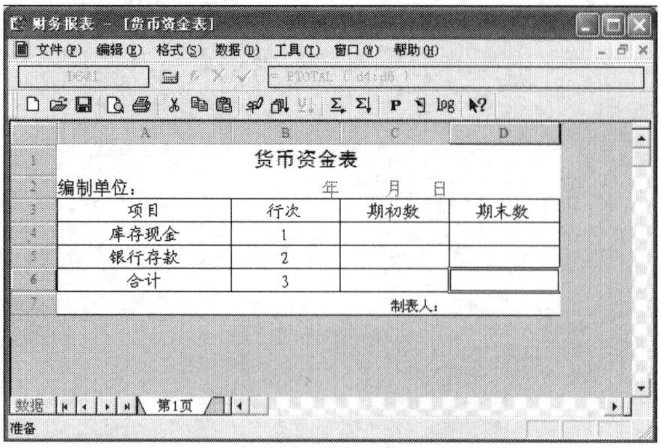

图 5.21 切换格式/数据状态

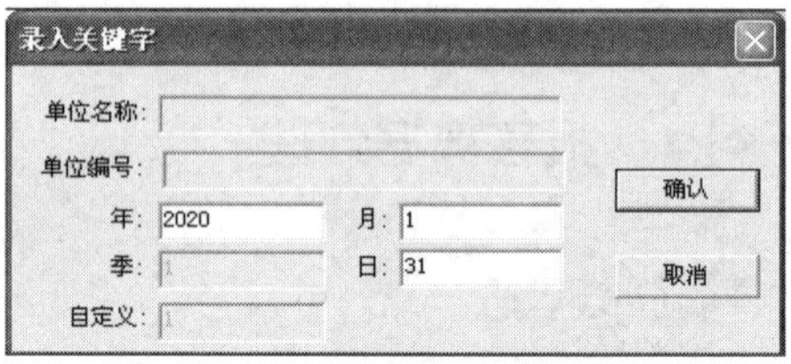

图 5.22 输入关键字

步骤 4 单击“是”按钮，系统会自动根据单元格公式计算 1 月份数据；单击“否”按钮，系统不计算 1 月份数据，以后可利用表页重算功能生成 1 月份数据。

注意

日期关键字可以确认报表数据取数的时间范围，即确定数据生成的具体日期。

3．增加一张表页

在数据状态下显示了格式状态下所设计的表页，可以根据需要进行追加、交换或插入、删除表页的活动。表页实际上是显示报表的载体，表页的格式在格式状态下设计，即同一格式状态下的表页格式是相同的，但是数据可以在数据状态下根据不同的财务报告目标输入。

图 5.23 追加表页

步骤 1 选择“编辑”|“追加”|“表页”命令，打开“追加表页”对话框。

步骤 2 输入需要增加的表页数 1，如图 5.23 所示。然后单击“确认”按钮。

注意

① 追加表页是指在最后一张表页后追加 N 张空表页；插入表页是指在当前表页后面插入一张空表页。

② 一张报表最多只能管理 99 999 张表页，演示版最多为 4 页。

任务 5 利用报表模板制作报表

任务下达

以账套主管的身份利用报表模板生成资产负债表和利润表。

任务解析

T3 财务报表子系统提供了常用的报表模板，主要包括以下几种类型。

1．套用格式

套用格式提供了 5 行×5 列报表，包括双向汇总（彩色/黑色）、单向汇总（横向/纵向/彩色/黑色）、边框式/开放式/标准式、可变式（彩色/黑色）等形式的表格，用户可以根据实际需要进行选择。

2．常用报表模板

常用报表模板提供了工业、商品流通、农业等行业的企业报表模板，包括资产负债表、利润分配表、损益表等报表的模板，用户可以根据实际情况选择。当然，也可以在报表模板的基础上进行修改，使之能够适合企业财务报告的要求。

3．自定义模板

自定义模板提供了用户根据实际需要进行自行编制的报表模板。把经过自行设计的报表作为模板，方便今后自行使用。

任务指引

步骤 1　新建一张空白报表，在格式状态下，选择“格式”|“报表模板”命令，打开“报表模板”对话框。

步骤 2　选择您所在的行业“小企业会计准则（2013）”、财务报表“资产负债表”，如图 5.24 所示。

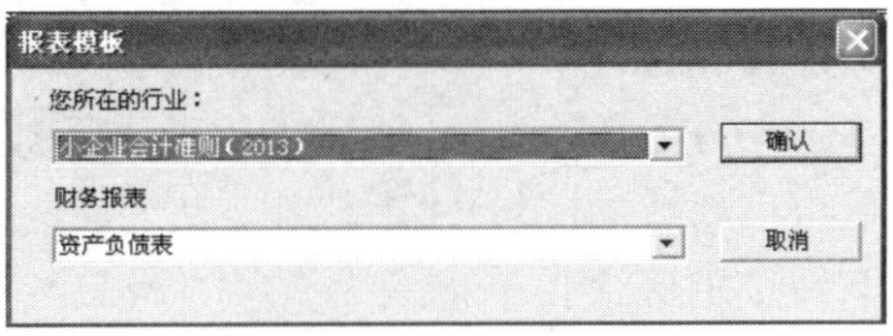

图 5.24　调用报表模板

步骤 3　单击“确认”按钮，弹出“模板格式将覆盖本表格式！是否继续？”信息提示框。

步骤 4　单击“确定”按钮，打开“资产负债表”模板。

步骤 5　在格式状态下，根据企业实际情况，调整报表格式及报表公式。

步骤 6　切换至数据状态下，选择“数据”|“关键字”|“录入”命令，打开“录入关键字”对话框。

步骤 7　输入关键字年为 2020、月为 01、日为 31。

步骤 8　单击“确认”按钮，弹出“是否重算第 1 页？”信息提示框。单击“是”按钮，系统会自动根据单元格公式计算 1 月份数据。

步骤 9　单击工具栏中的“保存”按钮，将生成的报表数据保存。

步骤 10　同理，生成 2020 年 1 月利润表。

拓展任务

任务 1　制作图表

任务下达

以账套主管的身份绘制资金分析图。

任务解析

财务报表的图表可以将报表数据所包含的经济含义以图表的方式直观地反映出来，是企业管理、数据分析的重要工具。财务报表提供了直方图、圆饼图、折线图、面积图四大类共 10

种格式的图表。

图表是利用报表文件中的数据生成的，图表与报表存在着紧密的联系，当报表中的源数据发生变化时，图表也随之变化。一个报表文件可以生成多个图表，最多可以保留 12 个图表。

在进行图表分析管理时，既可以通过图表对象来管理，也可以在图表窗口将图表专门作为图表文件来管理。如果通过图表对象管理，图表对象和报表数据一样在报表区域中编辑、显示、打印；如果把图表单独作为一个文件来管理，则图表文件的编辑、显示、打印均在图表窗口中进行，但图形的大小会随报表数据而变动。

图表对象的组成如下。

① 主标题。主标题最多可以输入 20 个字符或 10 个汉字。单击主标题，可以将其在图表对象区域中任意拖动；双击主标题，可以编辑主标题的内容。

② *X* 轴标注。*X* 轴标注用于区分不同的数据。*X* 轴标注是自动产生的，当数据组为行时，系统将源数据区域的第 1 行定义为 *X* 轴标注；当数据组为列时，系统将源数据区域的第 1 列定义为 *X* 轴标注。

③ *Y* 轴标注。*Y* 轴标注用于显示数据的值。*Y* 轴标注也是自动产生的，当数据组为行时，系统将源数据区域的第 1 列定义为 *Y* 轴标注；当数据组为列时，系统将源数据区域的第 1 行定义为 *Y* 轴标注。

④ 单位。单位是指 *Y* 轴（数据轴）的单位。*Y* 轴标注乘以单位即实际数值。

⑤ 图例。图例用于说明不同颜色或图案代表的意义。它可以移动但不能修改。

⑥ 图形。这是指图形显示的部分。

在数据状态下，可以通过对已有财务报表的不同项目的数据进行画图，以达到直观地显示数据的变化趋势和比较的目标，如可以绘制普通直方图、求和直方图、饼图等。

任务详情

① 在货币资金表中追加 10 行。

② 针对表中数据制作成组直方图。图表名称为“资金分析图”，图表标题为“资金对比”，*X* 轴标题为“期间”，*Y* 轴标题为“金额”。

任务指引

步骤 1　打开货币资金表，切换至格式状态下，选择“编辑”|“追加”|“行”命令，打开“追加行”对话框。

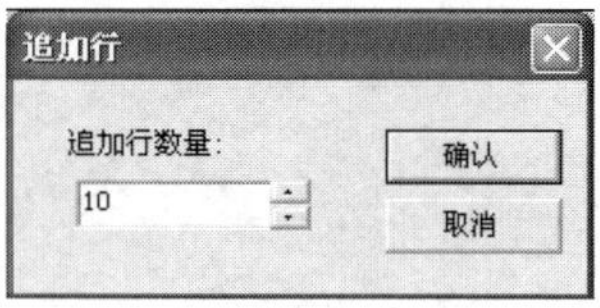

图 5.25　追加行数

步骤 2　输入追加行数为 10，如图 5.25 所示。然后单击“确认”按钮。

步骤 3　切换至数据状态下，默认系统提示，选取数据区域 A3:D5。

步骤 4　选择“工具”|“插入图表对象”命令，打开“区域作图”对话框。

步骤 5　在“数据组”选项组中选中“行”单选按钮，在“操作范围”选项组中选中“当前表页”单选按钮。

步骤 6　输入图表名称为“资金分析图”、图表标题为“资金对比”、*X* 轴标题为“期间”、*Y* 轴标题为“金额”。

步骤 7　选择图表格式为“成组直方图”，如图 5.26 所示。然后单击“确认”按钮。

步骤 8　将图表中的对象调整到合适位置。

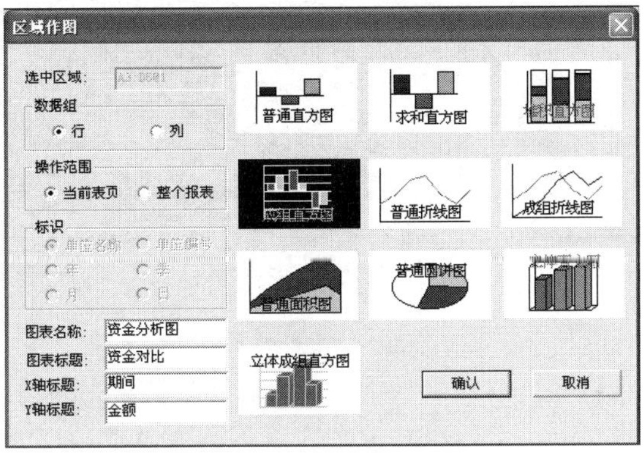

图 5.26　插入图表对象

注意

① 追加行或列必须在格式状态下进行。

② 插入的图表对象实际上也属于报表的数据，因此有关图表对象的操作必须在数据状态下进行。

③ 选择图表对象显示区域时，区域不能少于 2 行 × 2 列，否则会提示出现错误。

④ 在调用报表模板生成货币资金表之前，应将货币资金表关闭。

任务 2　审核公式运用

任务下达

以账套主管的身份为资产负债表编辑审核公式并审核。

任务解析

与手工审核要求一样，报表数据产生以后，为了验证数据的正确性，一般需要对报表数据进行审核，并且应根据前面我们在定义公式时定义的审核公式来执行审核。

报表的审核必须在数据状态下进行。选择“数据”|“审核”命令，即可完成对报表的审核工作。审核以后如果正确，状态栏会提示“审核完全正确！”。否则，状态栏会提示出现的错误信息——错误信息的内容是在定义审核公式时由用户自己输入的。

任务详情

编辑审核公式，审核资产负债表资产合计期末数是否等于负债和所有者权益的期末数，如果不等，提示“资产合计不等于负债和所有者权益合计！”。

任务指引

步骤 1　在财务报表子系统中，打开资产负债表，确保当前处于格式状态。

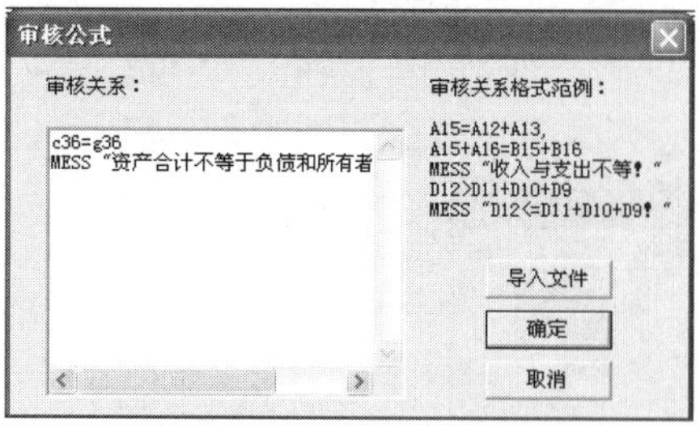

图 5.27　审核公式

步骤 2　选择“数据”|“编辑公式”|“审核公式”命令，打开“审核公式”对话框。

步骤 3　输入审核公式，如图 5.27 所示。

步骤 4　单击“确定”按钮返回。

步骤 5　单击“格式/数据”按钮，切换到数据状态。选择“数据”|“审核”命令，系统按照审核公式进行审核，完成后在状态栏中显示“完全正确！”。

通关测试

一、判断题

1. 在财务报表子系统中生成一张新表时，所有的单元格都被默认为是数值型单元格。（　）
2. 字符型单元格不能在数据状态下输入数据。（　）
3. 财务报表只能从总账管理子系统中提取数据。（　）
4. 在数据状态下可以进行增加表页、设置单元公式及关键字、表页计算等操作。（　）
5. 执行财务报表的审核功能是为了更正检查出的数据错误。（　）

二、选择题

1. 在财务报表子系统的数据处理中能够完成以下哪些任务？（　　）

A. 格式排版　　B. 舍位平衡

C. 修改单元格公式　　D. 设置关键字

2. 财务报表子系统提供的关键字中不包括以下哪一项？（　　）

A. 单位名称　　B. 年　　C. 月　　D. 制表人

3. 财务报表的单元格类型包括（　　）。

A. 字符型　　B. 表样型　　C. 数值型　　D. 逻辑型

4. 财务报表子系统中一般提供以下哪些报表模板？（　　）

A. 资产负债表　　B. 利润表

C. 管理费用明细表　　D. 产品销售毛利分析表

5. 关于关键字的设置，以下哪些说法是正确的？（　　）

A. 在数据状态下设置并输入关键字

B. 一个关键字在一张报表中只能定义一次

C. 每张报表只能定义一个关键字

D. 可以随时取消关键字的设置

三、实训题

恢复中顺科技“总账期末处理”账套，进行财务报表管理实训。

实训 7：财务报表管理

1. 自定义报表

（1）自定义管理费用明细表（见表 5.3）

① 表头。标题“管理费用明细表”设置为黑体、18 号、水平垂直均居中。

② 表体。表体中文字设置为宋体、12 号、水平垂直居中。

③ 表尾。B8 单元格中的制表人设置为字符型。

④ 年、月应设为关键字。

⑤ 仅以表格中标注了“*”的单元格公式定义为例。

表 5.3　管理费用明细表

编制单位：中顺科技　　　　2020 年 01 月　　　　元

部　门	办公费	差旅费	招待费	折旧费	合　计
企管部		*			*
财务部	*				
采购部					
合　计	*				

制表人：

（2）生成管理费用明细表

2. 调用报表模板编制对外财务报告

（1）编制资产负债表

（2）编制利润表

项目 6 工资管理

知识目标

1. 了解工资管理系统的主要功能。
2. 熟悉工资管理系统的操作流程。
3. 熟悉工资管理系统初始化的工作内容。
4. 掌握工资日常业务处理的工作内容。
5. 了解针对不同企业需求的工资解决方案。

技能目标

1. 掌握建立工资账套、增加工资类别的操作。
2. 掌握设置工资项目、设置工资计算公式的操作。
3. 掌握工资变动、计算个人所得税的操作。
4. 学会月末工资分摊设置及处理的操作。

项目背景

职工工资是产品成本的重要组成部分，是企业进行各种费用计提的基础。工资核算是每个单位财务部门较基本的业务之一，是一项重要的经常性工作，关系到每个职工的切身利益。

为了保证对华宇电脑职工工资进行准确、有效的管理，项目实施小组需要启用工资管理系统，并准备企业工资核算的各项基本信息和期初数据等信息，将它们准确地输入到工资管理系统中，然后对企业的职工工资进行正确的核算和管理。

基本知识

6.1 认识工资管理子系统

工资核算的任务是以职工的工资原始数据为基础，计算应发工资、扣款和实发工资等，编制工资结算单；按部门和人员类别进行汇总，进行个人所得税计算；提供对工资相关数据的多种方式的查询和分析，进行工资费用的分配和计提。

工资管理子系统的主要功能包括工资类别管理、人员档案管理、工资数据管理和工资报表管理等。

6.1.1 工资类别管理

工资系统提供处理多个工资类别的功能。

① 如果单位中所有人员的工资统一管理，而人员的工资项目、工资计算公式全部相同，只需要建立单个工资类别，即可提高系统的运行效率。

② 如果单位按周发放工资或一个月内多次发放工资，或者单位中有多个不同类别（部门）的人员，工资发放项目不同，计算公式也不同，但需要进行统一进行工资核算管理，则应选择建立多个工资类别。

6.1.2　人员档案管理

人员档案管理可以设置人员的基础信息并对人员变动进行调整。另外，系统也提供了设置人员附加信息的功能。

6.1.3　工资数据管理

工资数据管理可以根据不同企业的需要设计工资项目和计算公式；管理所有人员的工资数据，并对平时发生的工资变动进行调整；自动计算个人所得税，结合工资发放形式进行扣零处理或向代发工资的银行传输工资数据；自动计算、汇总工资数据；自动完成工资分摊、计提和转账业务。

6.1.4　工资报表管理

工资报表管理提供多层次、多角度的工资数据查询。

6.2　工资管理子系统的操作流程

采用多工资类别核算的企业第 1 次启用工资管理子系统应按图 6.1 所示的步骤进行操作。

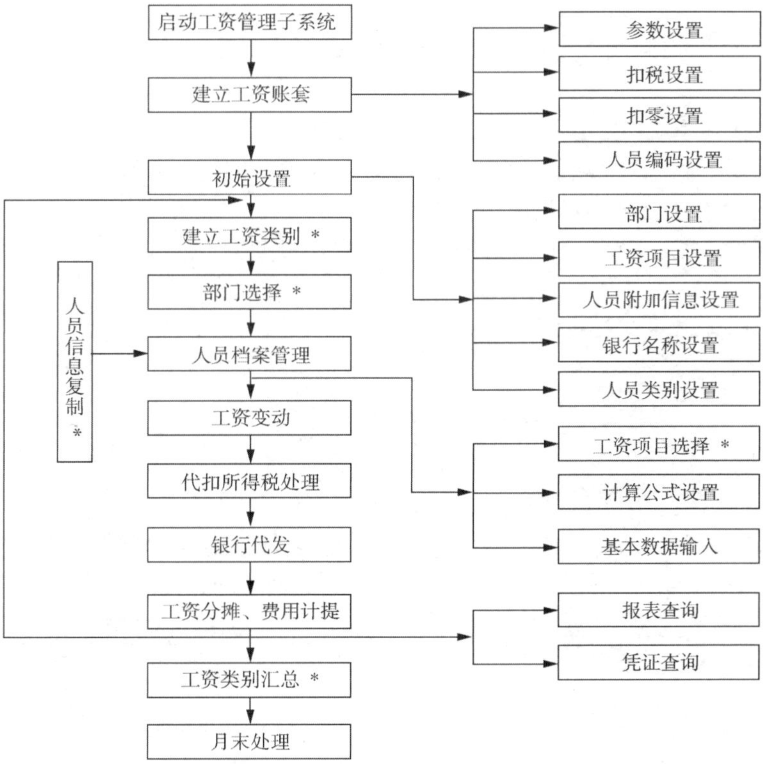

图 6.1　多工资类别核算管理企业的工资管理操作流程

注意

去掉标注了“*”的步骤即为单工资类别核算的基本操作流程。

实训任务

任务 1　启用工资管理子系统

任务下达

以系统管理员的身份恢复“总账初始化”账套。以账套主管的身份重新登录系统管理，启用工资系统，启用日期为 2020 年 1 月 1 日。

任务解析

使用工资管理子系统的前提是必须启用工资管理子系统，在 T3 中只有设置了启用的系统才能登录。

如果总账管理子系统先启用，工资管理子系统的启用月必须晚于或与总账管理子系统的未结账月相同。

任务指引

步骤 1　以系统管理员的身份进入系统管理，选择“账套”|“恢复”命令，恢复“总账初始化”账套。

步骤 2　选择“系统”|“注销”命令，注销系统管理员登录。

步骤 3　选择“系统”|“注册”命令，以账套主管的身份进入系统管理。选择“账套”|“启用”命令，打开“系统启用”对话框。

步骤 4　单击“WA 工资管理”复选框，选择启用日期为“2020”“一月”“1 日”，如图 6.2 所示。

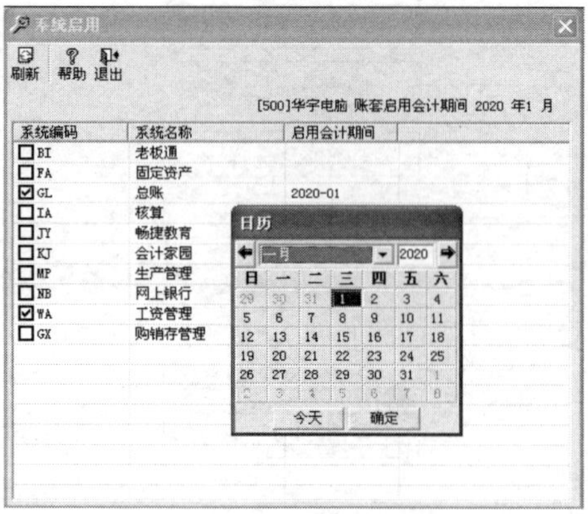

图 6.2　启用工资管理子系统

步骤 5　单击“确定”按钮，系统弹出提示信息，如图 6.3 所示。单击“是”按钮，完成系统启用。

步骤 6　单击“退出”按钮，返回系统管理。

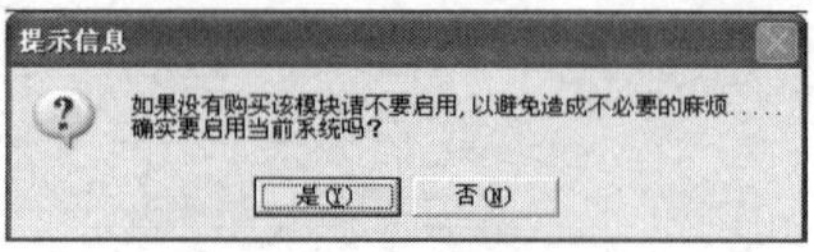

图 6.3　系统提示

任务 2　建立工资账套

任务下达

以账套主管的身份建立工资账套。

任务解析

在 T3 中，每个子系统的应用大致都分为两个部分：系统初始设置和日常业务处理。系统初始设置是为日常业务处理做好基础准备的，而且一旦设置完成就相对稳定，日后不需要经常变动和更改；工资管理子系统的初始设置包括建立工资账套和基础信息设置两个部分。

工资账套与系统管理中的账套是不同的概念，系统管理中的账套是针对企业整体业务的，而工资账套只是针对工资管理子系统。要建立工资账套，前提是在系统管理中首先建立本单位的核算账套。建立工资账套时可以根据建账向导分 4 步进行，即参数设置、扣税设置、扣零设置和人员编码。

任务详情

华宇电脑工资账套的相关信息如下。

① 工资类别个数为“多个”，核算币种为“人民币 RMB”。

② 从工资中代扣个人所得税。

③ 不进行扣零处理。

④ 人员编码长度为 3 位；启用日期为 2020 年 1 月 1 日；不预置工资项目。

任务指引

步骤 1　以账套主管的身份进入 T3，登录日期为“2020-01-01”。选择“工资”，打开“建立工资套”对话框。

步骤 2　在建立工资套的“参数设置”中，选择本账套所须处理的工资类别个数为“多个”，默认币别名称为“人民币 RMB”，如图 6.4 所示。然后单击“下一步”按钮。

步骤 3　在“扣税设置”中，选中“是否从工资中代扣个人所得税”复选框，如图 6.5 所示。然后单击“下一步”按钮。

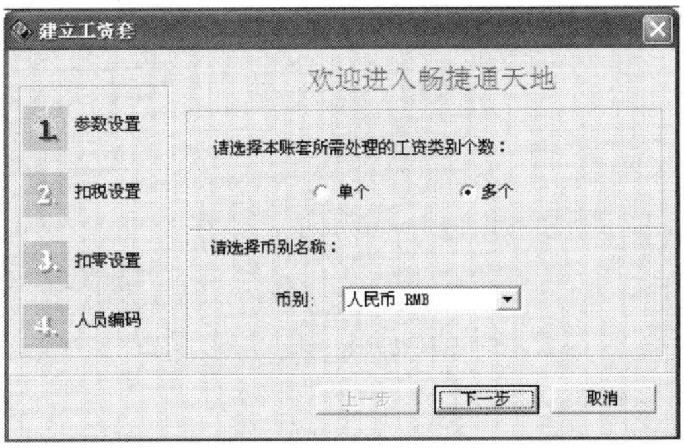

图 6.4　建立工资套——参数设置

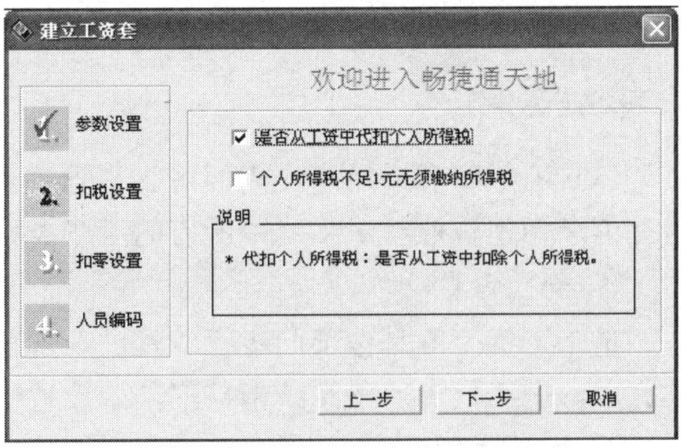

图 6.5　建立工资套——扣税设置

步骤 4　在“扣零设置”中不做选择，直接单击“下一步”按钮，如图 6.6 所示。

步骤 5　在“人员编码”中，设置人员编码长度为 3 位，确认本账套启用日期为“2020-01-01”，如图 6.7 所示。

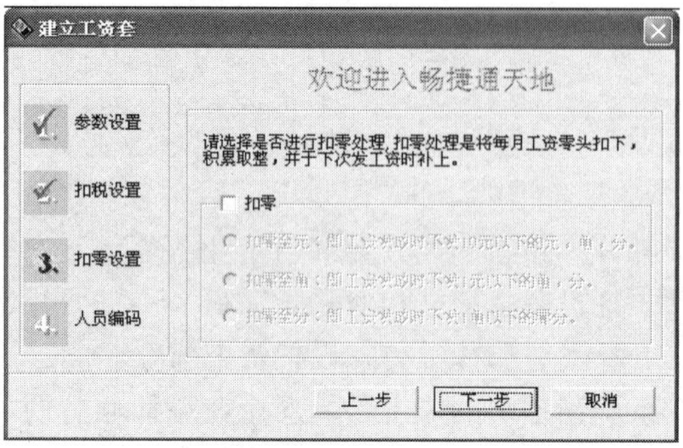

图 6.6　建立工资套——扣零设置

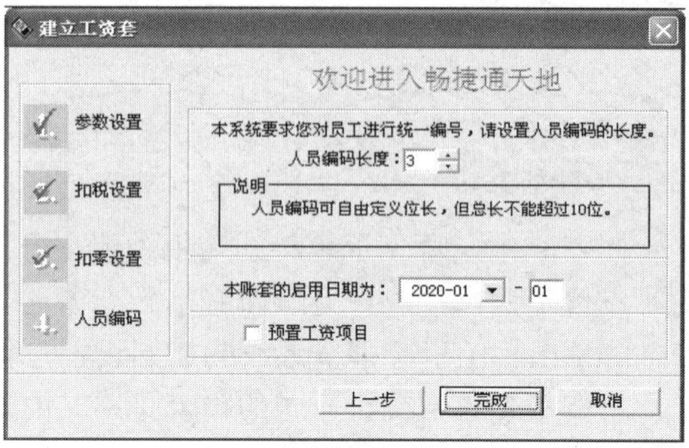

图 6.7　建立工资套——人员编码

步骤 6　单击“完成”按钮，系统弹出“未建立工资类别！”信息提示框。单击“确定”按钮，打开“工资管理——新建工资类别”对话框。单击“取消”按钮返回，完成工资账套的建立。

注意

① 如果企业根据不同类别的员工分别进行核算，则工资类别应选择“多个”。

② 扣零处理是指每次发放工资时将零头扣下，积累取整，于下次发放工资时补上。系统在计算工资时将依据扣零类型（扣零至元、扣零至角、扣零至分）进行扣零计算。

③ 用户一旦选中“扣零”复选框，系统将自动在固定工资项目中增加“本月扣零”和“上月扣零”两个项目。扣零的计算公式将由系统自动定义，无须设置。

④ 选择代扣个人所得税后，系统将自动生成工资项目“代扣税”，并自动进行代扣税金的计算。

⑤ 建账完毕后，部分建账参数可以在“设置”|“选项”命令中进行修改。

任务 3　工资账套基础信息设置

任务下达

以账套主管的身份进行工资账套基础信息设置。

任务解析

建立工资账套以后，还需要对工资管理系统日常业务处理所需的一些基础信息进行设置。这些信息为工资管理子系统中所有的工资类别所共用，主要包括以下几项。

1．部门设置

员工工资一般是按部门进行管理的。部门档案已经在基础设置项目中的机构设置任务中建立完成，在工资管理子系统中共享基础设置中的各项档案。

2．人员类别设置

人员类别与工资费用的分配、分摊有关，以便按人员类别进行工资汇总计算。

3．人员附加信息设置

人员附加信息设置可增加人员的某项属性，丰富人员档案的内容，便于对人员进行更加有效的管理。例如，增加设置人员的性别、技术职称、婚否等。

4．工资项目设置

工资项目设置即定义工资项目的名称、类型、宽度、小数、增减项。系统中有一些固定项目，是工资账中必不可少的，包括“应发合计”“扣款合计”“实发合计”，这些项目不能删除和重命名；其他项目可根据实际情况定义或参照增加，如“基本工资”“奖励工资”“请假天数”等。在此设置的工资项目是针对所有工资类别的全部工资项目的。

5．银行名称设置

代发工资的银行可按需要设置多个。这里的银行名称设置针对所有工资类别。例如，同一工资类别中的人员由于在不同的工作地点，需要在不同的银行代发工资；或者不同的工资类别由不同的银行代发工资，均需要设置相应的银行名称。

任务详情

1．设置人员类别

本企业人员类别分为企业管理人员、车间管理人员、销售人员和生产工人。

2．设置工资项目

本企业的工资项目如表 6.1 所示。

表 6.1　工资项目

项目名称	类　型	长　度	小数位数	增减项
基本工资	数字	8	2	增项
岗位工资	数字	8	2	增项
奖金	数字	8	2	增项
应发合计	数字	10	2	增项
养老保险	数字	8	2	减项
医疗保险	数字	8	2	减项
失业保险	数字	8	2	减项
公积金	数字	8	2	减项
请假扣款	数字	8	2	减项
代扣税	数字	10	2	减项
扣款合计	数字	10	2	减项
实发合计	数字	10	2	增项
请假天数	数字	8	2	其他
日工资	数字	8	2	其他
应税工资	数字	10	2	其他

3．银行名称设置

本企业发放工资的银行为中行中关村分理处；账号定长，长度为 11 位。

任务指引

1．设置人员类别

步骤 1　选择“工资”|“设置”|“人员类别设置”命令，打开“类别设置”对话框。

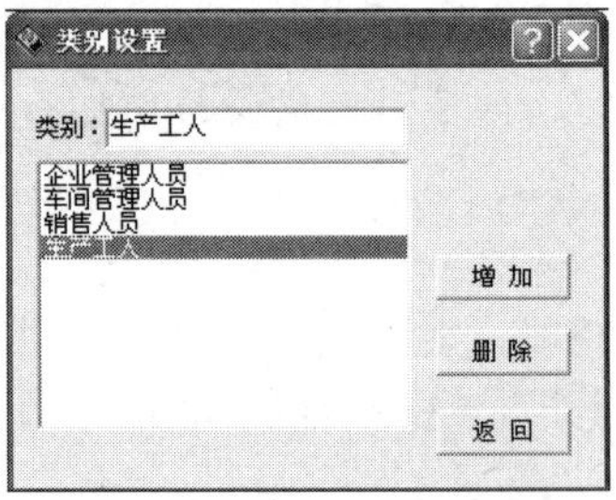

图 6.8　设置人员类别

步骤 2　单击“增加”按钮，增加人员类别，最后删除“无类别”人员分类，完成后如图 6.8 所示。然后单击“返回”按钮。

2．设置工资项目

步骤 1　选择“工资”|“设置”|“工资项目设置”命令，打开“工资项目设置”对话框。系统已预置“应发合计”“扣款合计”“实发合计”和“代扣税”几个工资项目。

步骤 2　单击“增加”按钮，工资项目列表中增加一空行。

步骤 3　单击“名称参照”下拉列表框右侧的下拉按钮，在下拉列表框中选择“基本工资”选项。双击需要修改的栏目，按表 6.1 所示进行修改即可。

步骤 4　单击“增加”按钮，增加其他工资项目。可以用▲（上移）、▼（下移）按钮调整工资项目顺序，完成后如图 6.9 所示。

步骤 5　单击“确认”按钮返回。

注意

系统提供若干常用工资项目供参考，可选择输入。对于参照中未提供的工资项目，可以双击“工资项目名称”一栏直接输入，或者先从“名称参照”下拉列表框中选择一个项目，然后单击“重命名”按钮修改为需要的项目。

3．银行名称设置

步骤 1　选择“工资”|“设置”|“银行名称设置”命令，打开“银行名称设置”对话框。

步骤 2　单击“增加”按钮，输入银行名称为“中行中关村分理处”，默认账号定长，长度为 11，并删除其他未用到的银行名称，如图 6.10 所示。

步骤 3　单击“返回”按钮。

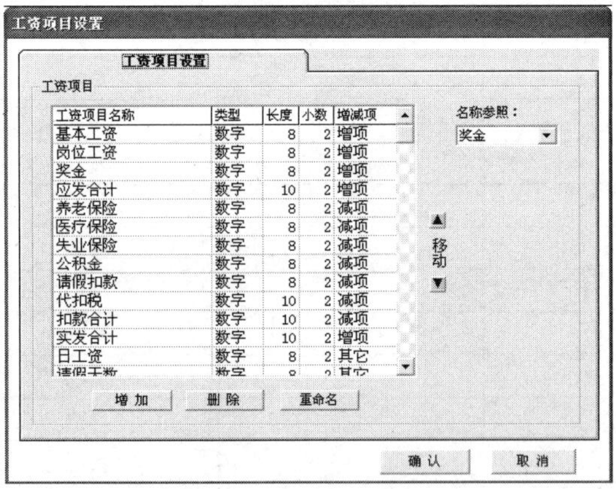

图 6.9　工资项目设置

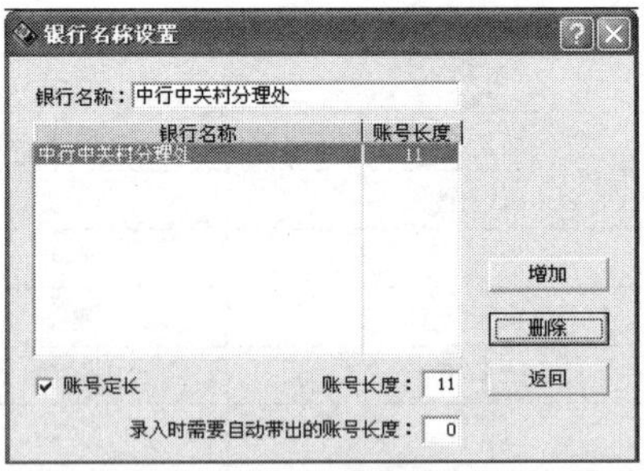

图 6.10　银行名称设置

任务 4　工资类别基础信息设置

任务下达

以账套主管的身份设置正式工工资类别基础信息。

任务解析

1．工资类别

工资系统是按工资类别来进行工资计算和管理的，每个工资类别中包含不同的工资项目、人员档案，需要按设定的工资计算公式进行工资计算、扣缴所得税处理、工资费用分摊处理等。对工资类别的维护包括建立工资类别、打开工资类别、删除工资类别、关闭工资类别和汇总工资类别。

2．人员档案

人员档案的设置用于登记工资发放人员的姓名、职工编号、所在部门、人员类别等信息。此外，员工的增减变动也必须在本功能中处理。人员档案的操作是针对某个工资类别的，即应先打开相应的工资类别。

人员档案管理包括增加、修改、删除人员档案，人员调离与停发处理，查找人员等。

3．设置工资项目和计算公式

系统初始设置的工资项目包括本单位各种工资类别所需要的全部工资项目。由于不同的工资类别、工资发放项目不同，计算公式也不同，因此应对某个指定工资类别所需的工资项目进行设置，并定义此工资类别的工资计算公式。

① 选择建立本工资类别的工资项目。这里只能选择系统初始设置中的工资项目，不可自行输入。工资项目的类型、长度、小数位数、增减项等不可更改。

② 设置计算公式。设置计算公式就是定义某些工资项目的计算公式和工资项目之间的运算关系。例如，缺勤扣款=基本工资÷月工作日×缺勤天数。运用公式可以直观地表达工资项目的实际运算过程，灵活地进行工资计算处理。定义公式可通过选择工资项目、运算符、关系符、函数等组合完成。

定义工资项目计算公式要符合逻辑，系统将对公式进行合法性检查，对于不符合逻辑的公式系统将给出错误提示。定义公式时要注意先后顺序，先得到的数据应先设置公式。应发合计、扣款合计和实发合计公式应是公式定义框的最后 3 个公式，并且实发合计的公式要在应发合计和扣款合计公式之后。可通过单击公式框的▲、▼箭头调整计算公式顺序。如果出现计算公式超长的情况，那么可将所用到的工资项目名称缩短（减少字符数），或者设置过渡项目。定义公式时可使用函数公式向导参照输入。

4．个人所得税设置

鉴于许多企事业单位计算职工工资的所得税工作量较大，本系统特提供个人所得税自动计算功能，用户只需要自定义扣税基数和各级所得税税率，系统就会自动计算个人所得税。

任务详情

1．新建工资类别“正式工”

企业所有部门均有正式工。

2．设置本企业人员档案（见表 6.2）

表 6.2　人员档案

编　号	姓　名	部门名称	人员类别	账　号	中方人员	是否计税
101	何润东	企管办	企业管理人员	20190010001	是	是
201	于谦	财务部	企业管理人员	20190010002	是	是

（续表）

编　号	姓　名	部门名称	人员类别	账　号	中方人员	是否计税
202	耿丽	财务部	企业管理人员	20190010003	是	是
203	冯洁	财务部	企业管理人员	20190010004	是	是
301	杨帅	采购部	企业管理人员	20190010005	是	是
401	任志刚	国内销售部	销售人员	20190010006	是	是
402	黄海波	国际销售部	销售人员	20190010007	是	是
501	陈小春	生产部	车间管理人员	20190010008	是	是
502	张晓楠	生产部	生产工人	20190010009	是	是

3．选择“正式工”工资类别工资项目

“正式工”工资类别工资项目和排列顺序是：基本工资、岗位工资、奖金、应发合计、养老保险、医疗保险、失业保险、公积金、请假扣款、代扣税、扣款合计、实发合计、日工资、请假天数、应税工资。

4．设置工资项目计算公式

工资项目计算公式和正确排列顺序如表 6.3 所示。

表 6.3　工资项目公式

工资项目	公　式
岗位工资	如果人员类别是企业管理人员或者车间管理人员，岗位工资为 400，其他人员为 200. iff(人员类别="企业管理人员"OR 人员类别="车间管理人员",400,200)
日工资	(基本工资+岗位工资)/22
请假扣款	请假天数*日工资
养老保险	基本工资×8%
医疗保险	基本工资×2%
失业保险	基本工资×1%
公积金	基本工资×12%
应发合计	基本工资+岗位工资+奖金
扣款合计	养老保险+医疗保险+失业保险+公积金+请假扣款+代扣税
实发合计	应发合计-扣款合计
应税工资	实发合计+代扣税

5．设置个人所得税税率

个人所得税免征额为 5 000 元，税率如表 6.4 所示。

表 6.4　2019 年开始实行的 7 级超额累进个人所得税税率表

级　数	全年应纳税所得额	按月换算/元	税率/%	速算扣除数/元
1	不超过 36 000 元	不超过 3 000 元	3	0
2	36 000 元至 144 000 元	3 000<X≤12 000	10	210
3	144 000 元至 300 000 元	12 000<X≤25 000	20	1 410
4	300 000 元至 420 000 元	25 000<X≤35 000	25	2 660
5	420 000 元至 660 000 元	35 000<X≤55 000	30	4 410
6	660 000 元至 960 000 元	55 000<X≤80 000	35	7 160
7	超过 960 000 元	超过 80 000 元	45	15 160

任务指引

1．新建工资类别

步骤 1　选择“工资”|“工资类别”|“新建工资类别”命令，打开“新建工资类别”对话框。

步骤 2　输入工资类别名称“正式工”，然后单击“下一步”按钮。

步骤 3　选择正式工所在部门。此处选择所有部门，如图 6.11 所示。

步骤 4　单击“完成”按钮，系统弹出“是否以 2020-01-01 为当前工资类别的启用日期？”信息提示框。单击“是”按钮，完成工资类别的创建。

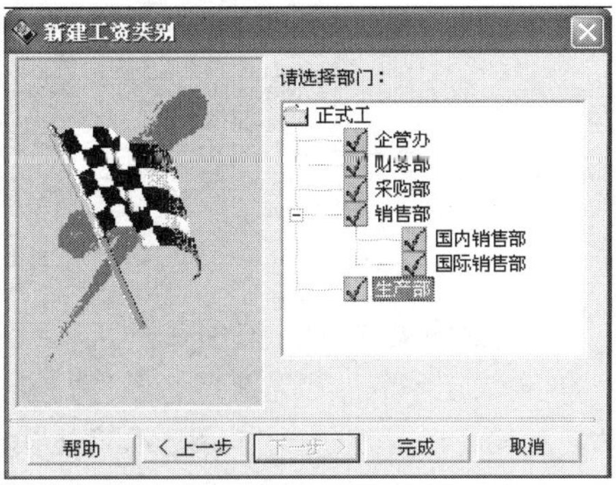

图 6.11　选择所有部门

2．设置正式工人员档案

步骤 1　选择“工资类别”|“打开工资类别”命令，打开“打开工资类别”对话框。选择“001 正式工”工资类别，然后单击“确认”按钮，进入“正式工”人员类别。

步骤 2　选择“工资”|“设置”|“人员档案”命令，打开“人员档案”窗口。单击“批增”按钮，打开“人员批量增加”对话框。

步骤 3　选择需要批量导入的人员档案，如图 6.12 所示。单击“确定”按钮，将前期职员档案中已经输入的职员信息带到人员档案。

步骤 4　按表 6.2 所示修改相关人员档案，补充输入银行账号等信息，如图 6.13 所示。

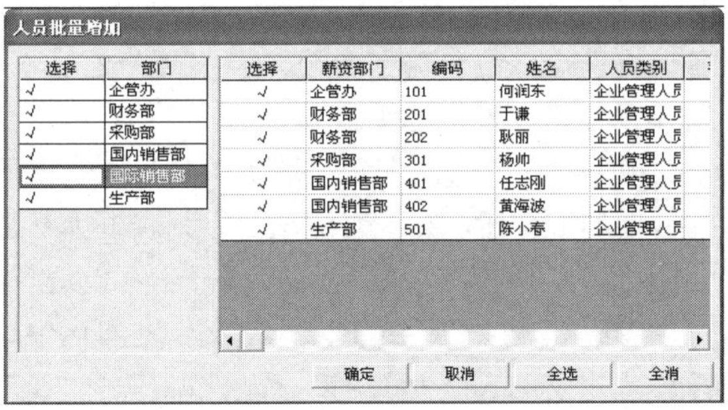

图 6.12　批量导入职员档案

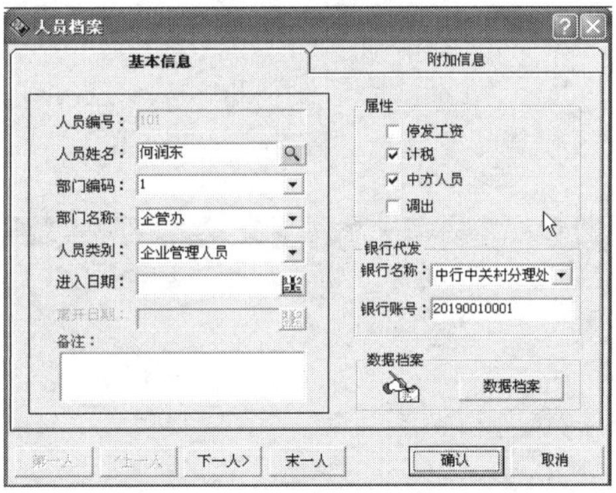

图 6.13　修改人员档案

步骤 5　单击“确认”按钮，系统提示“写入该人员档案信息吗？”。单击“确定”按钮；在全部完成后，再单击“取消”按钮返回。

步骤 6　单击“增加”按钮，输入“502 张晓楠”相关信息。然后单击“确认”按钮。

步骤 7　单击“取消”按钮，如图 6.14 所示。然后单击“退出”按钮，退出“人员档案”窗口。

注意

人员档案既可以从已建立的职员档案输入，也可以在人员档案中直接增加。

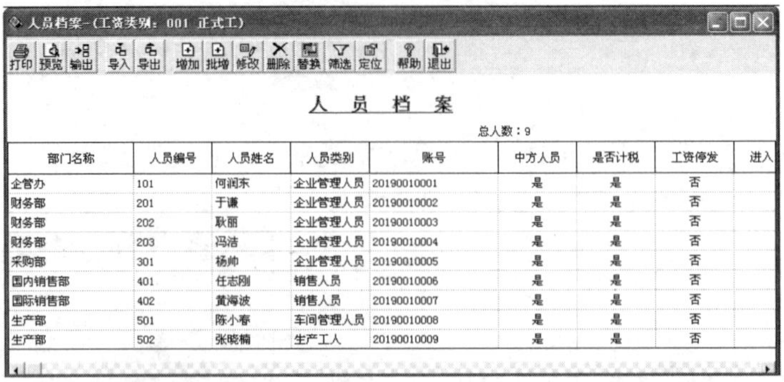

部门名称	人员编号	人员姓名	人员类别	账号	中方人员	是否计税	工资停发	进入
企管办	101	何润东	企业管理人员	20190010001	是	是	否	
财务部	201	于谦	企业管理人员	20190010002	是	是	否	
财务部	202	耿丽	企业管理人员	20190010003	是	是	否	
财务部	203	冯洁	企业管理人员	20190010004	是	是	否	
采购部	301	杨帅	企业管理人员	20190010005	是	是	否	
国内销售部	401	任志刚	销售人员	20190010006	是	是	否	
国际销售部	402	黄海波	销售人员	20190010007	是	是	否	
生产部	501	陈小春	车间管理人员	20190010008	是	是	否	
生产部	502	张晓楠	生产工人	20190010009	是	是	否	

图 6.14　完成人员档案设置

3．选择正式工工资项目

步骤 1　选择“工资”|“设置”|“工资项目设置”命令，打开“工资项目设置”对话框。“工资项目设置”选项卡中显示“代扣税”和“实发合计”两个工资项目。

步骤 2　单击“增加”按钮，增加一空白行，从“名称参照”下拉列表框中选择“基本工资”工资项目。同理，增加其他工资项目。

步骤 3　所有工资项目增加完成后，利用▲（上移）、▼（下移）按钮调整工资项目顺序。

注意

“名称参照”下拉列表框中的工资项目是前期在工资账套基础设置中增加的工资项目。在设置工资类别时，只能从中选择，不能修改和自行增加。

4．定义工资项目公式

以下举例说明不同类型计算公式的定义方法。

（1）定义“日工资”项目的计算公式

步骤 1　选择“工资”|“设置”|“工资项目设置”命令，打开“工资项目设置”对话框。选择“公式设置”选项卡。

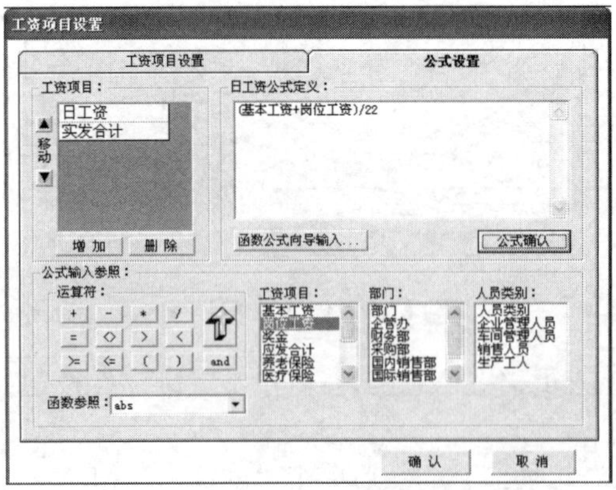

图 6.15　设置日工资计算公式

步骤 2　单击左上角“工资项目”列表框下的“增加”按钮，在“工资项目”列表框中增加一空行。从下拉列表框中选择“日工资”选项。

步骤 3　在“日工资公式定义”文本框中进行公式定义。在“运算符”选项组中选择“(”，选择“工资项目”列表框中的“基本工资”；在“运算符”选项组中选择“+”，选择“工资项目”列表框中的“岗位工资”；在运算符选项区选择“)”“/”，在“/”后输入“22”。

步骤 4　日工资公式定义结果如图 6.15 所示。然后单击“公式确认”按钮。

（2）定义“岗位工资”项目的计算公式

步骤 1　在“工资项目设置”对话框中，单击“公式设置”选项卡。

步骤 2　单击“增加”按钮，在“工资项目”列表框中增加一空行，在下拉列表框中选择“岗位工资”选项。

步骤 3 单击“函数公式向导输入”按钮，打开“函数向导——步骤之 1”对话框。从“函数名”列表框中选择 iff，如图 6.16 所示。然后单击“下一步”按钮，打开“函数向导——步骤之 2”对话框。

步骤 4 单击“逻辑表达式”参照按钮，打开“参照”对话框。在“参照列表”下拉列表框中选择“人员类别”选项，在下面的列表框中选择“企业管理人员”选项，如图 6.17 所示。然后单击“确认”按钮。

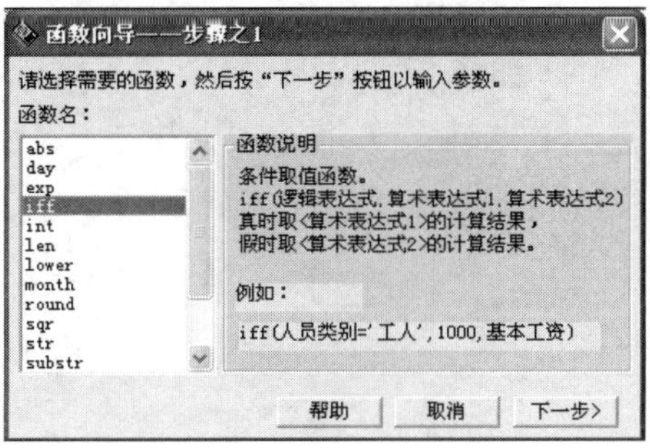

图 6.16 选择函数

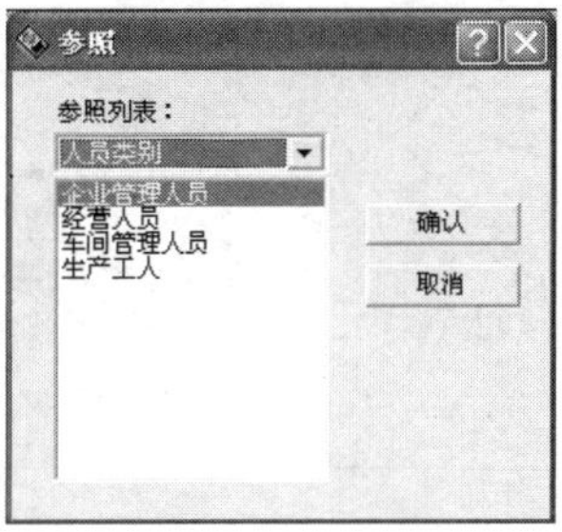

图 6.17 设置逻辑表达式参照

步骤 5 在“逻辑表达式”文本框中的公式后输入 or，再次单击“逻辑表达式”参照按钮，打开“参照”对话框。在“参照列表”下拉列表框中选择“人员类别”选项，在下面的列表框中选择“车间管理人员”选项。然后单击“确认”按钮，返回“函数向导——步骤之 2”对话框。

步骤 6 在“算术表达式 1”文本框中输入 400，在“算术表达式 2”文本框中输入 200，如图 6.18 所示。单击“完成”按钮，返回“公式设置”选项卡中，然后单击“公式确认”按钮。

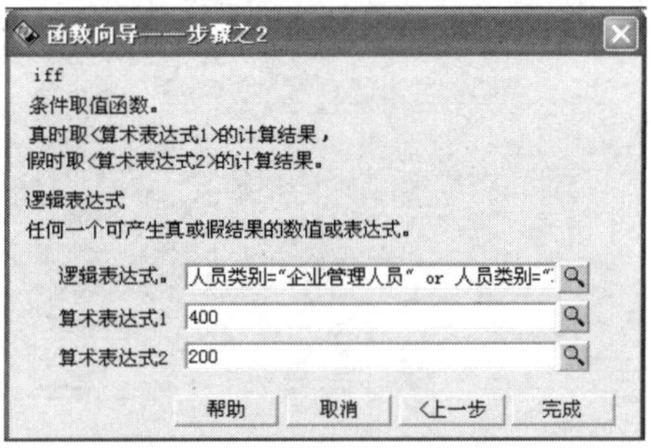

图 6.18 设置 iff 条件取值函数

步骤 7 自行定义其他工资项目的计算公式。

注意

① 在 or 前后须有空格。

② 百分号（%）不能直接输入，如 8%需要输入为 0.08，否则单击“公式确认”按钮时系统会弹出提示“非法的公式定义”。

③ 定义扣款合计时，由于“工资项目”列表框中无“代扣税”工资项目，所以需要人工在公式中输入该项目。

④ 每设置完成一个计算公式，必须单击“公式确认”按钮。

步骤 8 全部计算公式定义完成后，根据计算公式间的逻辑关系，利用▲、▼按钮调整公式顺序，排列在前面的公式先计算。完成后如图 6.19 所示。

步骤 9 单击“确认”按钮返回。

5. 设置个人所得税税率

步骤 1 选择“业务处理”|“扣缴所得税”命令，系统弹出信息提示。单击“确定”按钮，

打开“栏目选择”对话框。

步骤 2　系统默认所得项目为“工资”，对应工资项目为“实发合计”。重新选择对应工资项目为“应税工资”，如图 6.20 所示。

图 6.19　完成全部计算公式定义

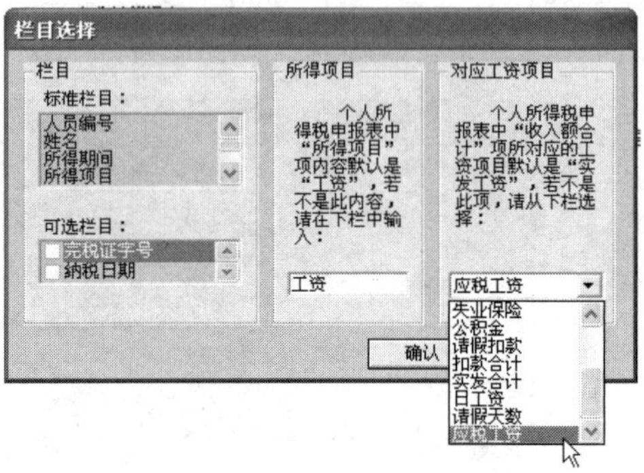

图 6.20　选择对应工资项目

步骤 3　单击“确认”按钮，系统弹出“是否重算数据？”信息提示框。单击“否”按钮，打开“个人所得税扣缴申报表”对话框。

步骤 4　单击“税率”按钮，打开“个人所得税申报表——税率表”对话框。将“基数”修改为 5 000，附加费用修改为 0。

步骤 5　修改各级次应纳税所得额上限和速算扣除数，则下一级次应纳税所得额下限自动调整。修改完成后，如图 6.21 所示。

步骤 6　单击“确认”按钮返回，然后单击“退出”按钮。

图 6.21　税率表

全部完成后，将账套备份至“工资初始化”文件夹中。

任务 5　日常工资管理

任务下达

以账套主管的身份进行正式工日常工资计算和分摊。

任务解析

日常工资管理主要包括两项工作：工资计算和工资费用分摊。

1．工资计算

第 1 次使用工资管理子系统时，必须将所有人员的基本工资数据输入到计算机中，平时发生的工资数据变动也在此进行调整。为了快速、准确地输入工资数据，系统提供了以下功能。

（1）筛选和定位

如果对部分人员的工资数据进行修改，那么最好采用数据过滤的方法，先将所要修改的人员过滤出来，然后再进行工资数据的修改。修改完毕后进行重新计算和汇总。

（2）过滤器

如果只对工资项目中的某一个或几个项目修改，可将要修改的项目过滤出来。例如，只对事假天数、病假天数两个工资项目的数据进行修改。对于常用的过滤项目，可以在过滤项目选择后，输入一个名称进行保存，以后可通过过滤项目名称调用，不用时也可以删除。

（3）页编辑

“工资变动”对话框中提供了“编辑”按钮，可以对选定的个人进行快速输入。单击“上一人”“下一人”可变更人员、输入或修改其他人员的工资数据。

（4）替换

将符合条件的人员的某个工资项目的数据统一替换成某个数据。

2. 工资费用分摊

工资费用是成本的重要组成部分。职工工资计算完成后，还需要对工资费用进行计提计算、分配及计提各种相关费用，并编制财务核算凭证，供登账处理使用。

与职工工资相关的费用一般包括养老保险、医疗保险、失业保险、公积金、工会经费、职工教育经费等。

任务详情

① 输入正式工职工基本工资数据，以及请假天数，如表6.5所示。

② 因去年国内销售部销售业绩大幅提升，本月给国内销售部人员发放奖金2 000元。

表6.5 职工基本工资数据

元

姓　名	基本工资	请假天数
何润东	12 000	
于谦	8 000	
耿丽	5 800	3
冯洁	5 500	
杨帅	5 800	
任志刚	5 800	1
黄海波	5 500	
陈小春	5 200	
张晓楠	4 800	

③ 按表6.6所示进行2020年1月份工资费用分摊。其中，应付工资总额等于应发合计，企业应负担的公积金按职工基本工资总额的12%计提。

表6.6 工资费用分摊

部　门 \ 工资分摊	人员类别	应付工资		公积金（12%）	
		借方科目	贷方科目	借方科目	贷方科目
企管办、财务部、采购部	企业管理人员	560209	221101	560213	221105
国内销售部、国际销售部	销售人员	560107	221101	560111	221105
生产部	车间管理人员	410101	221101	410104	221105
	生产工人	400102	221101	400102	221105

任务指引

1．输入正式工工资数据

步骤 1　选择“工资”|“业务处理”|“工资变动”命令，打开“工资变动”对话框。

步骤 2　在“过滤器”下拉列表框中选择“过滤设置”，打开“项目过滤”对话框。

步骤 3　选择“工资项目”列表框中的“基本工资”“请假天数”，单击“>”按钮，选入“已选项目”列表框中，如图 6.22 所示。

步骤 4　单击“确认”按钮，返回“工资变动”对话框，此时每个人的工资项目只显示两项。

步骤 5　按表 6.5 内数据输入工资，如图 6.23 所示。

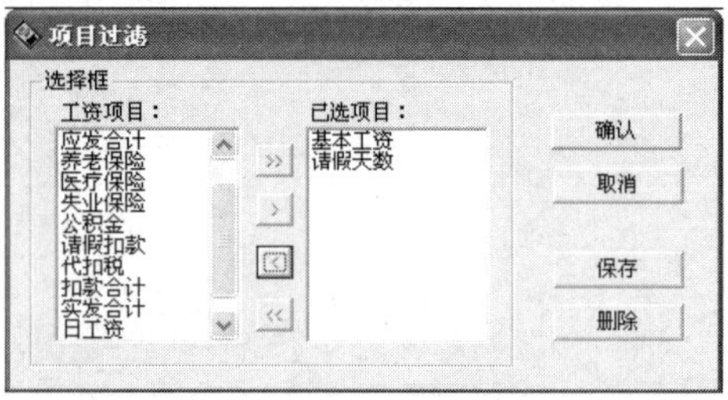

图 6.22　设置项目过滤

图 6.23　输入工资数据

步骤 6　在“过滤器”下列列表框中选择“所有项目”选项，屏幕上显示所有工资项目。

步骤 7　单击“退出”按钮，弹出系统提示。单击“是”按钮，执行职工工资数据计算和汇总。

注意

这里只需要输入没有设置公式的项目，如基本工资和请假天数，其余各项由系统根据计算公式自动计算生成。

2．用数据替换功能为国内销售部人员发放奖金

步骤 1　在“工资变动”对话框中，单击“替换”按钮，打开“工资项数据替换”对话框。在“将工资项目”下拉列表框中选择“奖金”选项，在“替换成”文本框中输入“奖金+2000”，在“替换条件”选项组中分别选择“部门”“=”“国内销售部”，如图 6.24 所示。

步骤 2　单击“确认”按钮，弹出系统提示“数据替换后将不可恢复。是否继续？”。单击“是”按钮，系统提示“1 条记录被替换，是否重新计算？”。单击“是”按钮，系统自动完成工资计算。

3．工资分摊设置

步骤 1　选择“工资”|“业务处理”|“工资分摊”命令，打开“工资分摊”对话框，如图 6.25 所示。

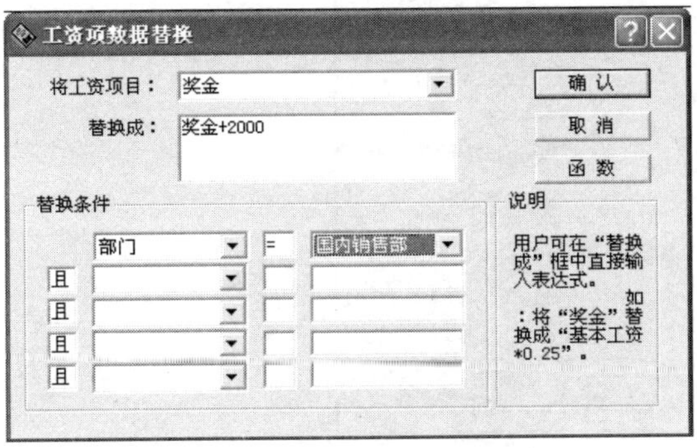

图 6.24　工资项数据替换

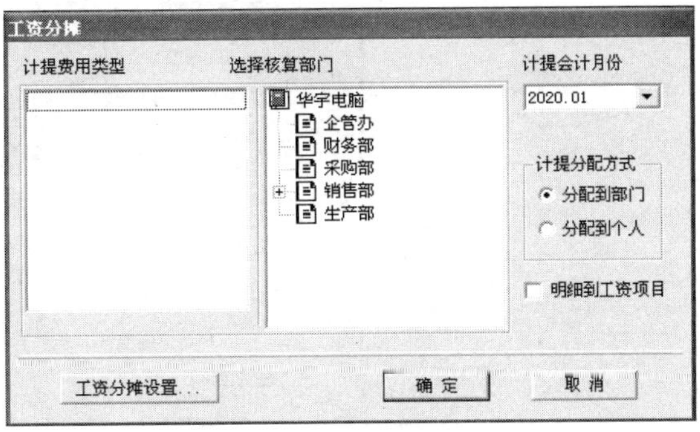

图 6.25　“工资分摊”对话框

步骤 2　单击“工资分摊设置”按钮，打开“分摊类型设置”对话框。

步骤 3　单击“增加”按钮，打开“分摊计提比例设置”对话框。

步骤 4　输入计提类型名称为“应付工资”，如图 6.26 所示。单击“下一步”按钮，打开“分摊构成设置”对话框。

步骤 5　按表 6.6 所示的内容进行设置，设置完成后如图 6.27 所示。单击“完成”按钮返回“分摊类型设置”对话框，继续设置公积金分摊类型，完成后如图 6.28 所示。

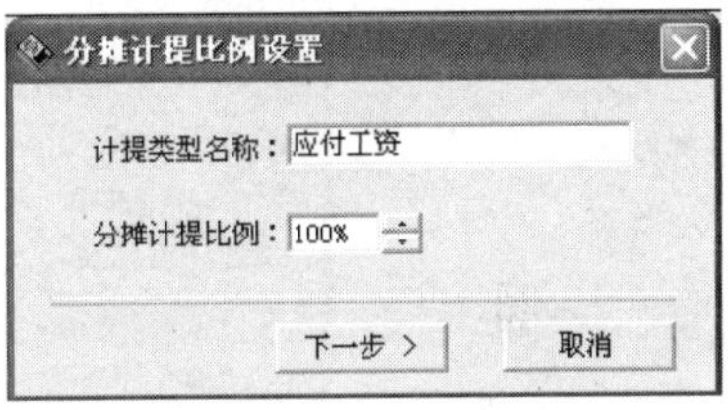

图 6.26　应付工资计提类型设置

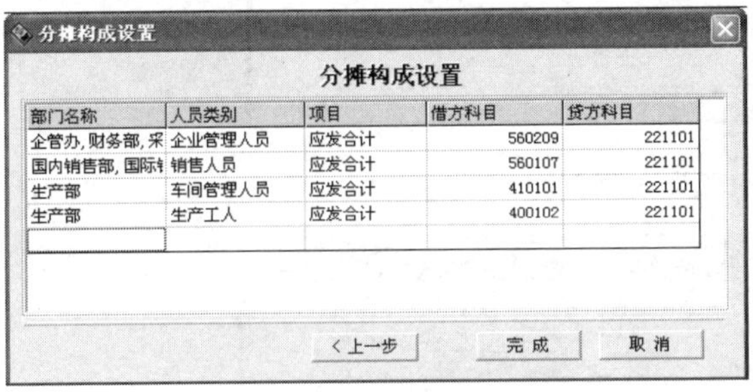

图 6.27　应付工资分摊设置

图 6.28　公积金分摊设置

4．工资费用分摊处理

步骤 1　在“工资分摊”对话框中，选中需要分摊的计提费用类型“应付工资”和“公积金”，确定分摊计提的月份“2020.01”，选择核算部门“企管办”“财务部”“采购部”“销售部”“生产部”，并选中“明细到工资项目”复选框，如图 6.29 所示。

步骤 2　单击“确定”按钮，打开“工资分摊明细”对话框。选中“合并科目相同、辅助项相同的分录”复选框，如图 6.30 所示。

步骤 3　单击“制单”按钮，生成工资分摊的记账凭证，如图 6.31 所示。

步骤 4　单击“退出”按钮，返回“工资分摊明细”对话框。

步骤 5　从“类型”下拉列表框中选择“公积金”，选中“合并科目相同、辅助项相同的分录”复选框。然后单击“制单”按钮，生成应付住房公积金凭证，如图 6.32 所示。

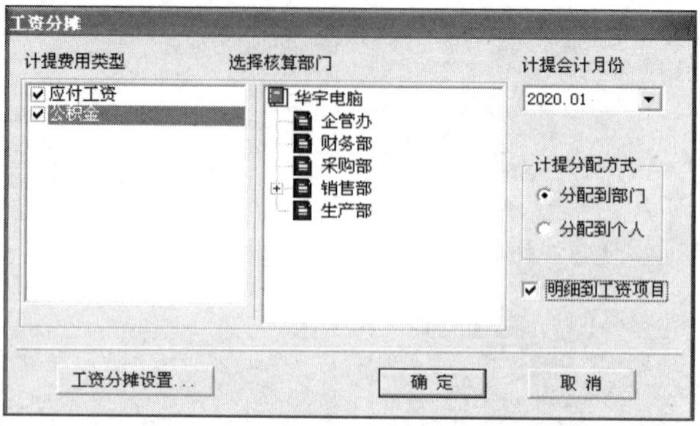

图 6.29　选择计提费用类型

图 6.30　应付工资一览表

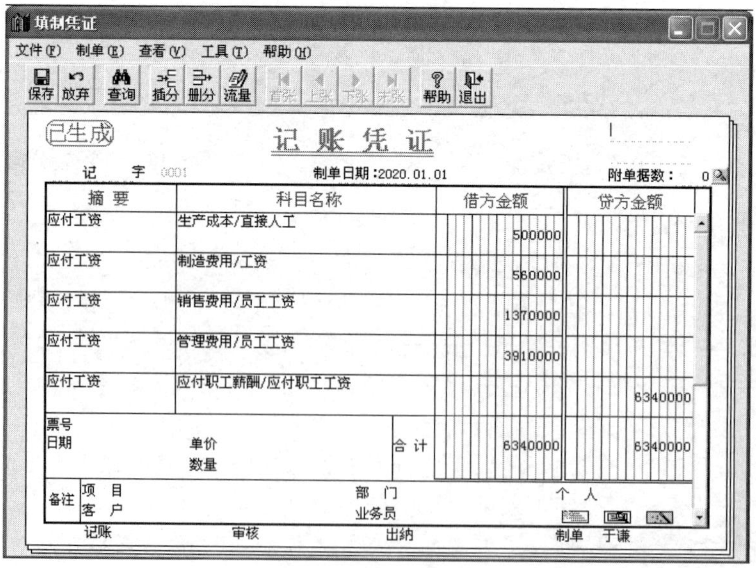

图 6.31　工资分摊凭证

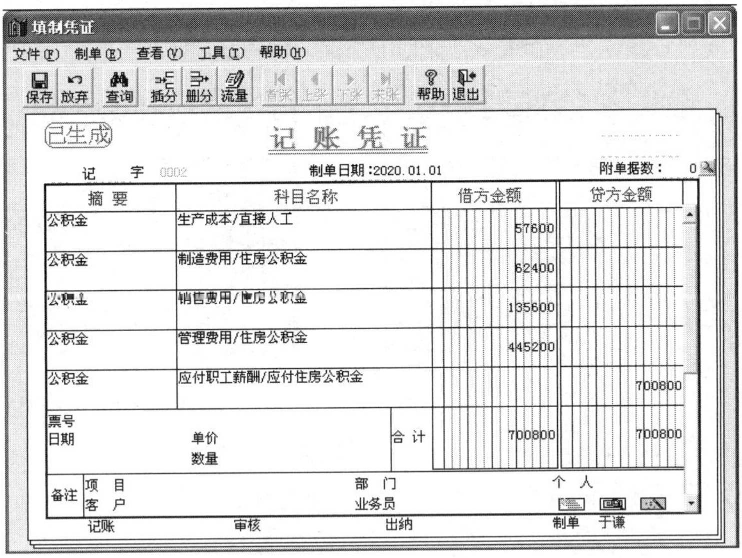

图 6.32　应付住房公积金凭证

任务 6　月末处理

任务下达

以账套主管的身份进行正式工日常工资计算和分摊。

任务解析

月末处理是将当月数据经过处理后结转至下月。每月工资数据处理完毕后均可进行月末处理。由于在工资项目中有的项目是变动的，即每月的数据均不相同，因此在每月进行工资处理时，均须将其数据清为 0，而后输入当月的数据。此类项目即为清零项目。

因月末处理功能只有主管人员才能执行，所以应以主管的身份登录系统。

月末处理只有在会计年度的 1 月至 11 月进行，且只有在当月工资数据处理完毕后才可进行。如果是处理多个工资类别，则应打开工资类别，分别进行月末处理；如果本月工资数据未汇总，系统将不允许进行月末处理。进行期末处理后，当月数据将不允许变动。

任务详情

进行月末处理，将“请假扣款”“请假天数”“奖金”清零，并备份账套。

任务指引

步骤 1　选择“工资”|“业务处理”|“月末处理”命令，打开“月末处理”对话框，如图 6.33 所示。

步骤 2　单击“确认”按钮，系统弹出“月末处理之后，本月工资将不许变动，继续月末处理吗？”信息提示框。单击“是”按钮，系统弹出“是否选择清零项？”信息提示框。单击“是”按钮，打开“选择清零项目”对话框。

步骤 3　在“请选择清零项目”列表框中选择“奖金”“请假扣款”和“请假天数”后单击“>”按钮，将所选项目移动到右侧的列表框中，如图 6.34 所示。

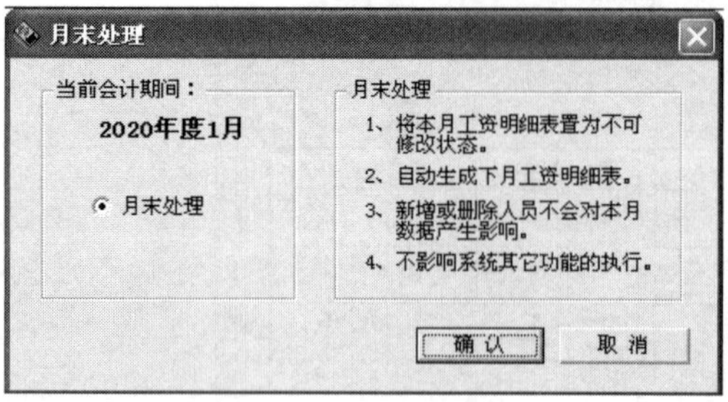

图 6.33　月末处理

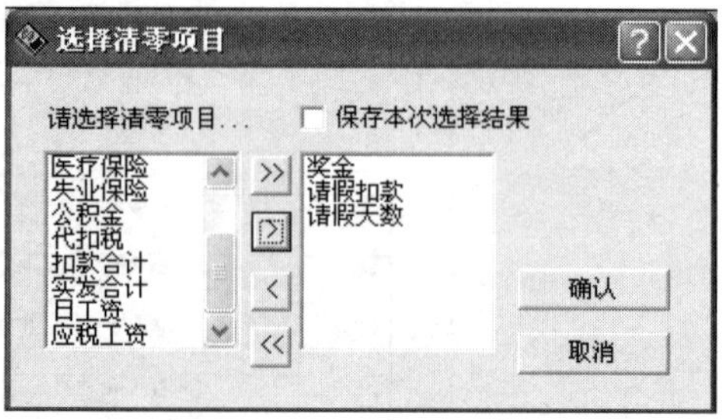

图 6.34　选择清零项目

步骤 4　单击“确认”按钮，弹出“月末处理完毕！”信息提示框。单击“确定”按钮返回。全部完成后，将账套备份至“工资日常业务”文件夹中。

拓展任务

任务 1　删除凭证

任务下达

以账套主管的身份删除工资管理子系统生成的应付住房公积金凭证。

任务解析

外部系统（即总账管理子系统以外）生成的凭证不能在总账管理子系统中修改和删除，需要在生成该凭证的系统中进行处理。例如，工资管理子系统生成凭证后，如果发现数据错误，则需要在工资管理子系统中进行删除。

任务指引

步骤 1　在工资管理子系统中，选择“统计分析”|“凭证查询”命令，打开“凭证查询”对话框。

步骤 2　选中需要删除的第 2 张凭证，单击“删除”按钮。系统弹出信息提示框，如图 6.35 所示。

步骤 3　单击“是”按钮，该行记录被删除。

步骤 4　在总账管理子系统中，选择“凭证”|“填制凭证”命令，打开“填制凭证”对话框，可以看到在工资管理子系统中执行了删除的凭证只是标注了“作废”标记。如果想彻底删除凭证，还需要选择“制单”|“整理凭证”命令，将作废凭证彻底删除。

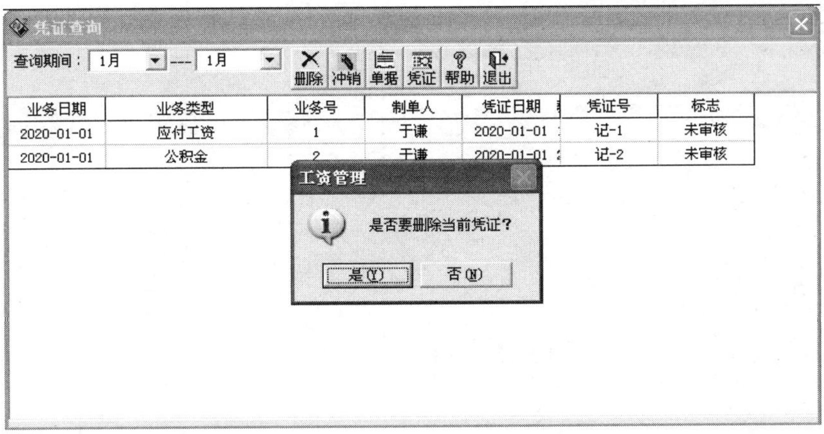

图 6.35　删除凭证系统提示

任务 2　工资数据查询统计

任务下达

以账套主管的身份查询各部门请假扣款报表。

任务解析

工资数据处理结果最终通过工资报表的形式反映。工资管理子系统提供了主要的工资报表，报表的格式由系统提供。如果对报表提供的固定格式不满意，可以通过修改表和新建表功能自行设计。

1．工资表

工资表包括工资发放签名表、工资发放条、工资卡、部门工资汇总表、人员类别工资汇总表、条件汇总表、条件统计表、条件明细表、工资变动明细表、工资变动汇总表等由系统提供的原始表。工资表主要用于本月工资的发放和统计，工资表可以进行修改和重建。

2．工资分析表

工资分析表是以工资数据为基础，对部门、人员类别的工资数据进行分析和比较产生的分析表，供决策人员使用。

任务指引

步骤 1　选择“工资”|“统计分析”|“账表”|“工资分析表”命令，打开“工资分析表”对话框。

步骤 2　选择“员工工资汇总表（按部门）”选项，如图 6.36 所示。然后单击“确认”按钮。

步骤 3　选择所有部门，如图 6.37 所示。然后单击“确认”按钮。

步骤 4　在“分析表选项”对话框中，选择分析项目“请假扣款”，然后单击“确认”按钮。

步骤 5　系统显示报表，如图 6.38 所示。然后单击“退出”按钮退出。

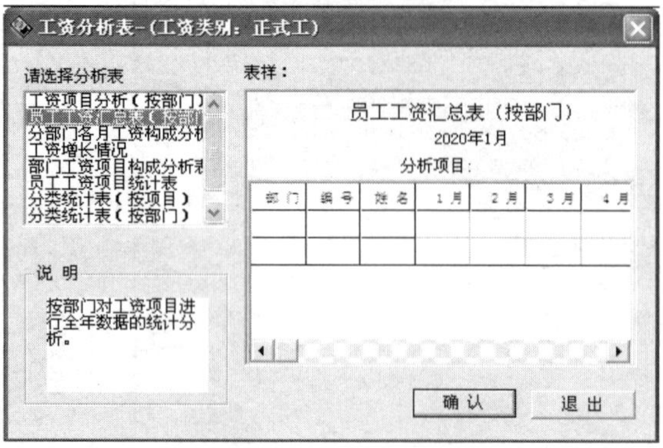

图 6.36　选择分析表

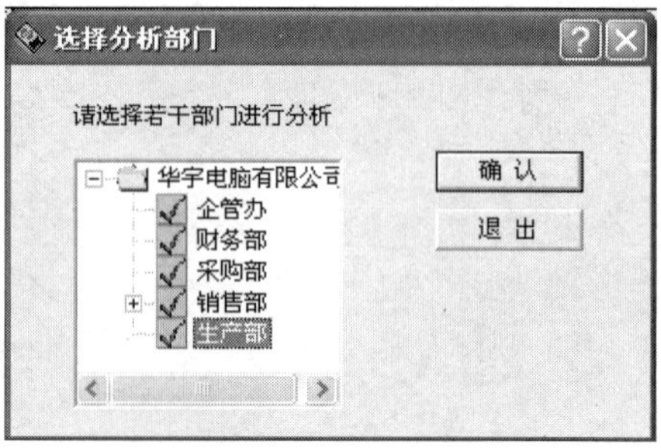

图 6.37　选择分析部门

员工工资汇总表（按部门）

2020年1月

分析项目：请假扣款

部门	编号	姓名	1月	月均	年度合计
企管办				0.00	0.00
	101	何润东		0.00	0.00
财务部			845.46	845.46	845.46
	201	于谦		0.00	0.00
	202	耿丽	845.46	845.46	845.46
	203	冯洁		0.00	0.00
采购部				0.00	0.00
	301	杨帅		0.00	0.00
销售部			272.73	272.73	272.73
国内销售部			272.73	272.73	272.73
	401	任志刚	272.73	272.73	272.73
国际销售部				0.00	0.00
	402	黄海波		0.00	0.00
生产部				0.00	0.00
	501	陈小春		0.00	0.00
	502	张晓南		0.00	0.00
合计			1,118.19	1,118.19	1,118.19

图 6.38　工资分析表

通关测试

一、判断题

1．工资管理子系统仅提供以人民币作为发放工资的唯一货币。（　）

2．某单位实行多工资类别核算，工资项目公式设置只能在打开某工资类别的情况下进行增加。（　）

3．在工资管理子系统中，定义公式时可不考虑计算的先后顺序，系统可以自动识别。（　）

4．个人所得税税率表已经按国家规定预置，不得修改。（　）

5．工资业务处理完毕后，需要经过记账处理才能生成各种工资报表。（　）

二、选择题

1．关于建立工资账套，以下说法不正确的是（　　）。

A．可以选择本工资账套处理单个工资类别或处理多个工资类别

B．可以选择是否代扣个人所得税

C．可以选择发放工资的货币币种

D．可以选择是否要对职工进行编码

2．假设奖金的计算公式为“奖金＝iff(人员类别＝"企业管理人员" and 部门＝"总经理办公室",800,iff(人员类别＝"车间管理人员",500,450))”，如果某职工属于一般职工，则他的奖金为（　　）元。

A．800　　B．500　　C．450　　D．0

3．如果设置某工资项目为数值型，长度为 8，小数位为 2，则该工资项目中最多可以输入（　　）整数。

A．5 位　　B．6 位　　C．7 位　　D．任意位

4．如果只想输入“奖金”和“缺勤天数”两个工资项目的数据，最佳方法是利用系统提供的（　　）功能。

A．页编辑　　B．筛选　　C．替换　　D．过滤器

5．在工资管理子系统中进行数据替换时，如果未输入替换条件，则系统默认为（　　）。

A．本工资类别的全部人员　　B．本工资账套的全部人员

C．不做任何替换　　D．提示输入替换条件

三、实训题

恢复中顺科技“总账初始化”账套，进行工资管理实训。

实训 8：工资管理

1. 启用工资管理子系统

2. 建立工资账套

工资类别个数：单个；核算币种：人民币 RMB；要求代扣个人所得税；不进行扣零处理；人员编码长度：3 位；启用日期：2020 年 1 月。

3. 基础信息设置

（1）人员类别设置

本企业人员类别分为企业管理人员、车间管理人员、销售人员和生产工人。

（2）银行名称设置

所有工资的代发银行均为中国银行朝阳分理处，账号定长为 11。

（3）人员档案（见表 6.7）

表 6.7　人员档案

编　号	姓　名	部　门	人员类别	账　号	扣税	临时工
101	孙云	企管部	企业管理人员	20100010001	是	否
201	白兵	财务部	企业管理人员	20100010002	是	否
202	李炎	财务部	企业管理人员	20100010003	是	否
203	苏浩	财务部	企业管理人员	20100010004	是	否
301	吴越	采购部	企业管理人员	20100010005	是	否
401	肖义	销售部	销售人员	20100010006	是	否

（续表）

编　号	姓　名	部　门	人员类别	账　号	扣税	临时工
501	马小峰	生产部	车间管理人员	20100010007	是	否
502	郭平	生产部	生产工人	20100010008	是	否
503	陈阳	生产部	生产工人	20100010009	是	否

（4）工资项目设置（见表 6.8）

表 6.8　工资项目

项目名称	类　型	长　度	小数位数	增减项
基本工资	数字	8	2	增项
岗位津贴	数字	8	2	增项
交补	数字	8	2	增项
应发合计	数字	10	2	增项
请假扣款	数字	8	2	减项
社保	数字	8	2	减项
公积金	数字	8	2	减项
代扣税	数字	10	2	减项
扣款合计	数字	10	2	减项
实发合计	数字	10	2	增项
请假天数	数字	8	2	其他
计税工资	数字	8	2	其他

（5）计算公式设置

工资计算公式如表 6.9 所示。

表 6.9　工资计算公式

工资项目	定义公式
请假扣款	请假天数×50
社保	基本工资×11%
公积金	基本工资×12%
岗位津贴	iff(人员类别="企业管理人员" or 人员类别="车间管理人员",500,300)
应发合计	基本工资+岗位津贴+交补
扣款合计	请假扣款+社保+公积金+代扣税
实发合计	应发合计-扣款合计
计税工资	实发合计+代扣税

（6）设置个人所得税税率

个人所得税免征额 5 000 元，税率表参见表 6.4。

4. 本月工资业务变动情况

（1）职工基本工资数据如表 6.10 所示

（2）1 月份工资变动情况

① 考勤情况。李炎请假 2 天；吴越请假 1 天。

② 交补发放。销售部每人 300 元，其他部门无。

③ 进行工资数据计算与汇总。

表 6.10　人员工资数据

元

姓　名	部门名称	基本工资
孙云	企管部	14 000
白兵	财务部	8 500
李炎	财务部	6 500
苏浩	财务部	4 500
吴越	采购部	5 000
肖义	销售部	7 000
马小峰	生产部	5 000
郭平	生产部	4 000
陈阳	生产部	3 000

5. 工资分摊

应付工资总额等于工资项目“应发合计”，应付福利费也以此为计提基数。

工资费用分配的转账分录如表 6.11 所示。

表 6.11　工资费用分配

部　门 \ 人员类别 \ 工资分摊		应付工资		应付福利费（14%）	
		借方科目	贷方科目	借方科目	贷方科目
企管部，财务部、采购部	企业管理人员	660201	221101	660202	2211
销售部	销售人员	660101	221101	660102	2211
生产部	车间管理人员	510101	221101	510101	2211
	生产工人	500102	221101	500102	2211

6. 月末处理

进行 1 月份月末处理，将“请假扣款”“请假天数”“交补”清零。

7. 备份“工资管理”账套

项目 7

固定资产管理

知识目标

1. 了解固定资产管理子系统的主要功能。
2. 熟悉固定资产管理子系统的操作流程。
3. 熟悉固定资产管理子系统初始化的工作内容。
4. 掌握利用固定资产管理子系统进行企业固定资产日常管理的方法。
5. 了解针对不同企业需求的固定资产解决方案。

技能目标

1. 掌握建立固定资产账套的操作。
2. 掌握设置固定资产类别、部门对应折旧科目、增减方式的操作。
3. 掌握固定资产卡片输入的基本操作。
4. 掌握资产增减、变动处理、折旧计算等基本操作。

项目背景

固定资产是企业资产的重要组成部分，固定资产管理是否完善、核算是否正确，不仅关系到企业资产的安全性，也影响到成本费用乃至利润计算的正确性。

为了对华宇电脑的固定资产进行有效的管理，项目实施小组需要启用固定资产管理子系统，并准备企业各固定资产的基本信息、期初余额等信息，将各种信息准确地输入到系统中，然后对企业的固定资产日常业务进行核算管理。

基本知识

7.1 认识固定资产管理子系统

固定资产管理子系统的主要任务是完成企业固定资产日常业务的核算和管理，生成固定资产卡片，按月反映固定资产的增减变动、原值变化和其他变化；按月计提折旧，生成折旧分配凭证，协助企业进行成本核算，同时输出一些与设备管理相关的报表和账簿。

固定资产管理子系统的主要功能包括初始化设置、日常业务处理、凭证处理、信息查询、期末处理等。

7.1.1 初始化设置

在固定资产管理子系统的初始化过程中，需要完成对固定资产日常核算和管理所必需的各种系统参数与基本信息的设置，并输入固定资产管理子系统的原始业务数据。初始设置主要包括核算单位的建立，固定资产卡片项目、卡片样式、折旧方法、使用部门、使用状况、增减方式、资产类别等信息的设置，以及固定资产原始卡片的输入。

7.1.2 日常业务处理

固定资产管理子系统的日常业务处理主要是当固定资产发生资产增加、资产减少、原值变动、使用部门转移等变动情况时，更新固定资产卡片，并根据用户设定的折旧计算方法自动计算折旧，生成折旧清单和折旧分配表。

7.1.3 凭证处理

固定资产管理子系统根据使用状况和部门对应折旧科目的设置来进行转账凭证的定义。转账凭证可以根据固定资产的业务处理自动生成。转账凭证经过确认后会自动传递到账务或成本等子系统等待进一步处理。

7.1.4 信息查询

固定资产管理子系统提供固定资产卡片、固定资产账簿、固定资产分析表、固定资产统计表、固定资产相关凭证查询。

7.1.5 期末处理

固定资产管理子系统的期末处理主要包括对账和月末结账两部分。

7.2 固定资产管理子系统的业务处理流程

固定资产管理子系统的业务处理流程大致包括初始化和日常业务处理两部分：初始化主要完成系统参数和基础信息的设置；日常业务处理包括固定资产增减变动、计提折旧、凭证处理等工作。相关业务处理完成后输出固定资产账簿和统计分析报表，并进行月末结账。固定资产管理子系统的业务处理流程如图 7.1 所示。

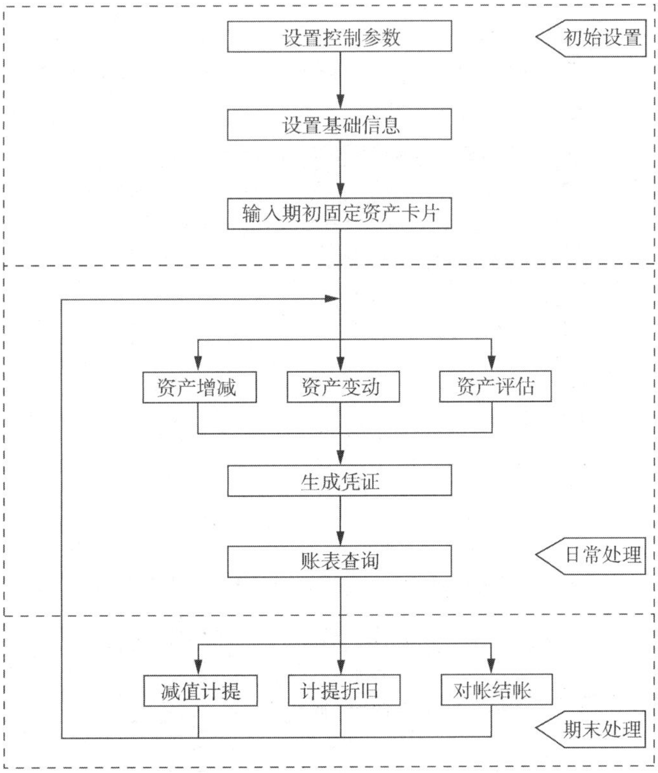

图 7.1 固定资产管理子系统的业务处理流程

实训任务

任务 1　固定资产管理子系统的启用

任务下达

以系统管理员的身份恢复“总账初始化”账套；以账套主管的身份重新登录系统管理，启用固定资产管理子系统。

任务解析

使用固定资产管理子系统的前提是必须启用固定资产管理子系统。在 T3 中，只有设置了启用的系统才能登录。

只能由账套主管在系统管理中进行系统启用。

任务指引

步骤 1　以系统管理员的身份进入系统管理，恢复“总账初始化”账套。

步骤 2　以账套主管的身份登录系统管理。选择“账套”|“启用”命令，打开“系统启用”对话框。

步骤 3　单击“FA 固定资产”复选框，选择启用日期为“2020-01-01”，如图 7.2 所示。

步骤 4　系统弹出“如果……，确实要启用当前系统吗？”信息提示框，如图 7.3 所示。单击“是”按钮确认。

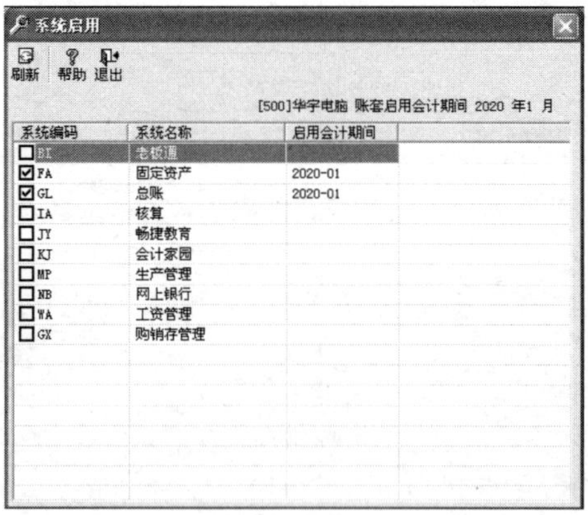

图 7.2　以账套主管的身份启用固定资产管理子系统

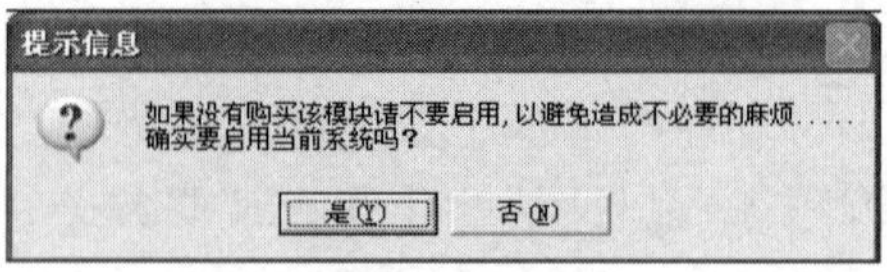

图 7.3　系统提示

步骤 5　单击“确定”按钮，返回系统管理。

任务 2　建立固定资产账套

任务下达

以账套主管的身份进行固定资产建账。

任务解析

固定资产管理子系统初始化的主要内容包括建立固定资产账套、基础设置和期初数据（即输入原始卡片）。

建立固定资产账套是根据企业的具体情况，在已经建立的企业会计核算账套的基础上设置企业进行固定资产核算的必须参数，包括关于固定资产折旧计算的一些约定及说明、启用月份、折旧信息、编码方式、账务接口等。

建账完成后，当需要对账套中的某些参数进行修改时，可以通过“设置”中的“选项”命令修改。但也有些参数无法通过“选项”命令修改但又必须改正，这就只能通过重新初始化功能实现。重新初始化将清空对该固定资产账套所做的一切操作。

任务详情

1．固定资产建账

以账套主管的身份进入T3，进行固定资产建账。固定资产参数设置如表7.1所示。

表7.1 参数设置

控制参数	参数设置
约定与说明	我同意
启用月份	2020.01
折旧信息	本账套计提折旧 折旧方法：平均年限法（一） 折旧汇总分配周期：1个月 当月初已计提月份=可使用月份-1时，将剩余折旧全部提足
编码方式	资产类别编码方式：2112 固定资产编码方式：按“类别编码+部门编码+序号”自动编码；卡片序号长度为3
财务接口	与账务系统进行对账 对账科目如下。 ① 固定资产对账科目：1601 固定资产 ② 累计折旧对账科目：1602 累计折旧

2．补充参数设置

以账套主管的身份进行固定资产补充参数设置，如表7.2所示。

表7.2 补充参数设置

控制参数	参数设置
补充参数	月末结账前一定要完成制单登账业务 固定资产缺省入账科目：1601 固定资产 累计折旧缺省入账科目：1602 累计折旧 可抵扣税额入账科目：22210101 进项税额

任务指引

1．建立固定资产账套

步骤1 以账套主管的身份进入T3，单击“固定资产”，系统弹出“……是否进行初始化？”信息提示框，如图7.4所示。

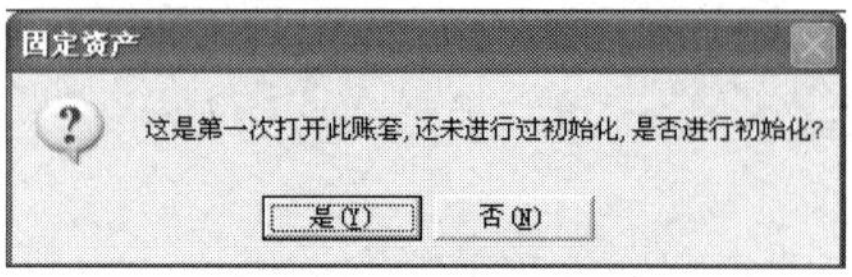

图 7.4　固定资产——初始化提示

步骤 2　单击“是”按钮确认，打开固定资产初始化向导。在“固定资产初始化向导——约定及说明”对话框中，仔细阅读相关条款，选中“我同意”单选按钮，如图 7.5 所示。

步骤 3　单击“下一步”按钮，打开“固定资产初始化向导——启用月份”对话框。选择账套启用月份“2020.01”，如图 7.6 所示。

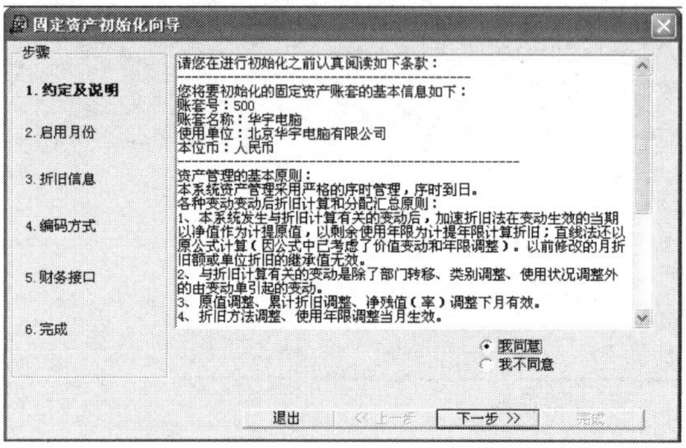

图 7.5　固定资产初始化向导——约定及说明

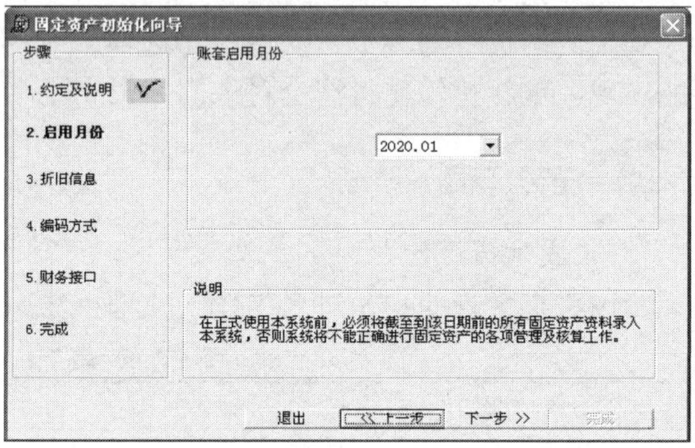

图 7.6　固定资产初始化向导——启用月份

步骤 4　单击“下一步”按钮，打开“固定资产初始化向导——折旧信息”对话框。选中“本账套计提折旧”复选框；选择主要折旧方法为“平均年限法（一）”，折旧汇总分配周期为“1 个月”；选中“（当月初已计提月份=可使用月份-1）时将剩余折旧全部提足（工作量法除外）”复选框，如图 7.7 所示。

注意

如果是行政事业单位，不选中“本账套计提折旧”复选框，则账套内所有与折旧有关的功能被屏蔽。该选项在初始化设置完成后不能修改。

虽然这里选择了某种折旧方法，但在设置资产类别或定义具体固定资产时可以更改设置。

步骤 5　单击“下一步”按钮，打开“固定资产初始化向导——编码方式”对话框。确定资产类别编码长度为 2112；选中“自动编号”单选按钮，选择固定资产编码方式为“类别编号+部门编号+序号”，选择序号长度为 3，如图 7.8 所示。

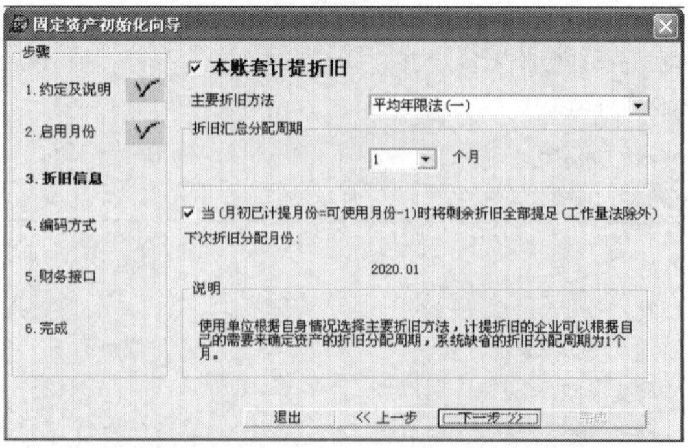

图 7.7　固定资产初始化向导——折旧信息

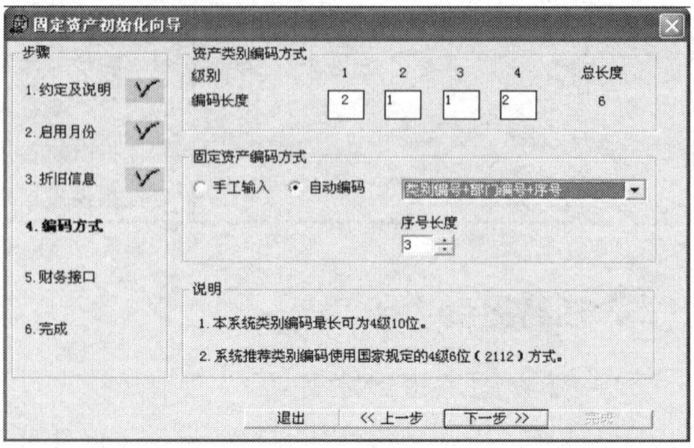

图 7.8　固定资产初始化向导——编码方式

步骤 6　单击“下一步”按钮，打开“固定资产初始化向导——财务接口”对话框。选中“与账务系统进行对账”复选框；选择固定资产对账科目为“1601,固定资产”、累计折旧对账科目为“1602,累计折旧”，如图 7.9 所示。

步骤 7　单击“下一步”按钮，打开“固定资产初始化向导——完成”对话框，如图 7.10 所示。

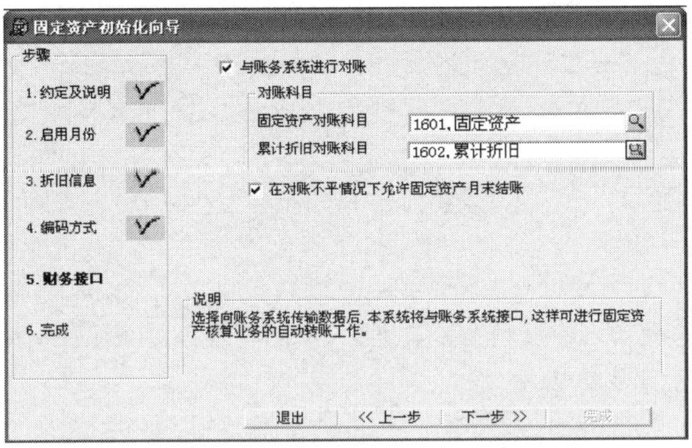

图 7.9　固定资产初始化向导——财务接口

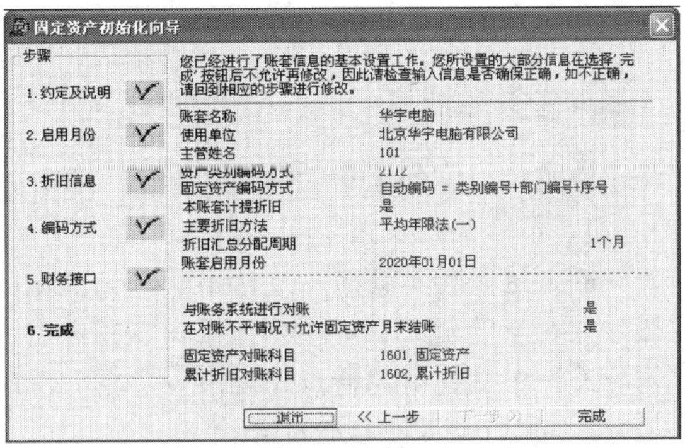

图 7.10　固定资产初始化向导——完成

步骤 8　单击“完成”按钮，完成本账套的初始化，系统弹出“已经完成新账套的所有设置工作，是否确定所设置的信息完全正确并保存对新账套的所有设置”信息提示框，如图 7.11 所示。

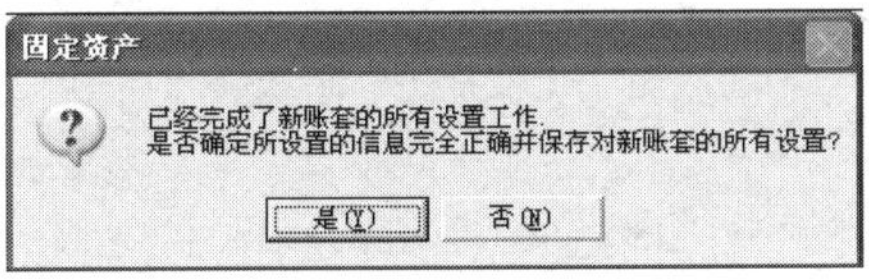

图 7.11　固定资产初始化向导——完成提示

步骤 9　单击“是”按钮，弹出“已成功初始化本固定资产账套！”提示框。然后单击“确定”按钮返回。

注意

① 初始化设置完成后，有些参数不能修改，所以要慎重。

② 如果发现参数有错，必须改正，则只能通过固定资产管理子系统的“维护”|“重新初始化账套”命令实现。该操作将清空对该子账套所做的一切工作。

2. 选项设置

步骤 1　选择“固定资产”|“设置”|“选项”命令，打开“选项”对话框。

步骤 2　在“与账务系统接口”选项卡选中“月末结账前一定要完成制单登账业务”复选框；选择固定资产缺省入账科目为“1601,固定资产”、累计折旧缺省入账科目为“1602,累计折旧”、可抵扣税额入账科目为“22210101,进项税额”，如图 7.12 所示。

步骤 3　单击“确定”按钮。

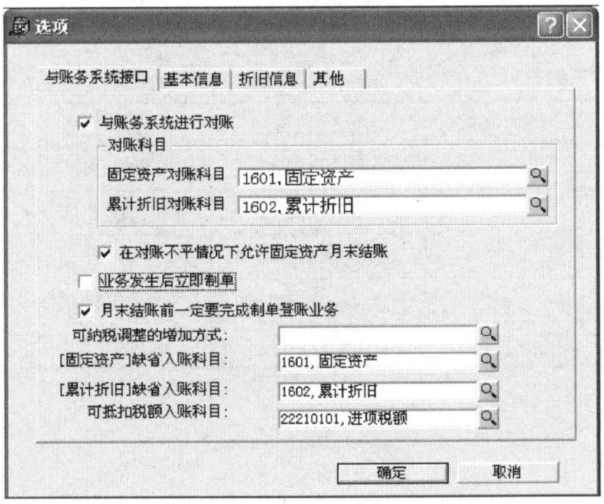

图 7.12　固定资产的选项设置

任务 3　基础信息设置

任务下达

以账套主管的身份进行固定资产基础信息设置。

任务解析

固定资产管理子系统的基础信息设置包括以下各项。

1．资产类别设置

固定资产种类繁多，规格不一，为强化固定资产管理，及时准确地进行固定资产核算，需要建立科学的资产分类核算体系，为固定资产的核算和管理提供依据。企业可以参照相应的国家标准，根据自身的特点和要求设定较为合理的资产类别分类。

2．部门对应折旧科目设置

在固定资产计提折旧后，需要将折旧费用分配到相应的成本或费用中去，根据不同企业的情况可以按照部门或类别进行汇总。固定资产折旧费用的分配去向与其所属部门密切相关，如果给每个部门设定对应的折旧科目，则属于该部门的固定资产在计提折旧时，折旧费用将对应分配到其所属的部门。

3．增减方式设置

固定资产增减方式设置就是资产增加的来源和减少的去向。增减方式包括增加方式和减少方式两大类：增加方式主要包括直接购买、投资者投入、捐赠、盘盈、在建工程转入、融资租入；减少方式主要包括出售、盘亏、投资转出、捐赠转出、报废、毁损、融资租出。增减方式可根据用户的需要自行增加。在增减方式的设置中还可以定义不同增减方式的对应入账科目，配合固定资产和累计折旧的入账科目使用，这样当发生相应的固定资产增减变动时可以快速生成转账凭证，减少手工输入数据的业务量。

任务详情

1．设置固定资产类别

华宇电脑固定资产的类别如表 7.3 所示。

表 7.3　固定资产类别

编　码	类别名称	净残值率	单　位	计提属性	卡片样式
05	运输工具	4%		正常计提	通用样式
051	车辆	4%	辆	正常计提	通用样式
06	设备	4%		正常计提	通用样式
061	计算机设备	4%	台	正常计提	通用样式
062	办公设备	4%	台	正常计提	通用样式

2．设置部门对应折旧科目

华宇电脑各部门对应的折旧科目如表 7.4 所示。

表 7.4　部门对应折旧科目

部　门	对应折旧科目	对应科目编码
企管办、财务部、采购部	管理费用——折旧费	560210
国内销售部、国际销售部	销售费用——折旧费	560108
生产部	制造费用——折旧费	410102

3．设置增减方式和对应入账科目

华宇电脑常用固定资产增减方式和对应的入账科目如表 7.5 所示。

表 7.5　常用固定资产增减方式和对应入账科目

增减方式目录	对应入账科目
增加方式	
直接购入	10020101，中行存款——人民币户
减少方式	
毁损	1606，固定资产清理

任务指引

1．设置固定资产类别

步骤 1　选择“固定资产”|“设置”|“资产类别”命令，打开“类别编码表”对话框。

步骤 2　在左侧列表框中选中“05 运输工具”，单击“增加”按钮。输入类别名称为“车辆”、净残值率为 4%，选择计提属性为“正常计提”、卡片样式为“通用样式”，如图 7.13 所示。

步骤 3　单击“保存”按钮。同理，完成其他资产类别的设置。

注意

① 资产类别编码不能重复，同一级的类别名称不能相同。

② 类别编码、名称、计提属性、卡片样式不能为空。

③ 已使用过的类别不能设置新下级。

2．设置部门对应折旧科目

步骤 1　选择“固定资产”|“设置”|“部门对应折旧科目”命令，打开“部门编码表”对话框。

步骤 2　选择部门“企管办”，单击“操作”按钮。

步骤 3　选择折旧科目为 560210（管理费用——折旧费），如图 7.14 所示。

步骤 4　单击“保存”按钮。同理，完成其他部门折旧科目的设置。

注意

如果国内销售部和国际销售部对应的折旧科目相同，则可以将折旧科目设置在销售部，保存后单击“刷新”按钮，其下属部门自动继承。

3．设置企业固定资产增减方式和对应入账科目

步骤 1　选择“固定资产”|“设置”|“增减方式”命令，打开“增减方式”对话框。

步骤 2　在左侧增减方式目录表中，选择增加方式为“直接购入”，然后单击“操作”按钮。

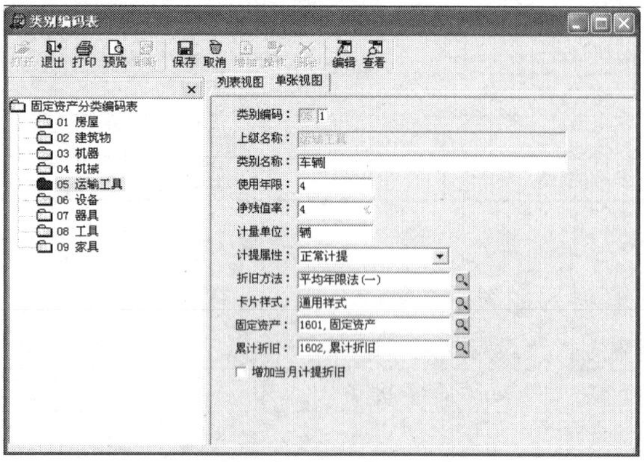

图 7.13　设置资产类别

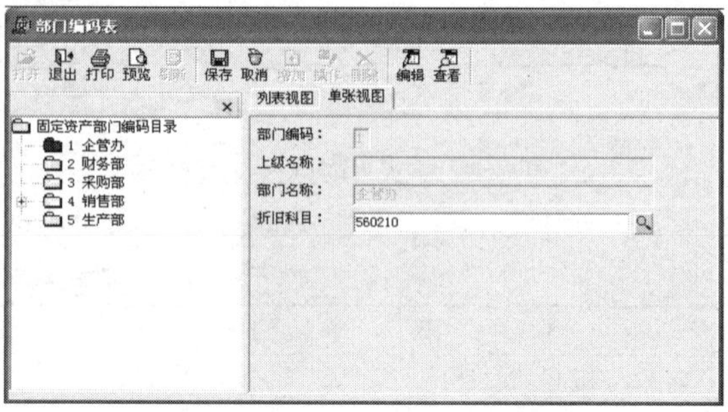

图 7.14　设置部门对应折旧科目

步骤 3　输入对应入账科目为“10020101,人民币户”，如图 7.15 所示。然后单击“保存”按钮。

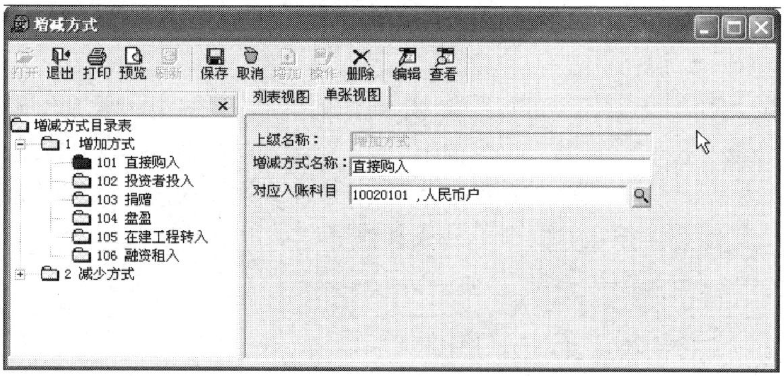

图 7.15　设置增减方式对应入账科目

步骤 4　同理，输入减少方式为“损毁”的对应入账科目为“1606,固定资产清理”。

注意

当固定资产发生增减变动时，系统在生成凭证时会默认采用这些科目。

任务 4　输入固定资产原始卡片

任务下达

以账套主管的身份输入固定资产原始卡片信息。

任务解析

固定资产管理子系统的期初数据是指系统投入使用前企业现存固定资产的全部有关数据，主要是固定资产原始卡片的有关数据。固定资产原始卡片是固定资产管理子系统处理的起点，因此准确输入原始卡片内容是保证历史资料的连续性，正确进行固定资产核算的基本要求。为了保证所输入原始卡片数据的准确无误，应该在开始输入前对固定资产进行全面的清查盘点，做到账实相符。

任务详情

华宇电脑固定资产原始卡片的信息，如表 7.6 所示。

表 7.6 固定资产原始卡片信息

元

名 称	类别编号	所在部门	增加方式	使用年限	开始使用日期	原 值	累计折旧
奥迪轿车	051	企管办	直接购入	8	2019.01.01	346 580	38 123.8
笔记本电脑	061	企管办	直接购入	5	2019.01.01	12 800	2 252.8
多功能一体机	062	企管办	直接购入	5	2019.01.01	3 500	616
台式机	061	生产部	直接购入	5	2019.02.01	5 000	800
打印机	062	生产部	直接购入	5	2019.02.01	14 000	2 240
合 计						381 880	44 032.6

说明：净残值率均为 4%，使用状况均为“在用”，折旧方法均采用平均年限法（一）。

任务指引

步骤 1 选择“固定资产”|“卡片”|“录入原始卡片”命令，打开“资产类别参照”对话框。

步骤 2 选择固定资产类别为“051 车辆”，如图 7.16 所示。单击“确认”按钮，打开“固定资产卡片”对话框。

步骤 3 输入固定资产名称为“奥迪轿车”；双击“部门名称”，选择“企管办”；双击“增加方式”，选择“直接购入”；双击“使用状况”，选择“在用”；输入使用年限为“8 年”、开始使用日期为“2019-01-01”、原值为 346 580、累计折旧为 38 123.8；其他信息自动算出。输入完成后如图 7.17 所示。

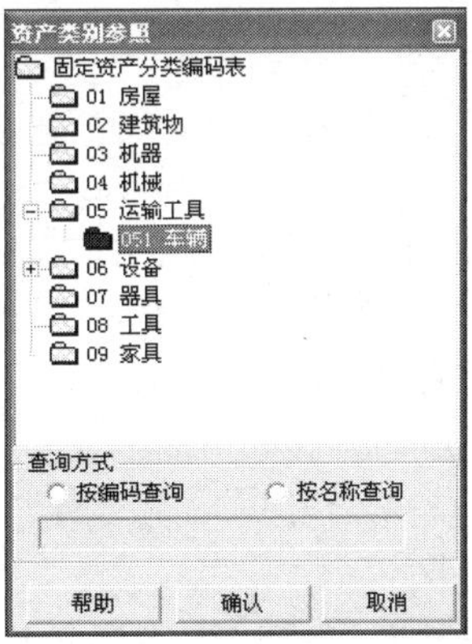

图 7.16 选择固定资产类别

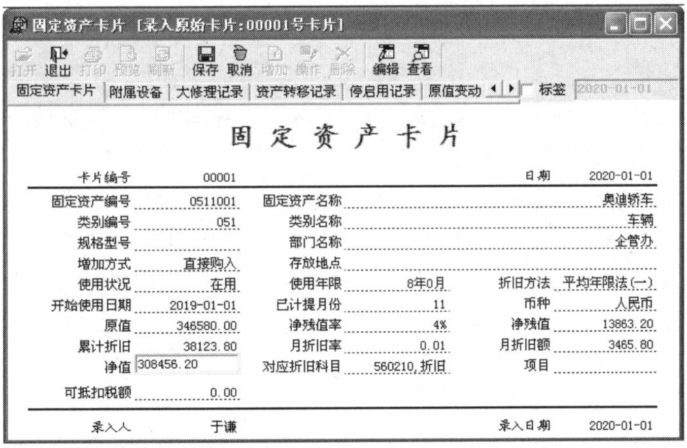

图 7.17 原始卡片输入

步骤 4 单击“保存”按钮，系统弹出“数据成功保存！”信息提示框。然后单击“确定”按钮。

步骤 5 同理，完成其他固定资产卡片的输入。

图 7.18　固定资产对账

步骤 6　全部原始卡片输入完成后退出。选择“固定资产”|“处理”|“对账”命令，将目前固定资产管理子系统明细与总账管理子系统进行对账，以确保固定资产明细账与总账相符，如图 7.18 所示。

以上全部完成后，将账套备份至“固定资产初始化”文件夹中。

注意

① 卡片编号。卡片编号由系统根据初始化时定义的编码方案自动设定，不能修改。如果了删除一张卡片，又不是最后一张，那么系统将保留空号。

② 已计提月份。对于已计提月份，系统将根据开始使用日期自动算出，但可以修改。应将使用期间停用等不计提折旧的月份扣除。

③ 月折旧率、月折旧额。与计算折旧有关的项目输入后，系统会按照输入的内容自动算出月折旧率和月折旧额并显示在相应项目内。可与手工计算的值比较，核对是否有错误。

④ 固定资产卡片中的原值变动、大修理记录等信息无须填写，日后该固定资产相关变动情况用变动单记录后自动回写入固定资产卡片。

任务 5　日常业务处理（一）

任务下达

以账套主管的身份进行固定资产日常业务处理。

任务解析

固定资产管理子系统的日常业务处理主要完成固定资产的核算和管理工作，包括固定资产卡片管理、固定资产增减变动处理、变动单处理、折旧处理、凭证处理、账簿查询和月末处理等内容。本任务先介绍固定资产增减、计提折旧、制单处理、对账和月末结账。

1．固定资产增加

企业通过购买或其他方式取得固定资产时要进行固定资产增加的处理，填制新的固定资产卡片。一方面，要求对新增固定资产按经济用途或其他标准分类，并确定其原始价值；另一方面，要求办理交接手续，填制和审核有关凭证，作为固定资产核算的依据。

2．固定资产减少

固定资产的减少是指资产在使用过程中，由于毁损、出售、盘亏等各种原因而被淘汰。此时，需要进行固定资产减少的处理，输入固定资产减少记录，说明减少的固定资产、减少方式、减少原因等。资产减少信息经过确认后，系统搜索出相应的固定资产卡片，更新卡片文件数据，以反映固定资产减少的相关情况。

只有当账套开始计提折旧后，才可以使用资产减少功能，否则资产减少只能通过删除卡片来完成。

3．计提折旧

折旧处理是固定资产管理子系统的基本处理功能之一，主要包括折旧的计提和分配。

（1）折旧计提

根据固定资产卡片中的基本资料，系统自动计算折旧，自动生成折旧分配表。然后根据折旧分配表编制转账凭证，将本期折旧费用登记入账。

（2）折旧分配

计提折旧工作完成后进行折旧分配，形成折旧费用，生成折旧清单。固定资产的使用部门不同，其折旧费用分配的去向也不同。折旧费用与资产使用部门间的对应关系主要是通过部门对应折旧科目来实现的。系统根据折旧清单和部门对应折旧科目生成折旧分配表，而折旧分配表是将累计折旧分配到成本和费用中，以及编制转账凭证将折旧数据传递到总账管理子系统的重要依据。

（3）进行折旧处理需要注意的问题

在固定资产管理子系统中进行折旧处理时一般应注意以下几点。

① 如果在一个期间内多次计提折旧，则每次计提折旧后，只是将计提的折旧累加到月初的累计折旧上，不会重复累计；在计提折旧后又对账套进行了影响折旧计算或分配的操作时，必须重新计提折旧，以保证折旧计算的正确性。

② 如果上一次计提的折旧已经制单但尚未记账，必须删除该凭证；如果已经记账，必须冲销该凭证，重新计提折旧；如果自定义的折旧方法月折旧率或月折旧额出现负数，则系统会自动中止计提。

③ 折旧分配表包括部门折旧分配表和类别折旧分配表两种类型：部门折旧分配表中的部门可以不等同于使用部门，使用部门必须是明细部门；部门折旧分配表中的部门是指汇总时使用的部门，因此要在计提折旧后分配折旧费用时做出选择。

④ 当企业中有固定资产按工作量法计提折旧时，在计提折旧之前必须输入该固定资产当期的工作量，为系统提供计算累计折旧所需要的信息。

4．制单处理

固定资产管理子系统的制单处理功能主要是根据固定资产各项业务数据自动生成转账凭证，传递到总账管理子系统进行后续处理。一般来说，当固定资产发生资产增加、资产减少、原值变动、累计折旧调整、资产评估（涉及原值和累计折旧时）、计提折旧等涉及价值变动的业务时，就要编制记账凭证。

编制凭证可以采用立即制单和批量制单两种方法。如果选中了“业务发生后立即制单”复选框，则业务发生时系统就会根据固定资产和累计折旧入账科目设置、增减方式设置、部门对应折旧科目设置和业务数据来自动生成记账凭证；如果没有选中该选复选框，则采用批量制单方式集中处理，凭证中不完整的部分可由用户进行补充。

5．对账

对账是将固定资产管理子系统中记录的固定资产和累计折旧数额与总账管理子系统中的固定资产和累计折旧科目的数值核对，验证是否一致，寻找可能产生差异的原因。对账在任何时候都可以进行，而系统在执行月末结账时会自动进行对账，自动给出对账结果，并可根据初始化中的“在对账不平情况下允许固定资产月末结账”复选框设置判断是否允许结账。

需要注意的是，在对账之前，需要在总账管理子系统中对固定资产管理子系统生成的凭证进行审核、记账。

6．月末结账

固定资产管理子系统完成当月全部业务后，便可以进行月末结账，以便将当月数据结转至下月。月末结账后，当月数据不允许再进行改动。月末结账后如果发现有本月未处理的业务需要修改时，可以通过系统提供的可以恢复月末结账功能进行反结账。

任务详情

1．固定资产增加

1 月 10 日，财务部购买 HP 复印机一台，取得增值税专用发票。无税金额为 5 000 元，净残值率为 4%，预计使用年限 5 年。用中行转账支票支付，票号 GD0110。

2．计提折旧

1 月 31 日，计提本月折旧。

3．固定资产减少

1 月 31 日，企管办的笔记本电脑损毁。

4．制单处理

对以上固定资产增减业务进行批量制单。

5．对账

6．月末结账

任务指引

1．固定资产增加

步骤 1　在业务发生当天日期（2020 年 1 月 10 日），以账套主管的身份登录 T3。

步骤 2　选择“固定资产”|“卡片”|“资产增加”命令，打开“资产类别参照”对话框。

步骤 3　选择资产类别为“062 办公设备”，然后单击“确认”按钮，打开“固定资产卡片”对话框。

步骤 4　输入固定资产名称为“HP 复印机”；双击“部门名称”，选择“财务部”；双击“增加方式”，选择“直接购入”；双击“使用状况”，选择“在用”；输入开始使用日期为“2020-01-10”、使用年限为“5 年”、原值为 5 000、可抵扣税额为 650。完成后如图 7.19 所示。

步骤 5　单击“保存”按钮，系统弹出提示“数据成功保存！”。然后单击“确定”按钮返回。

注意

① 固定资产原值一定要输入卡片并输入月初的价值，否则会出现计算错误。

② 新卡片第 1 个月不提折旧，累计折旧为空或 0。

③ 如果在“选项”对话框中选中了“业务发生后立即制单”复选框，则卡片输入完后系统会自动生成业务凭证。

2．计提折旧

步骤 1　选择“固定资产”|“处理”|“计提本月折旧”命令，系统弹出“本操作将计提本月折旧，并花费一定时间，是否要继续？”信息提示框。单击“是”按钮，系统弹出“是否要查看折旧清单？”信息提示框。单击其中的“否”按钮。

步骤 2　系统计提折旧完成后进入“折旧分配表”对话框。单击“凭证”按钮，打开“填制凭证”窗口，如图 7.20 所示。在其中单击“保存”按钮，然后单击“退出”按钮，退出“填制凭证”窗口。

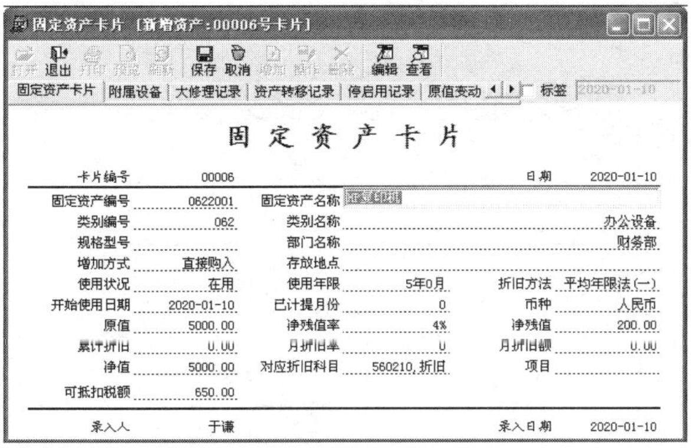

图 7.19　新增资产

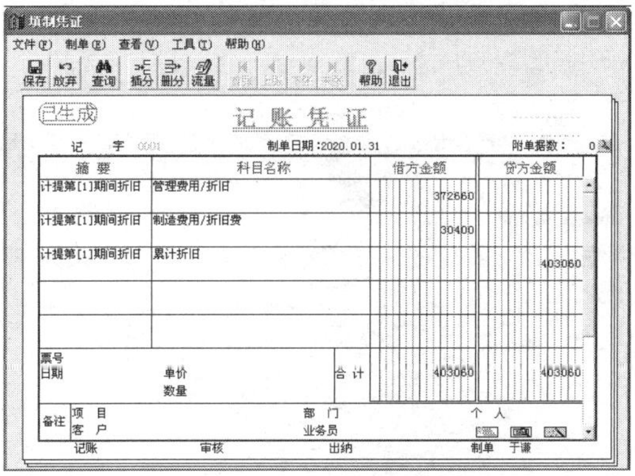

图 7.20　计提折旧凭证

步骤 3　单击“退出”按钮，系统弹出“计提折旧完成”信息提示框，如图 7.21 所示。

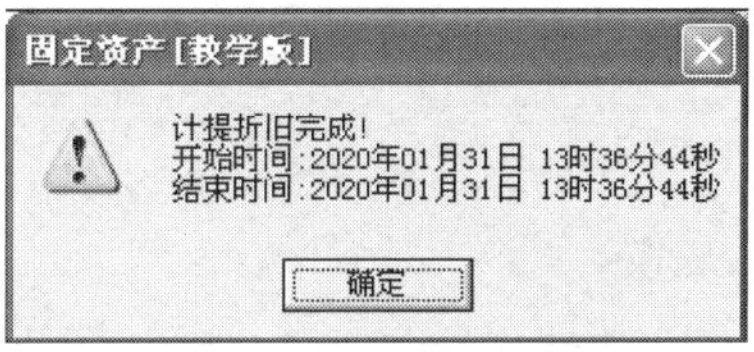

图 7.21　计提折旧完成

3．固定资产减少

步骤 1　选择“固定资产”|“卡片”|“资产减少”命令，打开“资产减少”对话框。

步骤 2　选择卡片编号为 00002（笔记本电脑），然后单击“增加”按钮，选择减少方式为“毁损”，如图 7.22 所示。

步骤 3　单击“确定”按钮，系统弹出“所选卡片已经减少成功！”信息提示框。单击“确定”按钮返回。

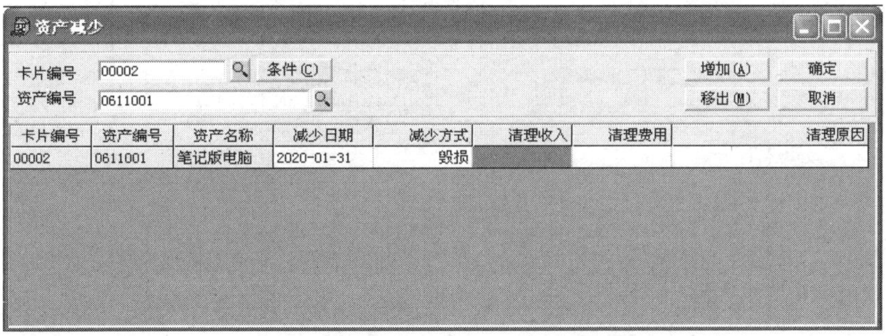

图 7.22　固定资产减少

4．制单处理

步骤 1　选择“固定资产”|“处理”|“批量制单”命令，打开“批量制单”对话框。

步骤 2　在“制单选择”选项卡中，选中需要制单的业务，“制单”栏出现选中标记 Y，如图 7.23 所示。

步骤 3　进入“制单设置”选项卡，单击“制单”按钮，生成资产增加凭证。补充输入摘要“资产增加”。

步骤 4　将光标定位在凭证的第 2 行，单击“插分”按钮，增加一个分录行。在“科目名称”栏输入科目编码为 22210101，在“借方金额”栏输入 650。将光标定位在第 3 行“贷方金额”处，按“=”键，取当前借贷方差额 5 800 到当前位置。然后单击“保存”按钮，生成凭证如图 7.24 所示。

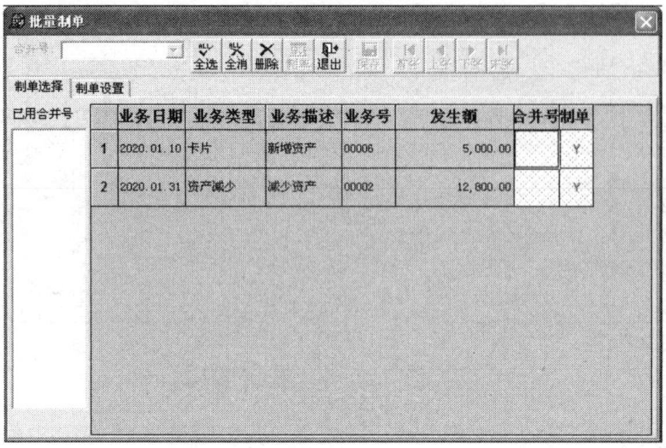

图 7.23　选中要制单的业务

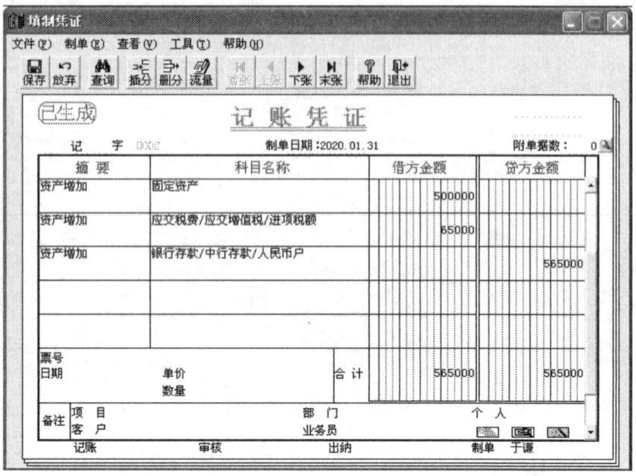

图 7.24　新增资产生成凭证

步骤 5　单击“下张”按钮，补充输入摘要“资产减少”。然后单击“保存”按钮，如图 7.25 所示。

步骤 6　单击“退出”按钮。

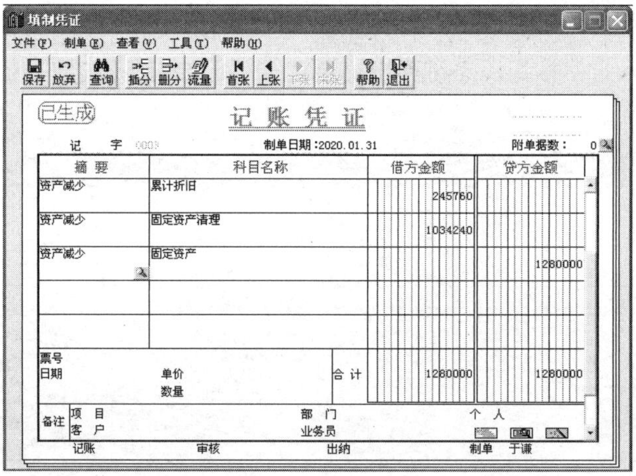

图 7.25　资产减少凭证

5. 对账

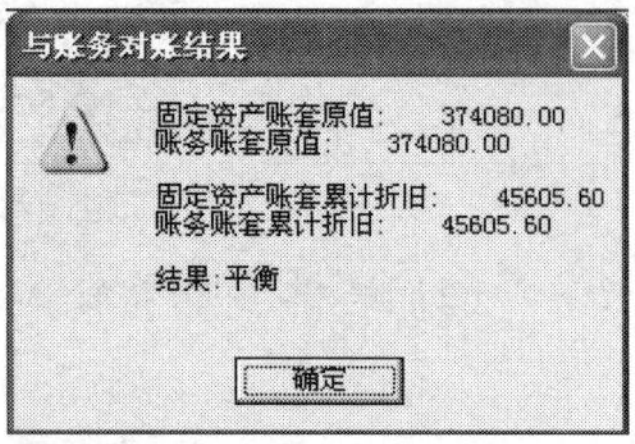

图 7.26　与账务对账

步骤 1　由 103 冯洁登录 T3 总账管理子系统，对固定资产生成的凭证进行出纳签字。

步骤 2　由 102 耿丽登录 T3 总账管理子系统，对固定资产生成的凭证进行审核、记账。

步骤 3　由 101 于谦登录 T3 固定资产管理子系统，选择“处理”|“对账”命令，弹出“与账务对账结果”信息提示框，如图 7.26 所示。

步骤 4　单击“确定”按钮返回。

注意

① 如果在初始设置的“选项”对话框中选中了“与账务系统进行对账”复选框，则对账的操作不限制执行时间，任何时候都可以进行对账。

② 如果在“选项”对话框中选中了“在对账不平情况下允许固定资产月末结账”复选框，则对账不平也可以直接进行月末结账。

6．月末结账

步骤 1　选择“固定资产”|“处理”|“月末结账”命令，打开“月末结账”对话框，如图 7.27 所示。

步骤 2　单击“开始结账”按钮，系统自动检查与账务系统的对账结果。单击“确定”按钮后，系统弹出“月末结账成功完成！”信息提示框。

步骤 3　单击“确定”按钮返回，系统提示如图 7.28 所示。

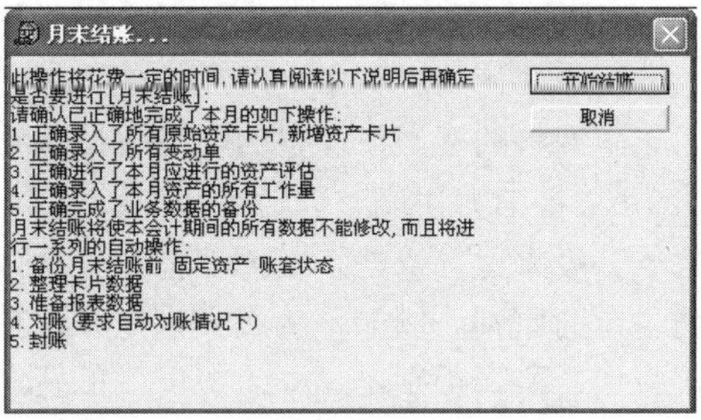

图 7.27　月末结账

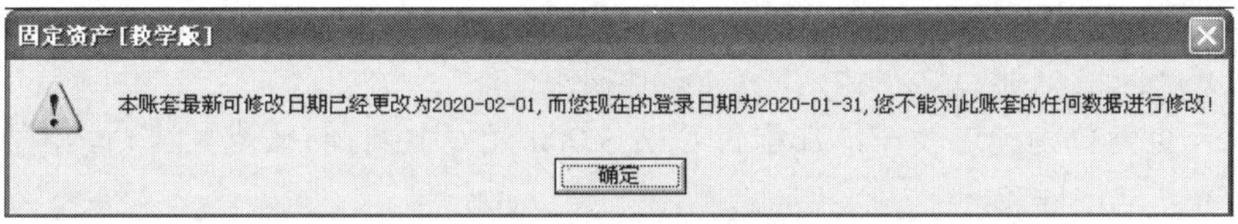

图 7.28　结账完成提示

注意

① 本会计期间做完月末结账工作后，所有的数据资料将不能再进行修改。

② 本会计期间不做完月末结账工作，系统将不允许处理下一个会计期间的数据。

③ 月末结账前一定要进行数据备份，否则数据一旦丢失将造成无法挽回的后果。

任务 6　日常业务处理（二）

任务下达

以账套主管的身份进行固定资产日常业务处理。

任务解析

固定资产日常使用中出现原值变动、部门转移、使用状况变动、使用年限调整、折旧方法调整、净残值（率）调整、工作总量调整、累计折旧调整、资产类别调整等情况时，需要通过变动单进行处理。变动单是指资产在使用过程中由于固定资产卡片上某些项目调整而编制的原始凭证。

1．原值变动

资产在使用过程中，其原值增减有 5 种情况：根据国家规定对固定资产重新估价；增加、补充设备或改良设备；将固定资产的一部分拆除；根据实际价值调整原来的暂估价值；发现原记录固定资产价值有误的。原值变动包括原值增加和原值减少两部分。

2．部门转移

资产在使用过程中，因内部调配而发生的部门变动应及时处理，否则将影响部门的折旧计算。

3．使用状况调整

资产使用状况分为在用、未使用、不需用等。资产在使用过程中，可能会因为某种原因使得资产的使用状况发生变化，这种变化会影响到设备折旧的计算，因此应及时调整。

4．使用年限调整

资产在使用过程中，资产的使用年限可能会由于资产的重估、大修等原因而调整。进行使用年限调整的资产在调整的当月就按调整后的使用年限计提折旧。

5．折旧方法调整

一般来说，资产折旧方法在一年之内很少改变，有特殊情况确实需要调整改变的也必须遵循一定的原则。例如，所属类别是“总提折旧”的资产调整后的折旧方法不能是“不提折旧”；相应地，所属类别是“不提折旧”的资产折旧方法也不能调整。一般来说，进行折旧方法调整的资产调整的当月就按调整后的折旧方法计提折旧。

任务详情

1．固定资产原值增加

2 月 20 日，企管办为奥迪轿车添加配件花费 3 000 元。用中行转账支票支付，票号为 TJ0120。

2．固定资产部门转移

2 月 20 日，因工作需要，将企管办的多功能一体机转移到财务部。

任务指引

1．固定资产原值变动

步骤 1　选择“固定资产”|“卡片”|“变动单”|“原值增加”命令，打开“固定资产变动单”对话框。

步骤 2　选择输入卡片编号为 00001、增加金额为 3 000、变动原因为“增加配件”，如图 7.29 所示。

步骤 3　单击“保存”按钮，系统弹出“数据保存成功!”信息提示框。单击“确定”按钮返回。

步骤 4　单击“退出”按钮。

注意

① 变动单不能修改，只有当月可删除重做，所以务必仔细检查后再保存。

② 必须保证变动后的净值大于变动后的净残值。

2．部门转移

步骤 1　选择“固定资产”|“卡片”|“变动单”|“部门转移”命令，打开“固定资产变动单”对话框。

步骤 2　输入卡片编号为 00003；双击“变动后部门”，选择“财务部”；输入变动原因为“业务需要”。完成后如图 7.30 所示。

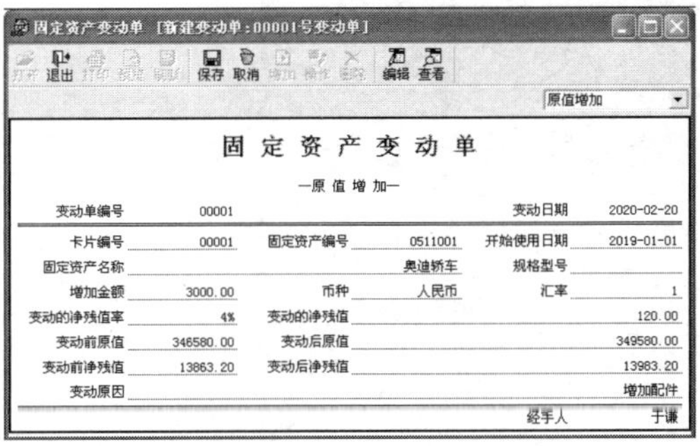

图 7.29　原值增加

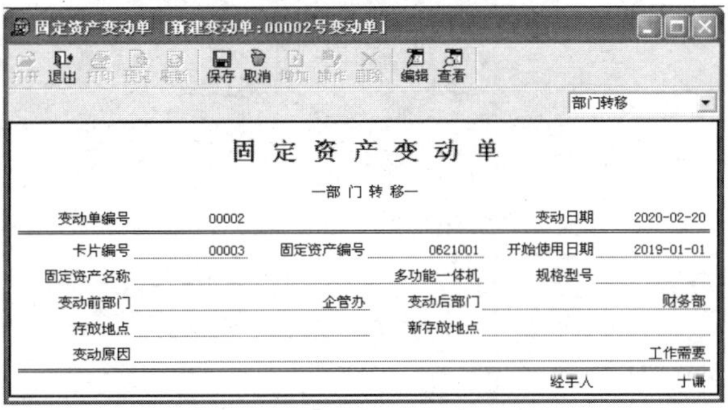

图 7.30　固定资产部门转移

步骤 3　单击“保存”按钮，系统弹出“数据成功保存！”信息提示框，如图 7.31 所示。单击“确定”按钮返回。

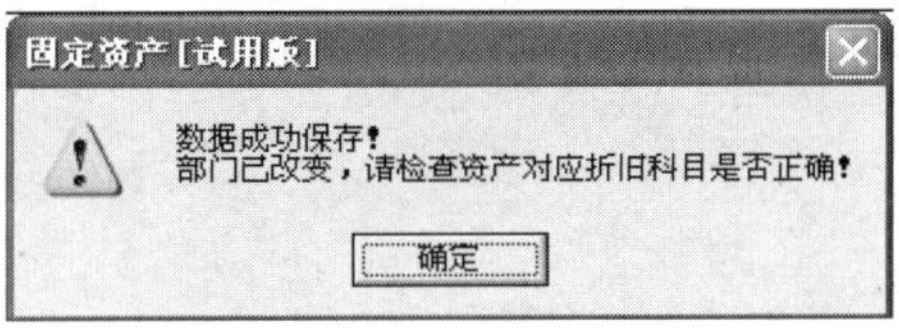

图 7.31　固定资产调拨提示

全部完成后，将账套备份至“固定资产日常业务”文件夹中。

拓展任务

任务 1　固定资产卡片管理

任务下达

查看减少的固定资产。

任务解析

卡片是记录固定资产相关资料的载体。无论固定资产增加、减少，还是固定资产变动，都要通过固定资产卡片进行管理。卡片管理包括卡片修改、卡片删除、卡片查询和打印等。

任务指引

步骤 1　选择“固定资产”|“卡片”|“卡片管理”命令，打开“卡片管理”对话框。其中显示了目前全部在役资产。

步骤 2　单击“在役资产”下拉列表框，选择“已减少资产”，显示已减少资产列表，如图 7.32 所示。

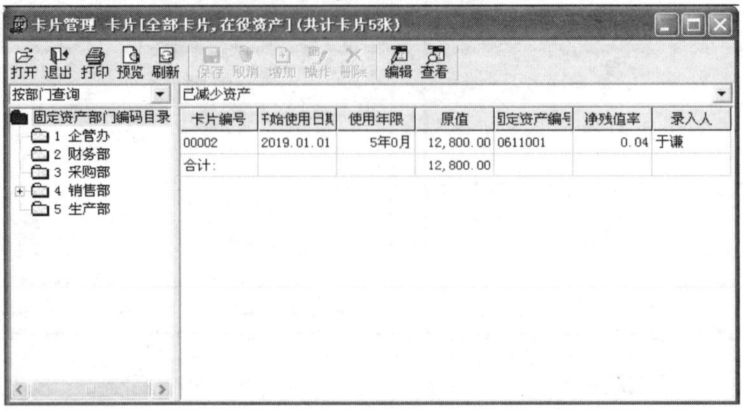

图 7.32　查看已减少资产

任务 2　固定资产反结账

任务下达

恢复结账。

任务解析

结账完成后不允许再处理本月业务，因此如果结账后发现业务处理有误或尚有未处理的业务，就需要进行反结账处理。

任务指引

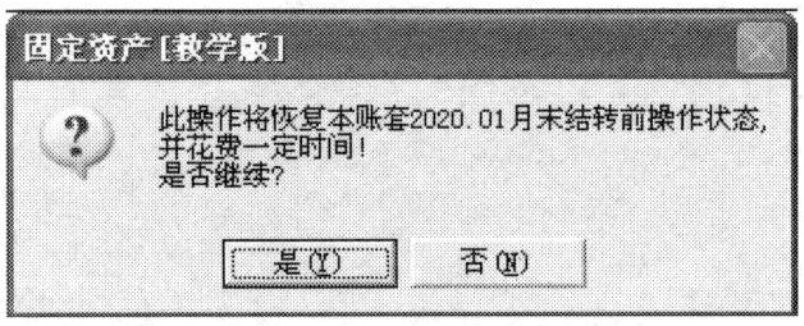

图 7.33　反结账提示

步骤 1　选择“固定资产”|“处理”|“恢复月末结账前状态”命令，系统弹出反结账提示信息框，如图 7.33 所示。

步骤 2　单击“是”按钮，系统弹出“成功恢复月末结账前状态！”信息提示框。

步骤 3　单击“确定”按钮。

注意

① 在总账管理子系统未进行月末结账时才可以使用恢复结账前状态功能。

② 如果当前的账套已经做了年末处理，那么就不允许利用本功能恢复年末结转了。

任务 3　账表查询

任务下达

由账套主管查看 2020 年 1 月部门折旧计提汇总表。

任务解析

固定资产管理子系统提供的报表可以分为固定分析表、固定统计表、固定账簿、固定折旧表四大类。

1. 固定资产分析表

固定资产分析表用于从资产的构成情况、分布情况、使用状况等角度提供统计分析数据，为管理人员进行决策提供信息。固定资产分析表主要包括固定资产部门构成分析表、固定资产使用状况分析表、固定资产价值结构分析表、固定资产类别构成分析表等报表。

（1）固定资产部门构成分析表

固定资产部门构成分析表是企业内资产在各使用部门之间分布情况的分析统计。

（2）固定资产使用状况分析表

固定资产使用状况分析表是对企业内所有资产的使用状况所做的分析汇总，使管理者了解资产的总体使用情况，尽快将未使用的资产投入使用，及时处理不需用的资产，提高资产的利用率和发挥应有的效能。

（3）固定资产价值结构分析表

固定资产价值结构分析表是对企业内各类资产的期末原值和净值、累计折旧净值率数据分析汇总，使管理者了解资产计提折旧的程度和剩余价值的大小。

（4）固定资产类别构成分析表

固定资产类别构成分析表是对企业资产的类别分别进行分析的报表。

2. 固定资产统计表

固定资产统计表用于提供各种统计信息，主要包括评估汇总表、评估变动表、固定资产统计表、逾龄资产统计表、役龄资产统计表、盘盈盘亏报告表、固定资产原值统计表等报表。

（1）评估汇总表

评估汇总表是查询日期某使用部门内各类资产评估后价值的变动情况汇总。

（2）评估变动表

资产评估变动表是列示所有资产评估变动数据的统计表。

（3）固定资产统计表

固定资产统计表是按部门或者类别统计该部门或类别的资产的价值、数量、折旧、新旧程度等指标的统计表。

（4）逾龄资产统计表

逾龄资产统计表就是统计指定会计期间内已经超过折旧年限的逾龄资产状况。

（5）役龄资产统计表

役龄资产统计表就是统计指定会计期间内在折旧年限内正常使用的资产状况。

（6）盘盈盘亏报告表

盘盈盘亏报告表反映企业以盘盈方式增加的资产和以盘亏、毁损方式减少的资产情况。因盘盈、盘亏、毁损属于非正常方式，通过该报告表可以看出企业对资产的管理情况。

（7）固定资产原值统计表

固定资产原值统计表是按使用部门和类别交叉汇总显示资产的原值、累计折旧、净值的统计表，便于管理者掌握资产的分布情况。

3. 固定资产账簿

固定资产账簿一般用于提供资产管理所需要的基本信息，主要包括固定资产总账、固定资产明细账、固定资产登记簿等基础报表。

（1）固定资产总账

固定资产总账是按部门和类别反映在一个年度内的固定资产价值变化的账页。

（2）单项固定资产明细账

单项固定资产明细账反映单个资产在查询期间发生的所有业务，包括在该期间的资产增加或资产减少情况。

（3）部门、类别明细账

部门、类别明细账反映某一类别或部门的固定资产在查询期间内发生的所有业务，包括资产增加、资产减少、原值变动、使用状况变化、部门转移、计提折旧等信息。

（4）固定资产登记簿

固定资产登记簿可按资产所属类别或所属部门显示一定期间范围内发生的所有业务，包括资产增加、资产减少、原值变动、部门转移等信息。

4. 固定资产折旧表

固定资产折旧表用于提供与固定资产折旧相关的明细信息和汇总信息，主要包括部门折旧计提汇总表、固定资产折旧计算明细表、固定资产及累计折旧表、固定资产折旧期间统计表等报表。

（1）部门折旧计提汇总表

部门折旧计提汇总表反映该账套内各使用部门计提折旧的情况，包括计提原值和计算的折旧额信息。

（2）固定资产折旧计算明细表

固定资产折旧计算明细表是按类别设立的，反映资产按类别计算折旧的情况，包括上月计提情况、上月原值变动和本月计提情况的报表。

（3）固定资产及累计折旧表

固定资产及累计折旧表是按期编制的反映各类固定资产的原值、累计折旧和本年累计折旧变动的相关明细情况的报表。

（4）固定资产折旧期间统计表

固定资产折旧期间统计表用于显示按资产明细列示的折旧数据和累计折旧数据信息，可以根据部门、资产类别提供固定资产的明细折旧数据。

任务指引

步骤 1　选择“固定资产”|“账表”|“我的账表”命令，打开“报表”对话框。

步骤 2　单击“折旧表”选项，选择“[部门]折旧计提汇总表”选项，如图 7.34 所示。

步骤 3　单击“打开”按钮，打开“条件”对话框。

步骤 4　选择期间为“2020.01”、汇总部门为“1---2”，然后单击“确定”按钮查看报表，如图 7.35 所示。

注意

汇总部门“1---2”在这里不是指部门编号，而是代表部门的级别。

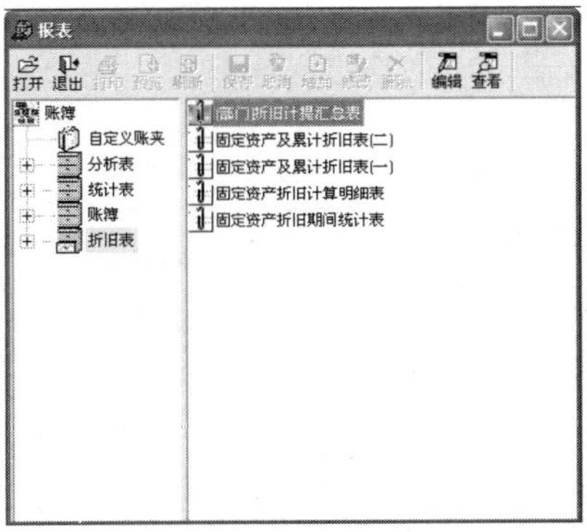

图 7.34　报表窗口

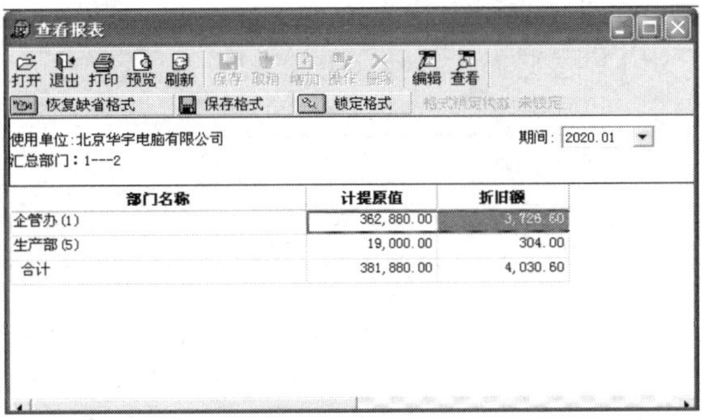

图 7.35　查看报表

通关测试

一、判断题

1. 固定资产系统提供整个账套不提折旧的功能。（　）
2. 计提折旧每月只能执行一次，否则会重复计提。（　）
3. 固定资产月末与总账对账不平不能结账。（　）
4. 企业将一项资产由“在用”转为“不需用”时，应修改相应的固定资产卡片。（　）
5. 本月新增资产不能进行变动处理。（　）

二、选择题

1. 固定资产管理子系统对固定资产管理采用严格的序时管理，序时到（　　）。

A. 日　　B. 月　　C. 季　　D. 年

2. 总账管理子系统中固定资产和累计折旧科目的期初余额对应的是固定资产管理子系统中（　　）操作产生的数据。

A. 资产增加　　B. 原始卡片输入　　C. 资产变动　　D. 资产评估

3. 由于误操作，本月 1 日固定资产管理子系统计提了一次折旧，并已制单且传递到了总账管理子系统。要重新计提本月折旧，则下列哪项描述是正确的？（　　）

A. 先在固定资产管理子系统中删除本月计提折旧生成的凭证，再重新计提本月折旧。

B. 先在总账管理子系统中删除本月计提折旧生成的凭证，再重新计提本月折旧。

C. 直接在固定资产管理子系统中重新计提折旧。

D. 下月再补提折旧。

4. 某项固定资产在使用中，下列项目发生了变动，其中（　　）不需要通过变动单就可以修改。

A. 原值调整　　B. 累计折旧调整　　C. 部门转移　　D. 固定资产名称变动

5. 在固定资产卡片输入中，下列（　　）是自动给出的，不能更改。

A. 输入人　　B. 固定资产名称　　C. 存放地点　　D. 对应折旧

三、实训题

恢复中顺科技“总账初始化”账套，进行固定资产管理实训。

实训 9：固定资产管理

1. 建立固定资产账套

（1）固定资产账套（见表 7.7）。

表 7.7 固定资产账套

控制参数	参数设置
约定与说明	我同意
启用月份	2020.01
折旧信息	本账套计提折旧 折旧方法：平均年限法（一） 折旧汇总分配周期：1 个月 当（月初已计提月份=可使用月份-1）时，将剩余折旧全部提足
编码方式	资产类别编码方式：2112 固定资产编码方式： ① 按“类别编码+部门编码+序号”自动编码； ② 卡片序号长度为 3
财务接口	与账务系统进行对账 对账科目： ① 固定资产对账科目为 1601 固定资产； ② 累计折旧对账科目为 1602 累计折旧 在对账不平的情况下允许固定资产月末结账

（2）选项设置

① 业务发生后立即制单。

② 月末结账前一定要完成制单登账业务。

③ 固定资产缺省入账科目为 1601，累计折旧缺省入账科目为 1602；可抵扣税额入账科目为 22210101。

2. 基础信息设置

（1）资产类别（见表 7.8）

表 7.8 资产类别

编 码	类别名称	净残值率	单 位	计提属性
01	交通运输设备	4%		正常计提
011	经营用设备	4%		正常计提
012	非经营用设备	4%		正常计提
02	电子设备及其他通信设备	4%		正常计提
021	经营用设备	4%	台	正常计提
022	非经营用设备	4%	台	正常计提

（2）部门和对应折旧科目（见表 7.9）

表 7.9 部门和对应折旧科目

部 门	对应折旧科目	对应科目编码
企管部、财务部、采购部	管理费用——折旧费	660206
销售部	销售费用——折旧费	660106
生产部	制造费用——折旧费	510102

（3）增减方式的对应入账科目（见表 7.10）

表 7.10 增减方式的对应入账科目

增减方式目录	对应入账科目
增加方式	
直接购入	10020101，中行存款——人民币户
减少方式	
毁损	1606，固定资产清理

3. 固定资产原始卡片信息（见表 7.11）

表 7.11 固定资产原始卡片

元

固定资产名称	类别编号	所在部门	增加方式	使用年限	开始使用日期	原值	累计折旧	对应折旧科目名称
奥迪轿车	012	企管部	直接购入	5	2019.01.01	306 800.00	53 996.80	管理费用——折旧费
笔记本电脑	022	企管部	直接购入	5	2019.01.01	22 000.00	3 872.00	管理费用——折旧费
打印机	022	企管部	直接购入	5	2019.01.01	13 500.00	2 376.00	管理费用——折旧费
投影仪	022	企管部	直接购入	5	2019.01.01	8 000.00	1 408.00	管理费用——折旧费
计算机 01	021	生产部	直接购入	5	2019.01.01	6 000.00	1 056.00	制造费用——折旧费
计算机 02	021	生产部	直接购入	5	2019.01.01	6 000.00	1 056.00	制造费用——折旧费
合计						362 300.00	63 764.80	

净残值率均为 4%，使用状况均为“在用”，折旧方法均采用平均年限法（一）。

4. 1 月份固定资产业务

① 10 日，财务部购买复印机一台。价值为 25 000 元，净残值率为 4%，预计使用年限为 5 年。用银行转账支票支付，票号 ZZ0110。

② 10 日，计提本月折旧。

③ 10 日，生产部“计算机 02”不慎损毁。

④ 对账。

⑤ 月末结账。

⑥ 查询“（部门）折旧计提汇总表”。

5. 2 月份固定资产业务

① 5 日，企管部的奥迪轿车添置新配件花费 12 000 元。用支票支付，票号为 ZZ0201。

② 5 日，因工作需要，将企管部的打印机转移至采购部。

6. 备份“固定资产”账套

项目 *8*

购销存管理子系统初始化

知识目标

1. 了解购销存管理子系统包含的功能模块和应用方案。
2. 熟悉购销存管理子系统的数据流程。
3. 理解购销存管理子系统期初数据与核算管理子系统期初数据的关联。
4. 理解存货属性的基本含义。
5. 理解设置购销存系统基本科目的意义。

技能目标

1. 学会设置购销存管理子系统的基本科目。
2. 掌握输入购销存管理子系统期初数据的方法。

项目背景

购销存管理子系统是T3的重要组成部分。它突破了会计核算软件单一财务管理的局限和核算子系统，实现了从财务管理到企业业务一体化的全面管理，实现了物流、资金流、信息流管理的统一。

为了实现对公司购销存业务的有效管理，华宇电脑项目实施小组启用了购销存管理子系统和核算子系统，并准备了有关企业购销存业务的各项基本信息和期初数据等信息，由财务人员输入到购销存管理子系统中，然后对企业日常的购销存业务进行核算管理。

基本知识

8.1 认识购销存管理子系统

T3中的购销存管理以企业购销存业务环节中的各项活动为对象，记录各项业务的发生，有效跟踪其发展过程，为财务核算、业务分析、管理决策提供依据。

T3购销存管理子系统主要包括采购管理、销售管理和库存管理。因为购销存业务处理最终生成财务核算结果，而财务核算功能需要在核算管理子系统中执行，所以我们把核算管理也归并到购销存业务管理中。各模块的主要功能简述如下。

1. 采购管理

采购是企业物资供应部门按已确定的物资供应计划，通过市场采购、加工定制等各种渠道，取得企业生产经营活动所需要的各种物资的经济活动。采购管理追求的目标是：保持与供应商关系、保障供给、降低采购成本。

采购管理主要进行采购订单处理，以便动态掌握订单执行情况，向拖期交货的供应商发出催货函；采购管理子系统处理采购入库单、采购发票，并根据采购发票确认采购入库成本。采购管理子系统可以掌握采购业务的付款情况；与库存管理子系统联合使用可以随时掌握存货的现存量信息，从而减少盲目采购，避免库存积压；与核算管理子系统一起使用可以为核算提供采购入库成本，便于财务部门及时掌握存货采购成本。

2. 销售管理

销售是企业生产经营成果的实现过程，是企业经营活动的中心。通过各种营销方式实现销售，使生产经营中的耗费及时得到补偿，企业才能实现良性运转。

销售管理子系统帮助企业对销售业务的全部流程进行管理，通过销售订货、发货、开票，处理销售发货和销售退货业务，在发货处理时可对销售价格、信用、库存现存量、最低售价等进行实时监控。

3. 库存管理

库存是指企业在生产经营过程中为销售或耗用而储备的各种资产，包括商品、产成品、半成品、在产品及各种材料、燃料、包装物、低值易耗品等。

库存管理子系统主要是从数量的角度管理出入库业务，以满足采购入库、销售出库、产成品入库、材料出库、其他出入库、盘点管理等业务的需要。它提供多计量单位使用、仓库货位管理、批次管理、保质期管理、出库跟踪入库管理、可用量管理等全面的业务应用。通过对库存的收、发、存业务处理，可以及时动态地掌握各种库存存货信息，对库存安全性进行控制，提供各种储备分析，避免库存积压占用资金，或者材料短缺影响生产。

4. 核算管理

核算管理是从资金的角度管理出入库业务，掌握存货耗用情况，及时准确地把各类存货成本归集到各成本项目和成本对象上。核算管理子系统主要用于核算企业的入库成本、出库成本、结余成本，反映和监督存货的收发、领退和保管情况，反映和监督存货资金的占用情况，动态反映存货资金的增减变动，提供存货资金周转和占用分析，以降低库存，减少资金积压。

8.2 购销存管理子系统模块间的数据关联

在企业的日常工作中，采购供应部门、仓库、销售部门、财务部门等都涉及购销存业务及其核算的处理。各个部门的管理内容是不同的，计算机环境下的业务处理流程与手工环境下的业务处理流程肯定存在差异，如果缺乏对购销存管理子系统业务流程的了解，就无法实现部门间的协调配合，就会影响系统的效率。

购销存管理子系统模块间的数据关系如图 8.1 所示。

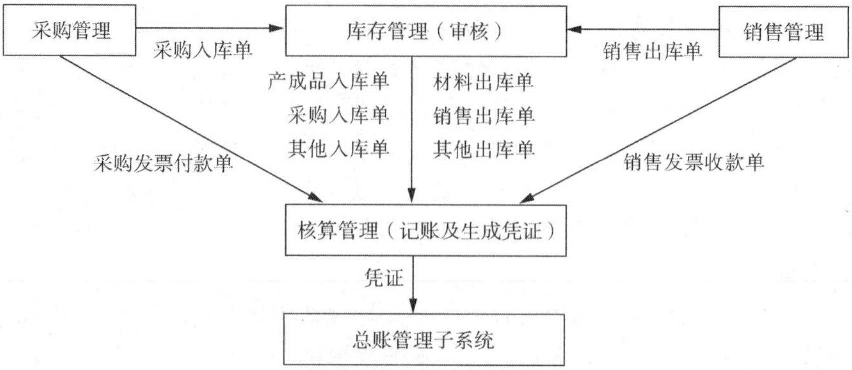

图 8.1　购销存管理子系统模块间的数据关系

实训任务

任务 1　启用购销存管理相关系统

任务下达

以系统管理员的身份进入系统管理，恢复“总账初始化”账套，再以账套主管的身份进入系统管理，启用购销存管理子系统和核算子系统。

任务解析

购销存管理在 T3 中体现为两个部分：核算子系统和购销存管理子系统。购销存管理子系统中包含了采购、销售和库存。

任务指引

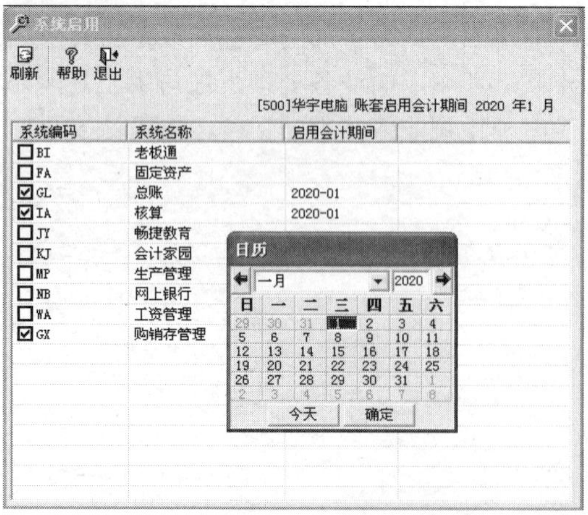

图 8.2　启用购销存管理子系统和核算子系统

步骤 1　以系统管理员的身份进入系统管理，恢复“总账初始化”账套。

步骤 2　以账套主管的身份进入系统管理，选择“账套”|“启用”命令，打开“系统启用”对话框。

步骤 3　单击“IA 核算”复选框，选择启用日期为“2020-01-01”。然后单击“确定”按钮，默认系统提示。再单击“GX 购销存管理”复选框，选择启用日期为“2020-01-01”，如图 8.2 所示。

步骤 4　单击“确定”按钮，返回系统管理。

任务 2　设置基础档案信息

任务下达

由账套主管进行购销存管理子系统基础档案的设置。

任务解析

使用购销存管理子系统处理业务之前，应做好手工基础数据的准备工作，如对库存合理分类、准备存货的详细档案、进行库存数据的整理和与账面数据的核对等。购销存管理子系统需要增设的基础档案信息包括存货分类和存货档案等。

1．存货分类

如果企业存货较多，就需要按照一定的方式进行分类管理。存货分类是指按照存货固有的特征或属性将存货划分为不同的类别，以便分类核算和统计。例如，工业企业可以将存货划分为原材料、产成品、应税劳务，商业企业可以将存货分为商品、应税劳务等。

在企业日常购销业务中，经常会发生一些劳务费用，如运输费、装卸费等。这些费用也是构成企业存货成本的一个组成部分，并且它们可以拥有不同于一般存货的税率。为了能够正确反映和核算这些劳务费用，一般在存货分类中单独设置一类，如“应税劳务”或“劳务费用”。

2．存货档案

在“存货档案卡片”对话框中包括 4 个选项卡：基本、成本、控制和其他。

在“基本”选项卡中，有 6 个复选框，用于设置存货属性。设置存货属性的目的是在填制单据参照存货时缩小参照范围。

① 销售。“销售”复选框用于发货单、销售发票、销售出库单等与销售有关的单据参照使用，表示该存货可用于销售。

② 外购。“外购”复选框用于购货时所填制的采购入库单、采购发票等与采购有关的单据可以参照。在采购发票、运费发票上一起开具的采购费用，也应设置为外购属性。

③ 生产耗用。“生产耗用”复选框使存货可在生产过程被领用、消耗。生产产品耗用的原材料、辅助材料等在开具材料领料单时参照。

④ 自制。“自制”复选框用于由企业生产自制的存货，如产成品、半成品等，在开具产成品入库单时参照。

⑤ 在制。“在制”复选框用于尚在制造加工中的存货。

⑥ 劳务费用。“劳务费用”复选框用于在采购发票上开具的运输费、包装费等采购费用及开具在销售发票或发货单上的应税劳务、非应税劳务等。

在“成本”选项卡中，可以设置计划价/售价、参考成本、参考售价、最新成本、最低售价、最低批发价、最高进价、主要供货单位等参数。

在“控制”选项卡中，有两个复选框。

① 是否批次管理。“是否批次管理”复选框用于对存货是否按批次进行出入库管理。该复选框必须在库存管理子系统账套参数设置中选中“有批次管理”复选框后方可操作。

② 是否保质期管理。有保质期管理的存货必须选中此复选框。该复选框也必须在库存管理子系统账套参数设置中选中“有批次管理”复选框后方可操作。

在“其他”选项卡中，可以设定单位、重量、体积、启用日期、停用日期和质量要求。

3．仓库档案

存货一般是存放在仓库保管的。对存货进行核算管理，就必须建立仓库档案。

4．收发类别

收发类别用来表示存货的出入库类型，以便于对存货的出入库情况进行分类汇总统计。

5．采购类型、销售类型

定义采购类型和销售类型，以便能够按采购、销售类型对采购、销售业务数据进行统计和分析。采购类型和销售类型均不分级次，根据实际需要设立。

任务详情

1．设置存货分类

华宇电脑存货分类如表 8.1 所示。

表 8.1　存货类别

存货类别编码	存货类别名称
01	原材料
02	产成品
03	应税劳务

2．设置存货档案

华宇电脑存货档案如表 8.2 所示。

表 8.2　存货档案

存货编码	存货名称	计量单位	所属分类	税　率	存货属性	参考成本
101	主板	个	01	13%	外购、生产耗用	600.00 元/个
102	键盘	个	01	13%	外购、生产耗用	125.00 元/个
201	华宇天骄	台	02	13%	自制、销售	4 600.00 元/台
202	华宇天星	台	02	13%	自制、销售	3 800.00 元/台
301	运输费	公里	03	9%	外购、销售、劳务费用	

3．设置仓库档案

华宇电脑仓库档案如表 8.3 所示。

表 8.3　仓库档案

仓库编码	仓库名称	所属部门	负责人	计价方式
1	材料一库	采购部	杨帅	先进先出法
2	材料二库	采购部	杨帅	先进先出法
3	成品库	生产部	陈小春	先进先出法

4．设置收发类别

华宇电脑收发类别如表 8.4 所示。

表 8.4　收发类别

收发类别编码	收发类别名称	收发标志	收发类别编码	收发类别名称	收发标志
1	入库	收	2	出库	发
11	采购入库	收	21	销售出库	发
12	产成品入库	收	22	材料领用出库	发
15	其他入库	收	25	其他出库	发

任务指引

1. 设置存货分类

步骤 1　以账套主管的身份进入 T3，选择“基础设置”|“存货”|“存货分类”命令，打开“存货分类”对话框。

步骤 2　按表 8.1 所示输入存货分类信息，然后单击“保存”按钮。完成后如图 8.3 所示。

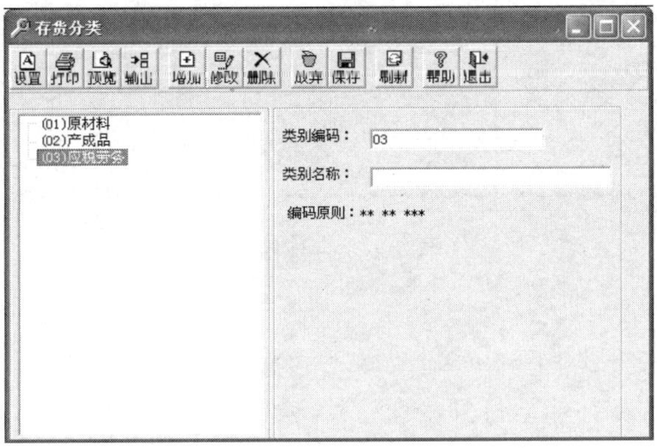

图 8.3　设置存货分类

2. 设置存货档案

步骤 1　选择“基础设置”|“存货”|“存货档案”命令，打开“存货档案”对话框。

步骤 2　选择存货大类为“原材料”，单击“增加”按钮，打开“存货档案卡片”对话框。在“基本”选项卡中输入存货编码、存货名称、计量单位、所属分类码、税率等信息，并选中“外购”和“生产耗用”复选框，如图 8.4 所示。

步骤 3　打开“成本”选项卡，输入参考成本为 600，如图 8.5 所示。

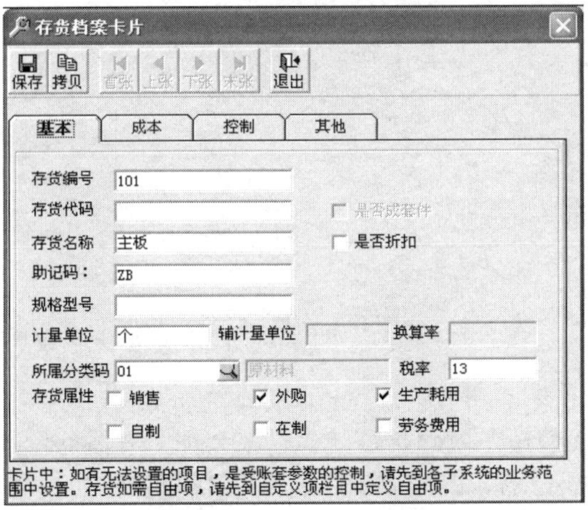

图 8.4　“基本”选项卡

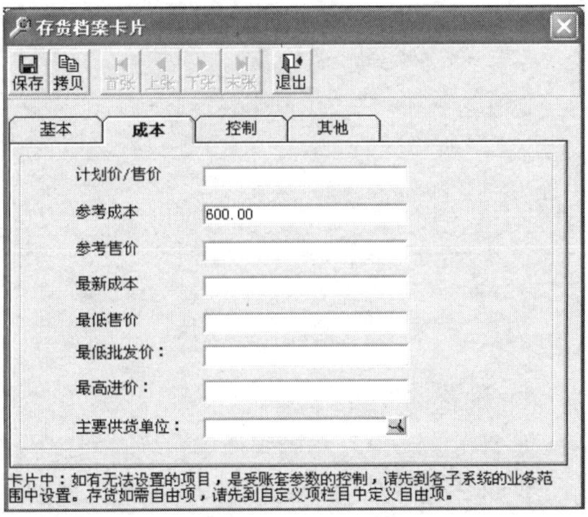

图 8.5　“成本”选项卡

步骤 4　单击“保存”按钮，继续输入其他档案。全部输入完成后如图 8.6 所示。然后单击“退出”按钮。

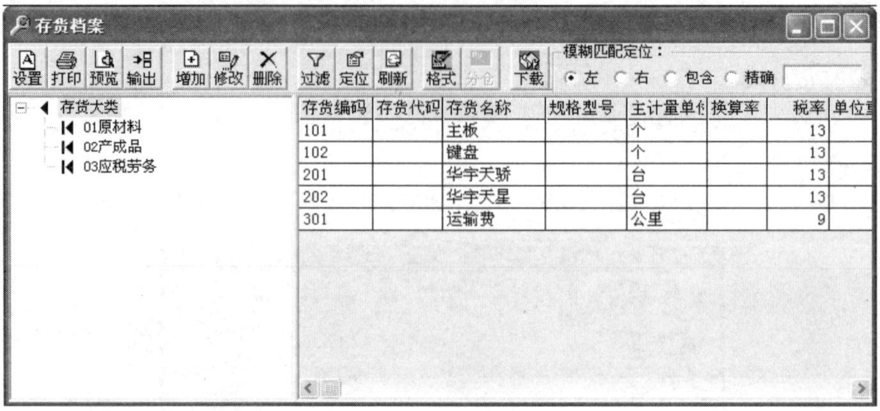

图 8.6　存货档案

3．设置仓库档案

步骤 1　选择“基础设置”|“购销存”|“仓库档案”命令，打开“仓库档案”对话框。

步骤 2　单击“增加”按钮，打开“仓库档案卡片”对话框。输入仓库编码、仓库名称、所属部门、负责人等信息，并选择计价方式，如图 8.7 所示。然后单击“保存”按钮。

步骤 3　按表 8.3 所示输入其他仓库信息，保存后单击“退出”按钮，回到“仓库档案”对话框，如图 8.8 所示。

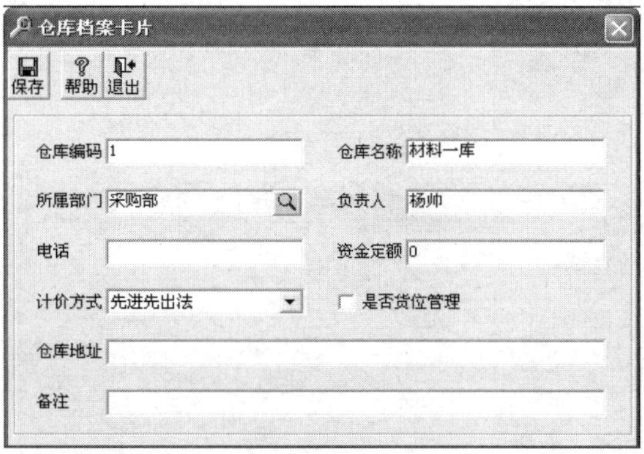

图 8.7　仓库档案卡片

图 8.8　仓库档案

4．设置收发类别

步骤 1　选择“基础设置”|“购销存”|“收发类别”命令，打开“收发类别”对话框。

步骤 2　T3 中已预置了常用的收发类别，查看是否满足本企业的需求，如图 8.9 所示。

步骤 3　可以根据企业实际需要，进行增加、修改、删除操作。

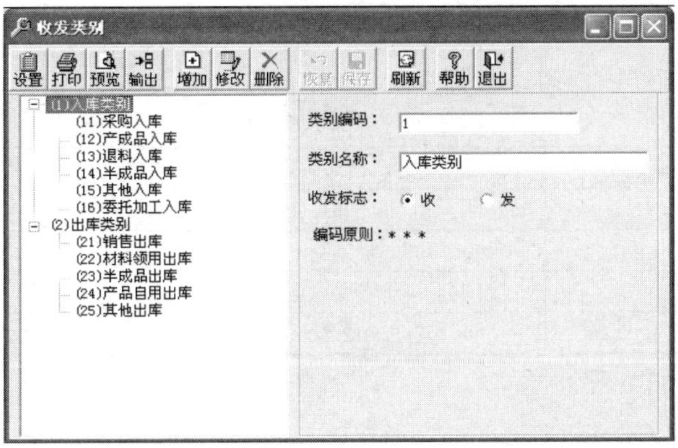

图 8.9　收发类别

任务 3　设置购销存管理的核算科目

任务下达

由账套主管设置购销存管理子系统的核算科目。

任务解析

核算管理子系统是购销存管理子系统与财务系统联系的桥梁，各种存货的购进、销售及其他出入库业务，均在核算管理子系统中生成凭证，并传递到总账管理子系统。为了快速、准确地完成制单操作，应事先设置凭证上的相关科目。

1．设置存货科目

设置存货科目是指设置生成凭证所需要的各种存货科目和差异科目。存货科目既可以按仓库，也可以按存货分类分别进行设置。

2．设置对方科目

设置对方科目是指设置生成凭证所需要的存货对方科目。对方科目可以按收发类别设置。

3．设置客户往来科目

设置客户往来科目是指设置生成凭证所需要的应收款管理相关科目。

4．设置供应商往来科目

设置供应商往来科目是指设置生成凭证所需要的应付款管理相关科目。

任务详情

1．设置存货科目

华宇电脑的存货科目如表 8.5 所示。

表 8.5　存货科目

仓库编码	仓库名称	存货分类编码及名称	存货科目编码及名称
1	材料一库	01　原材料	140301 原材料——主板
2	材料二库	01　原材料	140302 原材料——键盘
3	成品库	02　产成品	1405 库存商品

2．设置存货对方科目

华宇电脑的存货对方科目如表 8.6 所示。

表 8.6 存货对方科目

收发类别编码及名称	对方科目编码及名称	暂估科目编码及名称
11 采购入库	1402 在途物资	220202 暂估应付款
12 产成品入库	400101 生产成本——直接材料	
21 销售出库	5401 主营业务成本	
22 材料领用出库	400101 生产成本——直接材料	

3．设置客户往来科目

① 基本科目设置。设置应收科目为 1122、预收科目为 2203、销售收入和销售退回科目为 5001、应交增值税科目为 22210106、现金折扣科目为 560303。

② 结算方式科目设置。设置现金结算对应科目为 1001、转账支票对应科目为 10020101、现金支票对应科目为 10020101。

4．设置供应商往来科目

① 基本科目设置。设置应付科目为 220201、预付科目为 1123、采购科目为 1402、采购税金科目为 22210101。

② 结算方式科目设置。设置现金结算对应科目为 1001、转账支票对应科目为 10020101、现金支票对应科目为 10020101。

任务指引

1．设置存货科目

步骤 1　选择“核算”|“科目设置”|“存货科目”命令，打开“存货科目”对话框。

步骤 2　按表 8.5 所示输入存货科目，如图 8.10 所示。然后单击“保存”按钮。

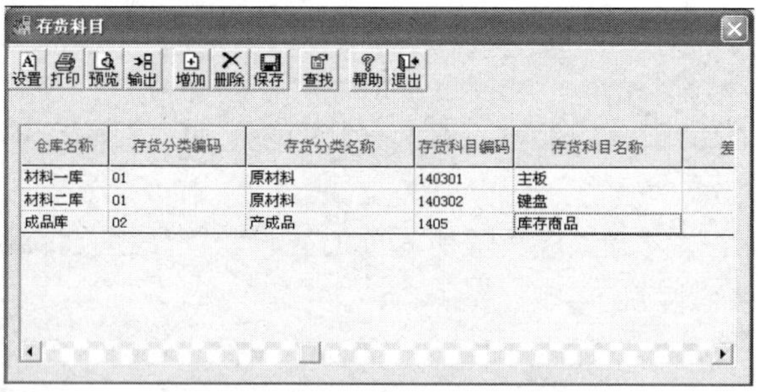

图 8.10 设置存货科目

2．设置存货对方科目

步骤 1　选择“核算”|“科目设置”|“存货对方科目”命令，打开“对方科目设置”对话框。

步骤 2　单击“增加”按钮，按表 8.6 所示输入存货对方科目，如图 8.11 所示。然后按回车键保存。

3．设置客户往来科目

步骤 1　选择“核算”|“科目设置”|“客户往来科目”命令，打开“客户往来科目设置”对话框。

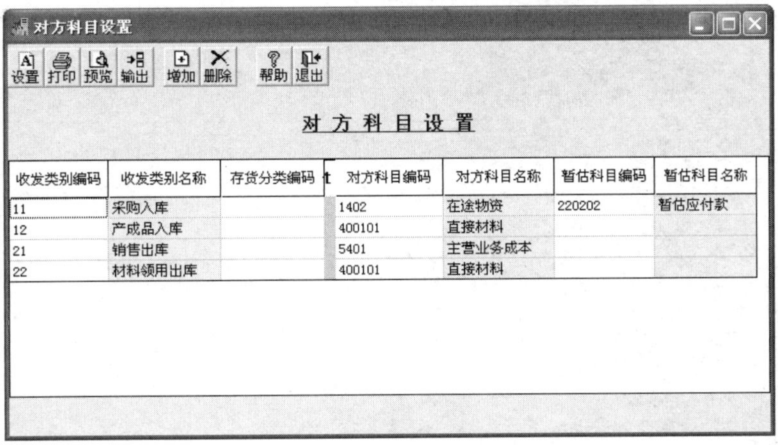

图 8.11 设置存货对方科目

步骤 2 单击“基本科目设置”输入对应科目：应收科目本币为 1122、预收科目本币为 2203、销售收入科目为 5001、应交增值税科目为 22210106、销售退回科目为 5001、现金折扣科目为 560303，如图 8.12 所示。

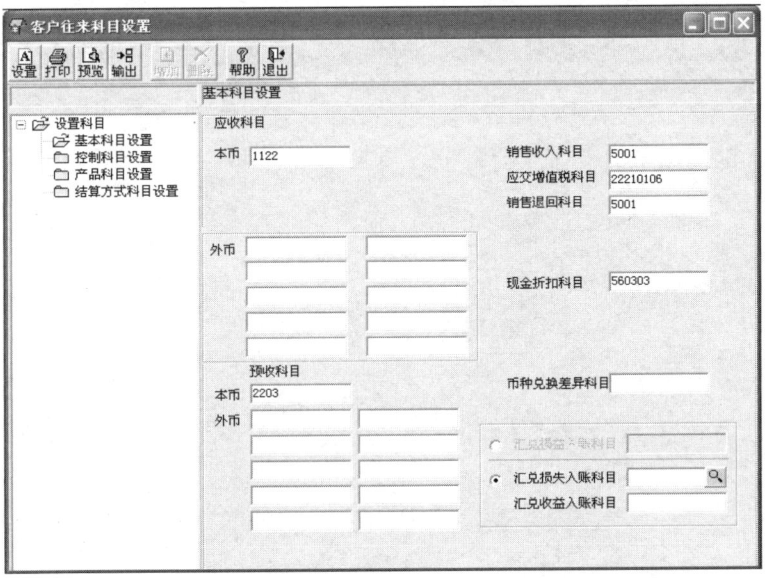

图 8.12 设置客户往来科目——基本科目设置

步骤 3 单击“结算方式科目设置”，输入对应科目：现金结算对应科目为 1001、转账支票结算对应科目为 10020101、现金支票结算对应科目为 10020101，如图 8.13 所示。

4．设置供应商往来科目

步骤 1 选择“核算”|“科目设置”|“供应商往来科目”命令，打开“供应商往来科目设置”对话框。

步骤 2 单击“基本科目设置”，输入对应科目：应付科目本币为 220201、采购科目为 1402、采购税金科目为 22210101、预付科目本币为 1123，如图 8.14 所示。

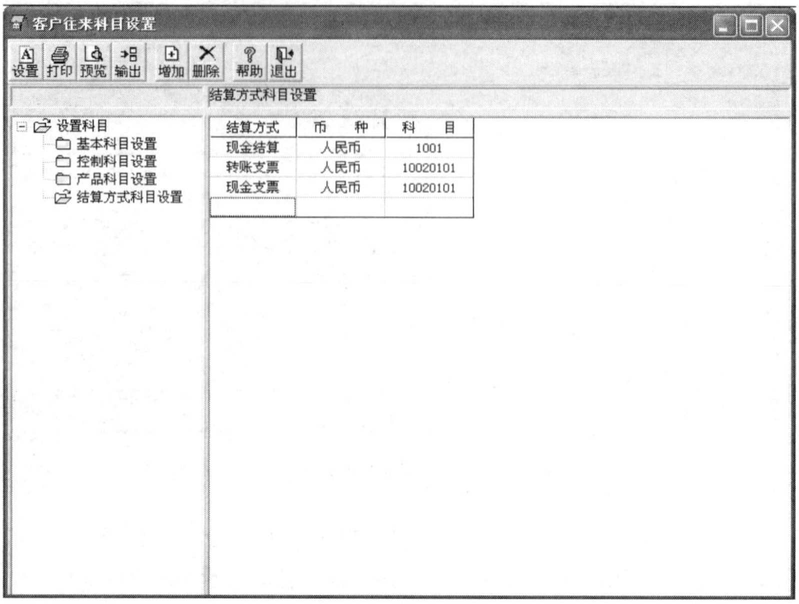

图 8.13　设置客户往来科目——结算方式科目设置

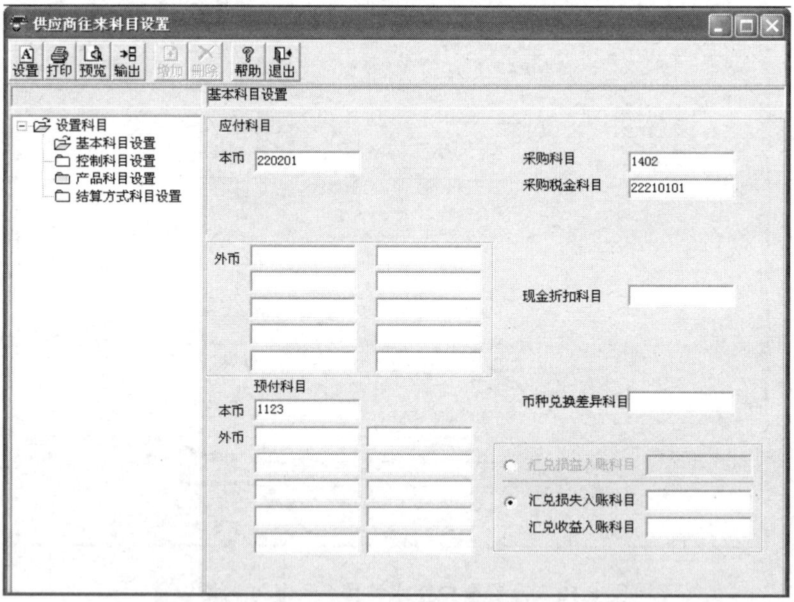

图 8.14　设置供应商往来科目——基本科目设置

步骤 3　单击“结算方式科目设置”，按所给资料输入对应科目。

任务 4　设置购销存业务范围

任务下达

由账套主管设置采购业务范围。

任务解析

T3 是通用软件，为了适应不同企业的业务需要，可以通过业务范围的设置对企业的采购业务处理方式进行设定。

任务详情

① 业务控制选项设置。增值税专用发票默认税率为 13%；采购订单、采购入库单采用默认税率。

② 应付参数设置。显示现金折扣。

任务指引

步骤 1　选择“采购” | “采购业务范围设置”命令，打开“采购系统选项设置”对话框。

步骤 2　在“业务控制”选项卡中，输入专用发票默认税率为 13.00，选中“采购订单、采购入库单默认税率”复选框，如图 8.15 所示。

注意

① 设置采购业务范围为独占任务，设置前需要退出其他子系统。退出方法为：右击子系统名，选择“退出”命令。

② 采购订单、采购入库单默认税率是指在输入采购订单、采购入库单时单据表体中的税率默认取存货档案中的税率，否则取 0。

步骤 3　在“应付参数”选项卡中，选中“显示现金折扣”复选框，系统弹出信息提示如图 8.16 所示。

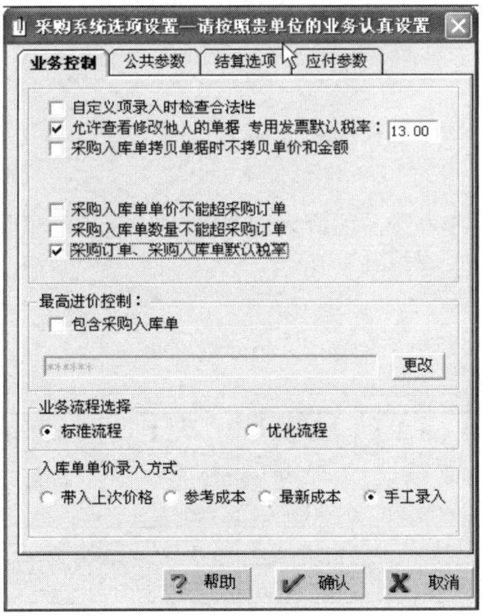

图 8.15　采购系统选项设置

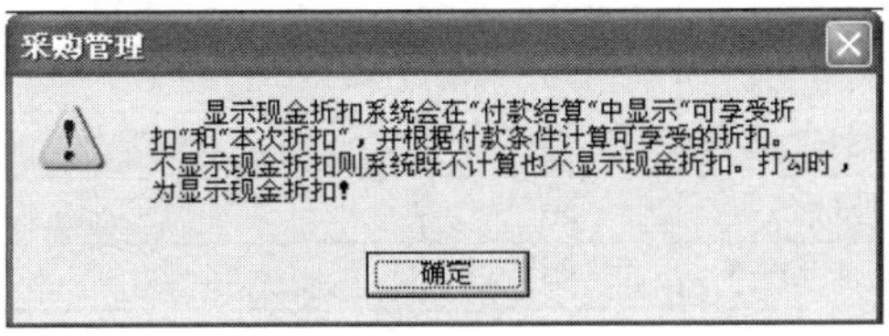

图 8.16　显示现金折扣

步骤 4　单击“确定”按钮返回。然后单击“确认”按钮完成采购选项设置。

任务 5　期初数据输入

任务下达

由账套主管进行购销存管理期初数据输入。

任务解析

在购销存管理中，期初数据输入是一个非常关键的环节。期初数据的输入内容和顺序如表 8.7 所示。

表 8.7　购销存系统期初数据明细

系统名称	操　作	内　容	说　明
采购管理	输入	期初暂估入库 期初在途存货	暂估入库是指货到票未到 在途存货是指票到货未到
	期初记账	采购期初数据	没有期初数据也要执行期初记账，否则不能开始日常业务
销售管理	输入并审核	期初发货单 期初委托代销发货单 期初分期收款发货单	已发货、出库，但未开票 已发货未结算的数量 已发货未结算的数量
库存	输入（取数） 审核	库存期初余额 不合格品期初	库存和存货共用期初数据 未处理的不合格品结存量
存货	输入（取数） 记账	存货期初余额 期初分期收款发出商品余额	

任务详情

华宇电脑购销存管理子系统和核算管理子系统相关期初数据整理如下。

1．采购期初

2019 年 12 月 31 日，采购部收到日星提供的主板 100 个，估价为 600 元/个。商品已验收入材料一库，尚未收到发票。

2．库存期初

2019 年 12 月 31 日，企业对各个仓库进行了盘点，结果如表 8.8 所示。

表 8.8　库存期初数据

元

仓库名称	存货编码	存货名称	数　量	单　价	金　额	合　计
材料一库	101	主板	100	600.00	60 000	67 500
材料二库	102	键盘	60	125.00	7 500	
成品库	201	华宇天骄	135	4 600.00	621 000	1 571 000
成品库	202	华宇天星	250	3 800.00	950 000	

3．供应商往来期初

2019 年 12 月 28 日，收到亚捷提供的键盘 100 个。无税单价为 125 元，税率为 13%。收到专用发票一张，发票号为 FP1228。货款未付。

4．客户往来期初

2019 年 12 月 26 日，瑞美购买华宇天骄 20 台。无税单价为 5 000 元，税率为 13%。开具专用销售发票，发票号为 FP1226。此笔业务由国内销售部任志刚负责。

任务指引

1．采购期初输入

步骤 1　选择“采购”|“采购入库单”命令，打开“采购入库”对话框。

步骤 2　单击“增加”按钮，输入入库日期为“2019-12-31”，选择仓库为“材料一库”、供货单位为“日星”、部门为“采购部”、入库类别为“采购入库”、采购类型为“普通采购”。

步骤 3　选择存货编码为 101，输入数量为 100、单价为 600，单击“保存”按钮，如图 8.17 所示。然后单击“退出”按钮。

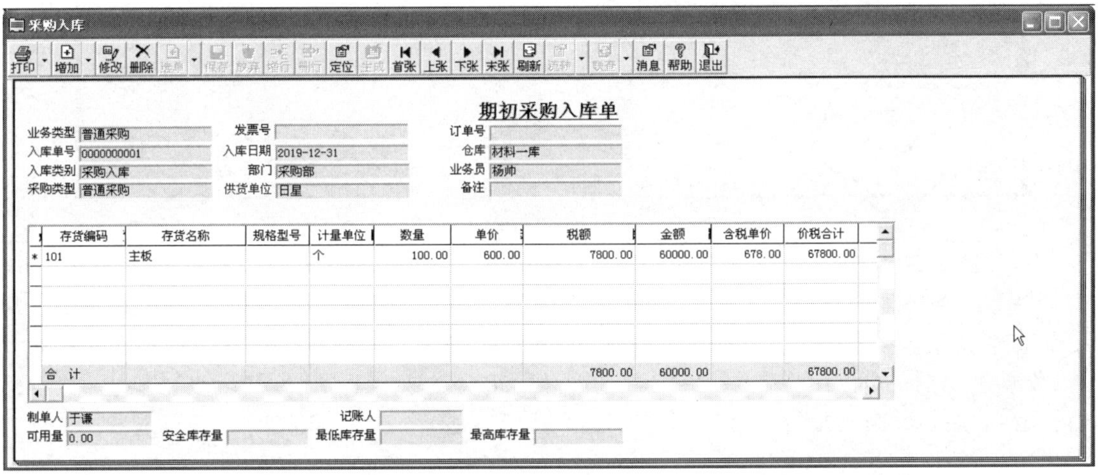

图 8.17　输入期初采购入库单

步骤 4　选择“采购”|“期初记账”命令，系统弹出“期初记账”信息提示框，如图 8.18 所示。

步骤 5　单击“记账”按钮，稍等片刻，系统提示“期初记账完毕”。

步骤 6　单击“确定”按钮返回。

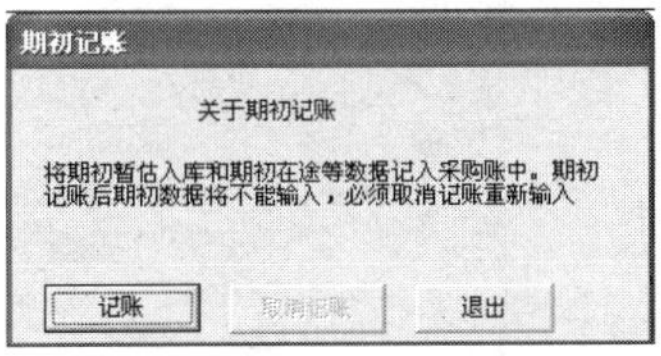

图 8.18　期初记账信息提示

注意

① 采购管理子系统如果不执行期初记账，就无法开始日常业务处理，因此即使没有期初数据，也要执行期初记账。

② 采购管理子系统如果不执行期初记账，库存管理子系统和核算管理子系统就不能记账。

③ 采购管理子系统如果要取消期初记账，应选择“采购”|“期初记账”命令，在打开的“期初记账”对话框中单击其中的“取消记账”按钮。

2．输入库存期初数据

步骤 1　选择“核算”|“期初数据”|“期初余额”命令，打开“期初余额”对话框。

步骤 2　先选择仓库“材料一库”，然后再单击“增加”按钮，输入存货编码为 101，并按表 8.8 所示输入各项期初数据，如图 8.19 所示。然后单击“保存”按钮。

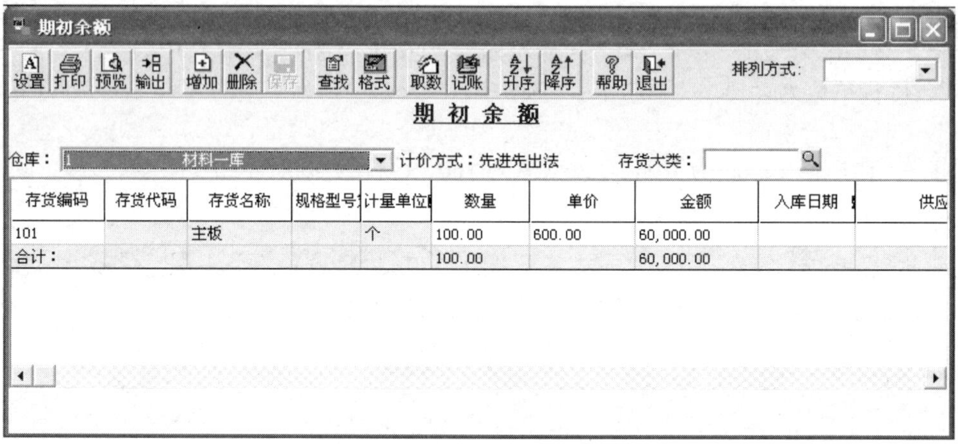

图 8.19　输入核算期初数据

步骤 3　输入所有资料后，单击“记账”按钮，系统对所有仓库进行记账，完成后提示“期初记账成功！”。

步骤 4　选择“库存”|“期初数据”|“库存期初”命令，打开“期初余额”窗口，查看已自动获得的期初数据，如图 8.20 所示。

图 8.20　查看库存期初数据

注意

各个仓库存货的期初余额既可以在库存管理子系统输入，也可以在核算管理子系统中输入。只要在其中一个子系统输入，另一子系统中就可自动获得期初库存数据。这里在核算管理子系统中输入。

3．输入供应商往来期初数据

步骤 1　选择“采购”|“供应商往来”|“供应商往来期初”命令，打开“期初余额——查询”对话框。单击“确认”按钮，打开“期初余额明细表”对话框。

步骤 2　单击“增加”按钮，打开“单据类别”对话框。选择单据类型为“专用发票”，单击“确认”按钮，打开“采购专用发票”对话框。

步骤 3　输入开票日期为“2019-12-28”、发票号为 FP1228，选择客户名称为“亚捷”、部门名称为“采购部”、科目编号为 220201，输入存货名称“键盘”、数量 100，单价系统自动给出，可以修改。然后单击“保存”按钮，如图 8.21 所示。

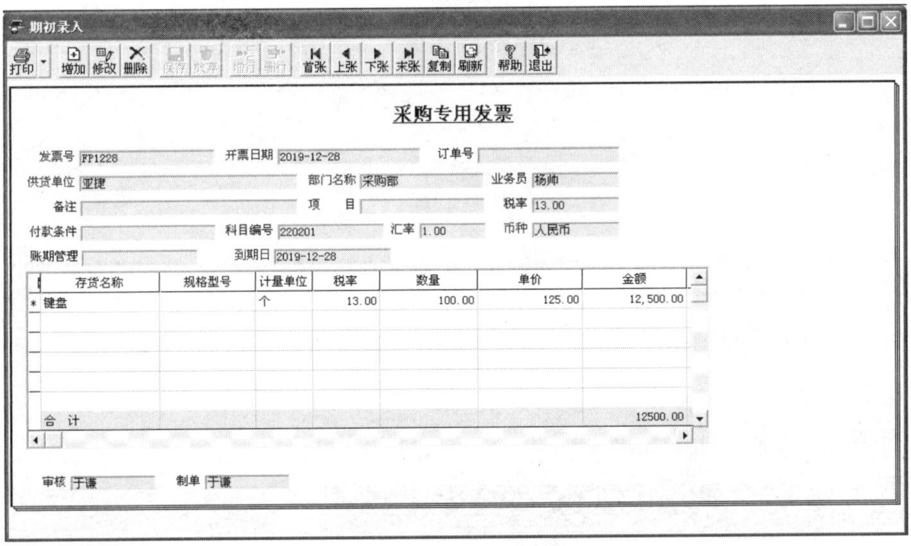

图 8.21　采购专用发票

步骤 4　单击“退出”按钮，返回“期初余额明细表”对话框。

步骤 5　单击“对账”按钮，与总账管理子系统对账，如图 8.22 所示。

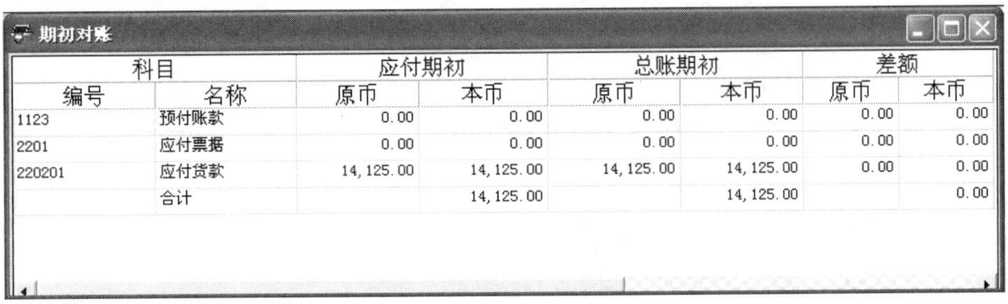

期初对账

科目		应付期初		总账期初		差额	
编号	名称	原币	本币	原币	本币	原币	本币
1123	预付账款	0.00	0.00	0.00	0.00	0.00	0.00
2201	应付票据	0.00	0.00	0.00	0.00	0.00	0.00
220201	应付货款	14,125.00	14,125.00	14,125.00	14,125.00	0.00	0.00
	合计		14,125.00		14,125.00		0.00

图 8.22　应付与总账管理子系统期初对账

4．输入客户往来期初数据

步骤 1　选择“销售”|“客户往来”|“客户往来期初”命令，打开“期初余额——查询”对话框。单击“确定”按钮，打开“期初余额明细表”对话框。

步骤 2　单击“增加”按钮，打开“单据类别”对话框。选择单据类型为“专用发票”，单击“确认”按钮，打开“销售专用发票”对话框。

步骤 3　输入开票日期为“2019-12-26”、发票号为 FP1226，选择客户名称为“瑞美”、销售部门为“国内销售部”、科目编号为 1122，输入货物名称“华宇天骄”、数量为 20、单价为 5 000。然后单击“保存”按钮，如图 8.23 所示。

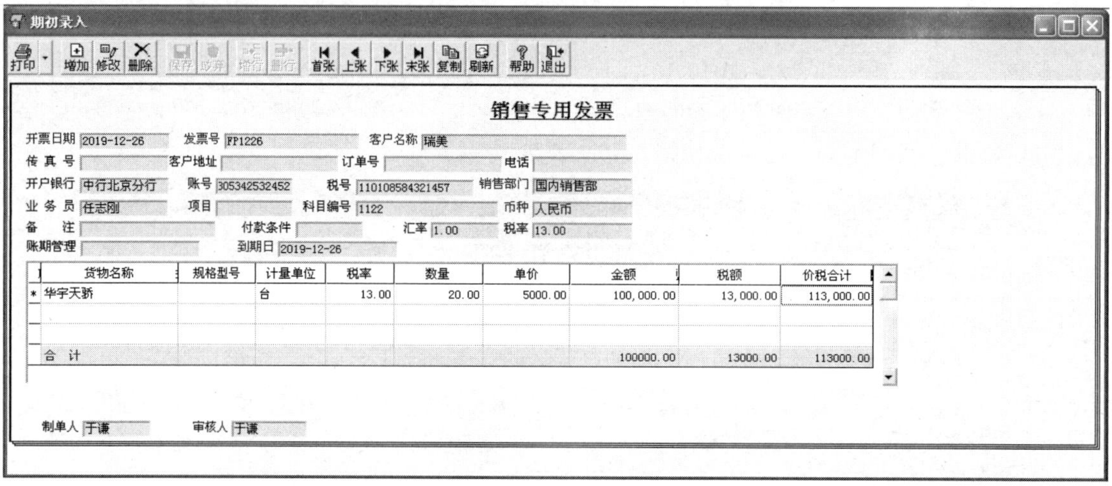

图 8.23　输入客户往来期初数据

步骤 4　单击“退出”按钮，返回“期初余额明细表”对话框。单击“对账”按钮，与总账管理子系统进行对账，如图 8.24 所示。

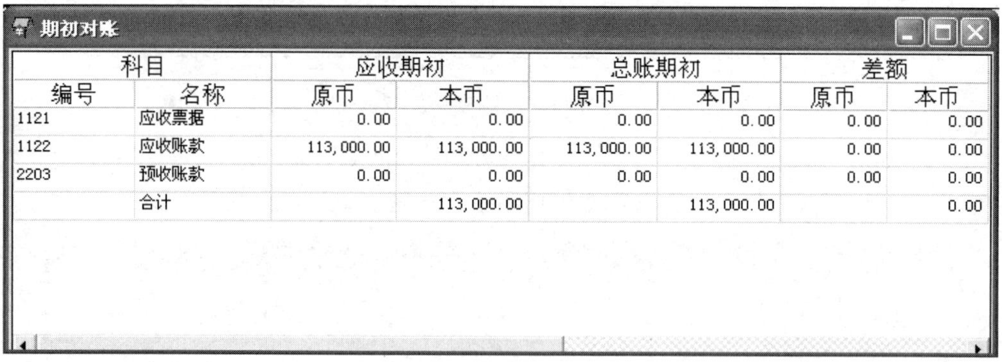

科目		应收期初		总账期初		差额	
编号	名称	原币	本币	原币	本币	原币	本币
1121	应收票据	0.00	0.00	0.00	0.00	0.00	0.00
1122	应收账款	113,000.00	113,000.00	113,000.00	113,000.00	0.00	0.00
2203	预收账款	0.00	0.00	0.00	0.00	0.00	0.00
	合计		113,000.00		113,000.00		0.00

图 8.24　应收与总账管理子系统期初对账

全部完成后，将账套备份至“购销存初始化”文件夹中。

拓展任务

任务 1　单据编码设置

任务下达

查看系统关于销售专用发票单据编码的默认设置。

任务解析

购销存管理子系统涉及大量的原始单据，如证明采购订货业务的采购订单、证明入库业务发生的采购入库单、给客户开具的销售发票等。这些单据上都有唯一的单据编码，有的可以采用顺序编码，如采购入库单；有的则需要根据实际单据编码进行标注，如发票。T3 中提供了“完全手工编号”“手工改动，重号时自动重取”和“按收发标志流水”供选择，以满足不同企业的业务需要。

任务指引

步骤 1　在 T3 主界面中，选择“基础设置”|“单据编码设置”命令，打开“单据编号设置”对话框。

步骤 2　进入“编号设置”选项卡，选择“销售”|“销售专用发票”，可以看到系统默认的编号方式是“手工改动，重号时自动重取”，如图 8.25 所示。

步骤 3　如果需要选择其他方式，可以单击“修改”按钮进行更改。

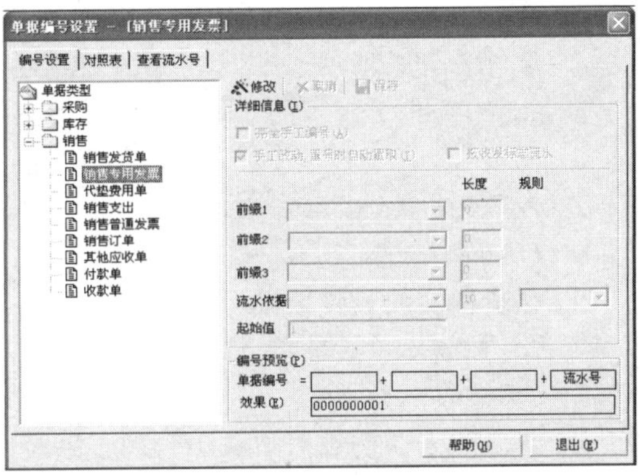

图 **8.25**　查看销售专用发票单据系统默认的编号方式

任务 2　非合理损耗类型设置

任务下达

设置非合理损耗类型“01 运输部门责任”为默认值。

任务解析

在企业的采购业务中，由于运输、装卸等原因，采购的货物会发生短缺毁损，这时应根据不同情况，做出相应的账务处理。属于定额内合理损耗的，应视同提高入库货物的单位成本，不另做账处理；运输部门或供货单位造成的短缺毁损，属于定额外非合理损耗的，应根据不同情况分别进行账务处理。因此，企业应在此事先设置好本企业可能发生的非合理损耗类型及对应的入账科目，以便采购结算时根据具体的业务选择相应的非合理损耗类型，并由核算管理子系统根据结算时记录的非合理损耗类型自动生成凭证。

任务指引

步骤 1　在 T3 主界面中，选择“基础设置”|“购销存”|“非合理损耗类型”命令，打开“非合理损耗”对话框。

步骤 2　单击“增加”按钮，增加非合理损耗类型。

通关测试

一、判断题

1. 采购、销售、库存、核算管理子系统必须同时启用。（　）
2. 客户往来科目中设置的应收科目、预收科目必须是应收系统的受控科目。（　）
3. 如果企业存在采购期初暂估入库，只需要在库存管理子系统中记录暂估入库数量。（　）
4. 没有采购期初数据也必须执行采购期初记账，否则无法开始日常业务处理。（　）
5. 核算管理子系统和库存管理子系统的期初数据是一致的，可以从两者任何一个输入，再从另外一个子系统获取。（　）

二、选择题

1. T3 中的购销存管理子系统包括以下（　　）子系统。
   A．采购管理　　B．销售管理
   C．库存管理　　D．核算管理
2. 以下（　　）子系统与总账管理子系统存在凭证传递关系。
   A．采购管理　　B．销售管理
   C．库存管理　　D．核算管理
3. 存货科目的设置依据可以是（　　）。
   A. 按仓库　　B. 按存货分类
   C. 按收发类别　　D. 按部门
4. 客户往来期初数据与总账管理子系统中的（　　）科目有对应关系。
   A．“应收账款”　　B．“应付账款”
   C．“预收账款”　　D．“预付账款”
5. 在采购发票上开具的“运输费”存货应设置（　　）属性。
   A．外购　　B．销售　　C．生产耗用　　D．劳务费用

三、实训题

恢复中顺科技“总账初始化”账套，进行购销存管理初始化实训。

实训 10：购销存管理初始化

1. 启用购销存管理子系统及核算管理子系统
2. 设置存货

（1）存货分类（见表 8.9）。

表 8.9　存货分类

存货类别编码	存货类别名称
1	原材料
2	产成品
3	应税劳务

（2）存货档案（见表 8.10）。

表 8.10　存货档案

编　码	存货名称	计量单位	所属分类	税　率	存货属性	参考成本
101	光盘	张	1	13	外购、生产耗用	2.00 元/张
102	原纸	包	1	13	外购、生产耗用	35.00 元/包
201	智慧养生	套	2	13	自制、销售	80.00 元/套
202	瑜伽入门	套	2	13	自制、销售	45.00 元/套
203	纪念册	册	2	13	自制、销售	60.00 元/册
301	运费	千米	3	9	外购、销售、劳务费用	

3. 购销存基础设置

（1）仓库档案（见表 8.11）。

表 8.11　仓库档案

仓库编码	仓库名称	所属部门	负责人	计价方式
1	材料一库	采购部	吴越	先进先出法
2	材料二库	采购部	吴越	先进先出法
3	成品库	生产部	马小峰	先进先出法

（2）收发类别（见表 8.12）。

表 8.12　收发类别

收发类别编码	收发类别名称	收发标志	收发类别编码	收发类别名称	收发标志
1	入库类别	收	2	出库类别	发
11	采购入库	收	21	销售出库	发
12	产成品入库	收	22	材料领用出库	发

（3）采购类型（见表 8.13）。

表 8.13　采购类型

采购类型编码	采购类型名称	入库类别	是否默认值
00	普通采购	采购入库	是

（4）销售类型（见表 8.14）。

表 8.14　销售类型

销售类型编码	销售类型名称	出库类别	是否默认值
00	普通销售	销售出库	是

4. 设置业务科目

（1）存货科目（见表 8.15）。

表 8.15　存货科目

仓库编码	仓库名称	存货科目编码及名称
1	材料一库	140301 原材料——光盘
2	材料二库	140302 原材料——原纸
3	成品库	1405 库存商品

（2）存货对方科目（见表 8.16）。

表 8.16　存货对方科目

收发类别	对方科目	暂估入库科目
采购入库	材料采购（1401）	220202 暂估应付款
产成品入库	生产成本——直接材料（500101）	
销售出库	主营业务成本（6401）	
材料领用出库	生产成本——直接材料（500101）	

（3）设置客户往来科目。

① 基本科目设置。应收科目为 1122，预收科目为 2203，销售收入科目为 6001，应交增值税科目为 22210105。

② 结算方式科目设置。现金结算对应科目为 1001，现金支票、转账支票和电汇结算方式均对应科目 10020101。

（4）设置供应商往来科目。

① 基本科目设置。应付科目为 220201，预付科目为 1123，采购科目为 1401，采购税金科目为 22210101。

② 结算方式科目设置。现金结算对应科目为 1001，现金支票、转账支票和电汇结算方式均对应科目 10020101。

5. 设置购销存业务范围

采购业务范围业务控制选项设置为增值税专用发票默认税率 13%；采购订单、采购入库单采用默认税率。

6. 购销存管理子系统期初数据

① 2019 年 12 月 29 日，采购部收到立丰达提供的光盘 1 000 张，暂估价为 1.8 元/张。商品已验收入材料一库，月末未收到发票。

② 2019 年 12 月 31 日，企业对各个仓库进行了盘点，结果如表 8.17 所示。

表 8.17　库存期初余额

元

仓库名称	存货编码	存货名称	数　量	单　价	金　额	合　计
材料一库	101	光盘	1 500 张	2.00	3 000	38 000
材料二库	102	原纸	1 000 包	35.00	35 000	
成品库	201	智慧养生	1 000 套	80.00	80 000	296 000
成品库	202	瑜伽入门	800 套	45.00	36 000	
成品库	203	纪念册	3 000 册	60.00	180 000	

③ 客户往来期初——应收账款（1122）期初余额借方 46 400 元。2019 年 12 月 26 日，北京顺达购买《智慧养生》400 套，无税单价 100 元。开具销售专用发票，发票号为 FP0101。此笔业务由销售部肖义负责。

④ 供应商往来期初——应付账款（2202）期初余额贷方 4 000 元。2019 年 12 月 28 日，收到立丰达提供的原纸 2 000 包，单价为 35 元。收到专用发票，发票号为 FP0102。货款未付。

7. 备份“购销存初始化”账套

项目 9

采购与应付管理

知识目标

1. 了解采购管理子系统的主要功能。
2. 熟悉不同类型采购业务的处理流程。
3. 理解采购结算的含义。
4. 理解核销的含义。

技能目标

1. 掌握普通采购业务全流程处理。
2. 掌握采购现付业务处理。
3. 掌握采购运费处理。
4. 掌握暂估入库业务处理。
5. 掌握预付业务处理。
6. 掌握转账业务处理。

项目背景

企业是以营利为目的的经济组织。企业的利润是由业务活动创造的，购销存是企业的基本业务活动，财务活动为企业业务活动的开展提供支持和服务。

在掌握了 T3对于总账、报表、工资、固定资产的核算和管理之后，华宇电脑项目实施团队决定再接再厉，继续学习 T3购销存管理子系统的功能，同时了解业务和财务之间的关联关系。采购是企业购销存业务管理的首要环节，让我们从这里开始吧。

基本知识

9.1 认识采购管理子系统

在 T3 中，采购管理是对采购业务全流程的管理。它具体包括采购订货处理，可以动态掌握订单执行情况；处理采购入库单、采购发票，通过采购结算确认采购入库成本；根据采购发票确认应付；对供应商付款；相关单据查询和账表统计。

9.2 采购管理子系统与 T3 其他子系统的数据关联

采购管理子系统中填制的采购入库单在库存管理子系统中审核确认，在核算管理子系统中记账；采购管理子系统中没有结算的入库单，核算管理子系统可做暂估入库记账处理；采购管理子系统中填制的采购发票，经过采购结算处理后在供应商往来中形成应付账款信息；采购管理子系统的采购入库单、采购结算单、采购发票在核算管理子系统中生成记账凭证，传递给总账管理子系统。

实训任务

任务 1 普通采购业务处理

任务下达

以系统管理员的身份在系统管理中恢复“购销存初始”账套；以账套主管的身份完成普通采购业务处理。

任务解析

按照货物和发票到达的先后顺序，可以将采购入库业务划分为单货同行的普通采购业务、货到票未到的暂估业务和票到货未到的在途业务 3 类。本任务先学习单货同行的普通采购业务。普通采购业务的处理流程如图 9.1 所示。

1．采购订货

采购订货是指企业根据采购计划与供应商签订采购意向协议，确认要货需求。在 T3 中，订货确认后需要在系统中输入采购订单。采购订单上记录了采购哪些货物、采购多少、价格、到货时间、由谁供货等关键信息。供应商依据采购订单组织供货，仓管人员根据采购订单进行货物的验收。

采购订单经过审核才能在采购入库、采购发票环节被参照。

2．采购入库

采购入库单是根据采购到货签收的实收数量填制的单据。采购入库单既可以直接输入，也可以参照采购订单或采购发票生成。

如果因种种原因发生采购退货，就需要在此填制退货单，即红字入库单。

采购入库单的审核表示确认存货已入库。只有审核后的采购入库单才能在核算管理子系统中进行单据记账。

3．收到发票，确认应付及采购成本，登记材料明细账

采购发票是供货单位开出的销售货物的凭证。系统根据采购发票确认应付。在 T3 中，采购发票按发票类型可分为增值税专用发票、普通发票和运费发票；按业务性质可分为蓝字发票和红字发票。

采购结算也叫采购报账，是指根据采购入库单、采购发票确认采购成本。采购结算有自动结算和手工结算两种方式：自动结算由计算机自动将相同供货单位的、相同数量存货的采购入

库单与采购发票进行结算；手工结算支持采购入库单与采购发票上的采购数量不同的结算、正数入库单与负数入库单的结算、正数发票与负数发票的结算、正数入库单与正数发票的结算、负数入库单与负数发票的结算和费用发票单独结算等结算方式。

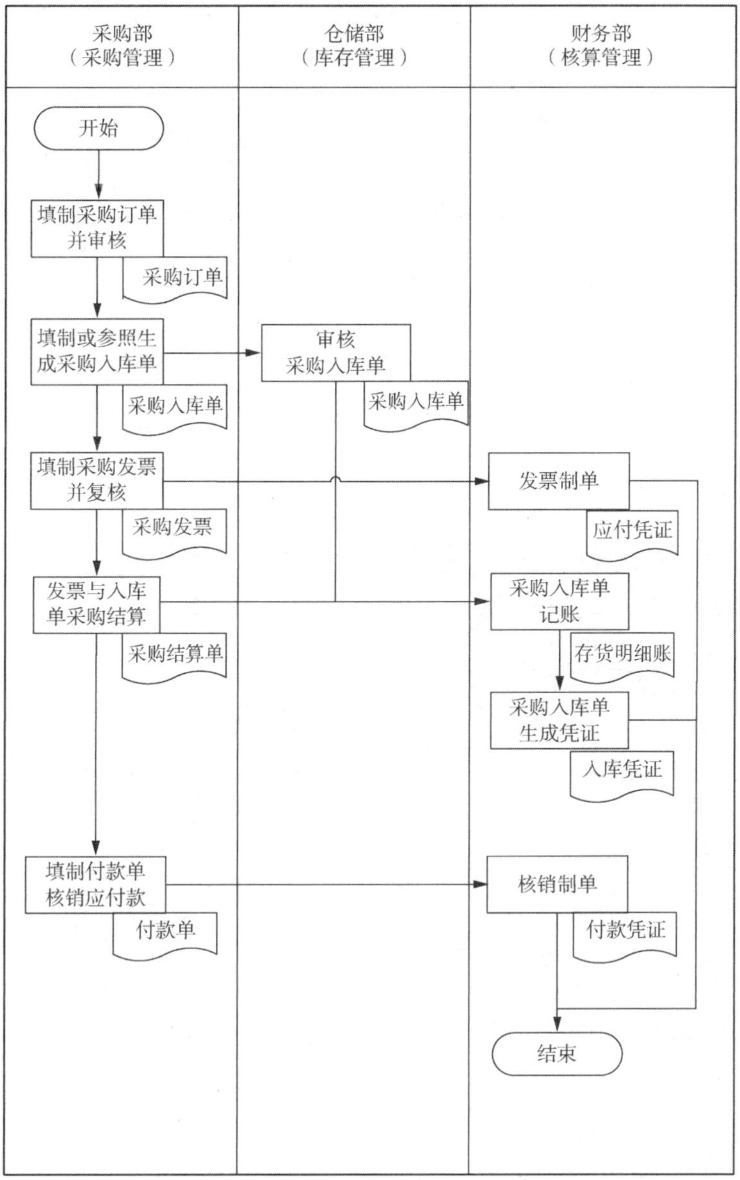

图 9.1 普通采购业务的处理流程

4．付款结算，核销应付

在货到票到，财务部门核对无误之后，需要按照合同约定向供应商支付货款。

核销的含义是指用对该供应商的付款冲销对该供应商的应付。只有及时核销才能进行精确的账龄分析。

在 T3 中，输入的付款单可以与采购发票、应付单记录的应付进行核销。如果支付的货款等于应付款，可以完全核销；如果支付的款项少于应付款，只能部分核销；如果支付的款项多于应付款，那么余款可以转为预付款。

任务详情

① 1 月 1 日，业务员杨帅向亚捷公司订购键盘 300 个，单价 125 元。要求到货日期为 1 月 3 日。

② 1 月 3 日，按照合同约定订购的 300 个键盘到货。办理入库，入材料二库。

③ 1 月 3 日，收到采购键盘的专用发票一张，发票号为 FP1501。财务部门确定此业务所涉及的应付账款和采购成本。

④ 1 月 3 日，财务部门将本笔业务登记材料明细账，生成入库凭证。

⑤ 1 月 5 日，财务开出转账支票 42 375 元（票号 0105），付清该笔采购货款并核销应付。

任务指引

1．填制并审核采购订单

步骤 1　以 101 账套主管的身份进入 T3，选择“采购”|“采购订单”命令，打开“采购订单”对话框。

步骤 2　单击“增加”按钮，输入相关信息，如图 9.2 所示。

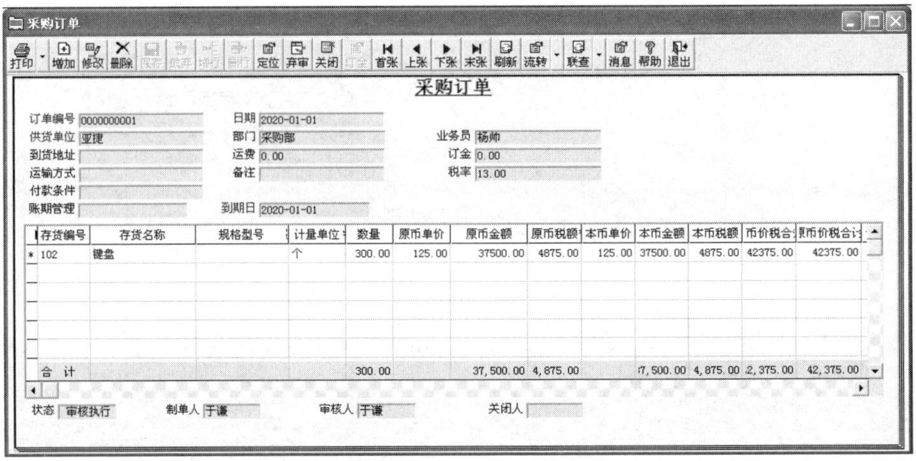

图 9.2　采购订单

步骤 3　单击“审核”按钮，审核采购订单。

2．填制并审核采购入库单

步骤 1　在采购管理子系统中，选择“采购”|“采购入库单”命令，打开“采购入库”对话框。

步骤 2　单击“增加”按钮，选择仓库为“材料二库”、供货单位为“亚捷”、入库类别为“采购入库”；单击“选单”下拉按钮，选择“采购订单”选项，如图 9.3 所示。

步骤 3　打开“单据拷贝”对话框，单击“过滤”按钮，下方窗格中显示可参照的订单，如图 9.4 所示。

步骤 4　选择要参照的采购订单，单击“确认”按钮，将采购订单的相关信息带入采购入库单，如图 9.5 所示。单击“保存”按钮，然后单击“退出”按钮。

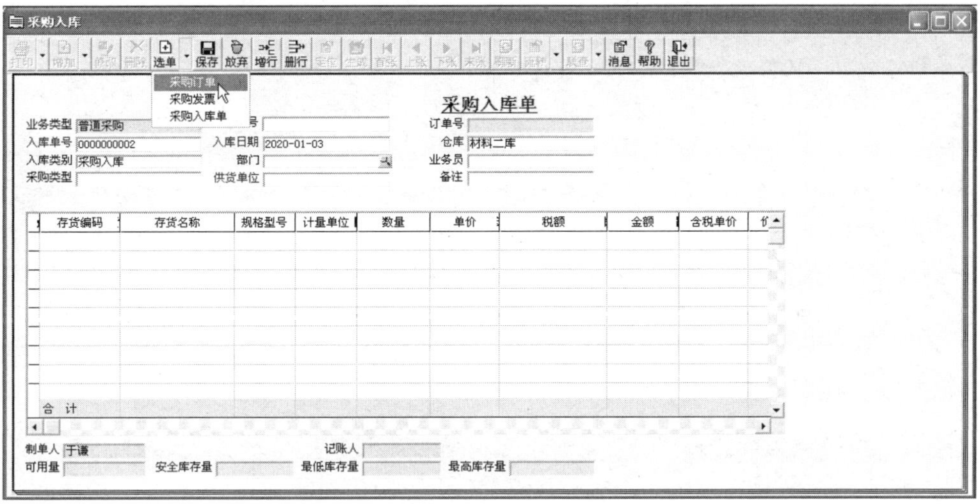

图 9.3　参照采购订单生成采购入库单

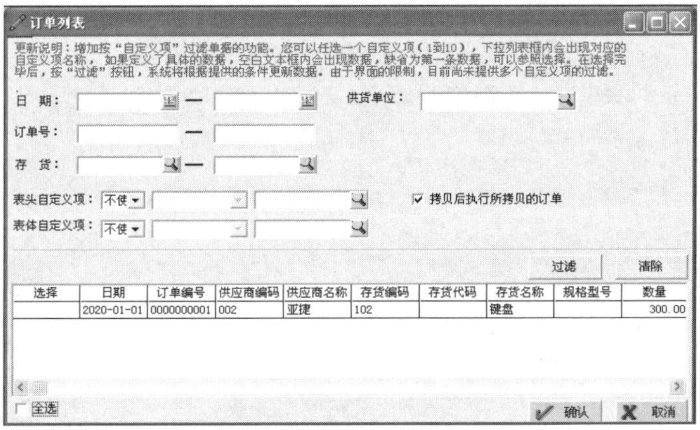

图 9.4　显示可参照的订单

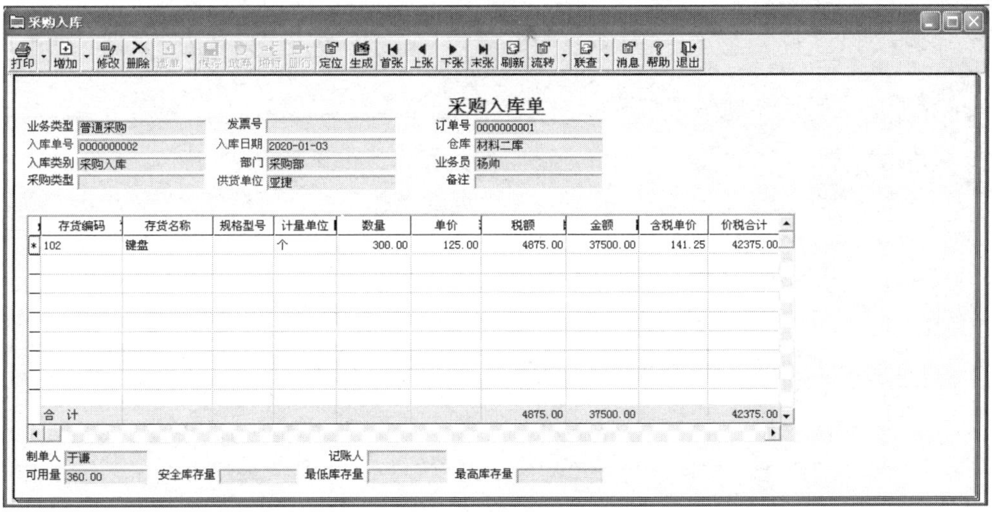

图 9.5　采购入库单

步骤 5　在库存管理子系统中，选择“采购入库单审核”命令，再选择相应的采购入库单，然后单击“审核”按钮，对采购入库单进行审核。

3．填制并复核采购发票，与采购入库单进行采购结算确认入库成本，根据发票确认应付账款

步骤 1　在采购管理子系统中，选择“采购”|“采购发票”命令，打开“采购发票——采购普通发票”对话框。

步骤 2　单击“增加”下拉按钮，选择“专用发票”，打开“采购发票——采购专用发票”对话框。单击“选单”下拉按钮，选择“采购订单”，打开“单据拷贝”对话框。单击“过滤”按钮，显示可参照的订单列表。选中要参照的订单，单击“确认”按钮，将采购订单信息带入采购专用发票。输入发票号 FP1501 后单击“保存”按钮，如图 9.6 所示。

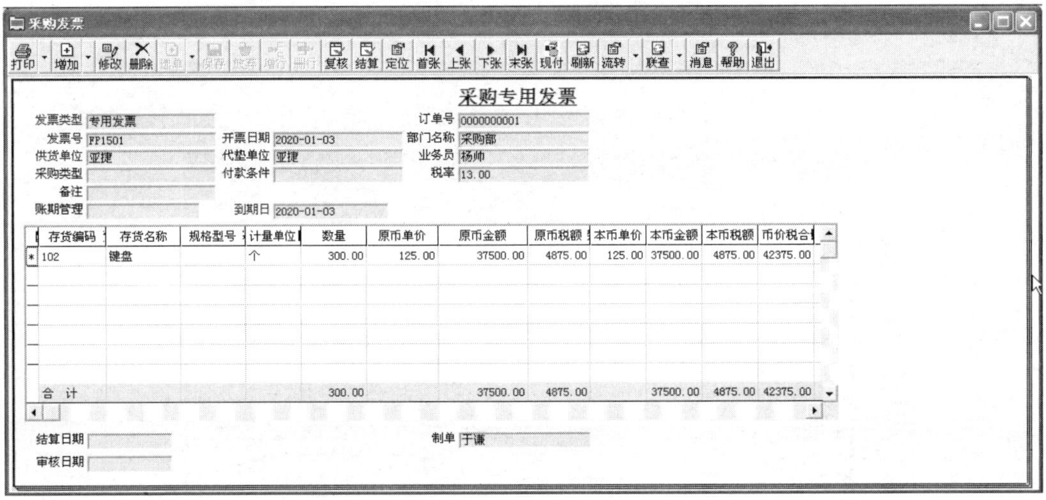

图 9.6　采购专用发票

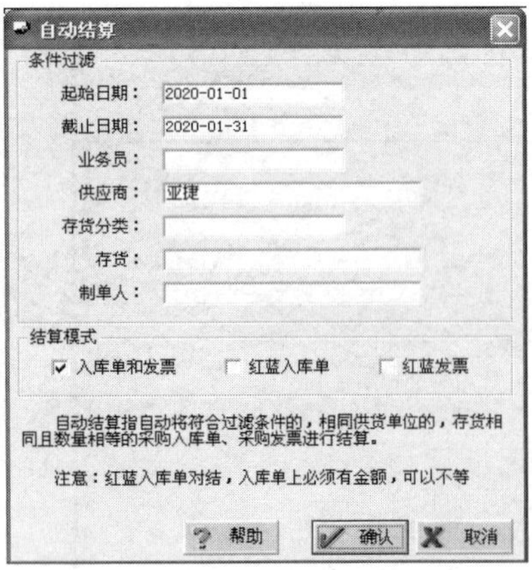

图 9.7　自动结算

步骤 3　单击“复核”按钮，系统弹出“复核将发票登记应付账款，请在往来账中查询该数据，是否只处理当前账？”信息提示框。单击“是”按钮，发票左上角显示“已审核”字样。

步骤 4　单击“结算”按钮，打开“自动结算”对话框，如图 9.7 所示。单击“确认”按钮，系统弹出“全部成功，共处理了[1]张单据”信息提示框。单击“确定”按钮返回，发票左上角显示“已结算”字样。然后单击“退出”按钮。

步骤 5　在核算管理子系统中，选择“核算”|“凭证”|“供应商往来制单”命令，打开“供应商制单查询”对话框。选择“发票制单”，单击“确认”按钮，打开“供应商往来制单”对话框。选择要制单的单据，如图 9.8 所示。

步骤 6　单击“制单”按钮，打开“填制凭证”窗口。单击“保存”按钮，凭证左上角显示“已生成”字样，表示凭证已传递到总账管理子系统，如图 9.9 所示。然后单击“退出”按钮。

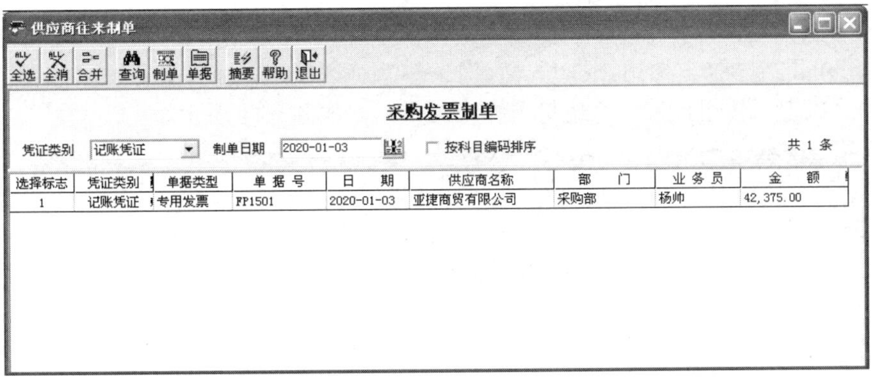

图 9.8　采购发票制单

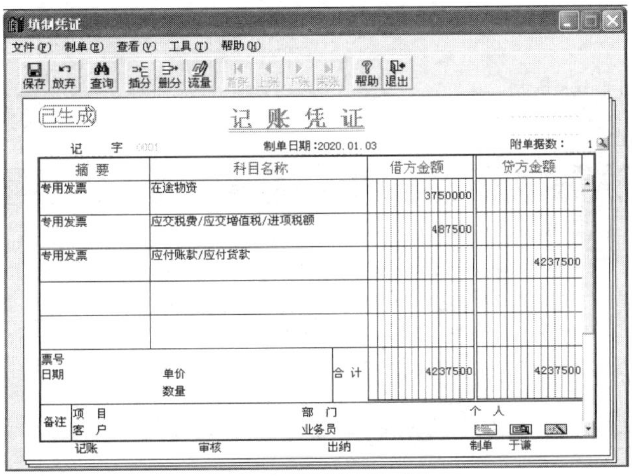

图 9.9　发票制单生成的凭证

4．对采购入库单记账并生成入库凭证

步骤 1　在核算管理子系统中，选择“核算”|“核算”|“正常单据记账”命令，打开“正常单据记账条件”对话框。单击“确定”按钮，打开“正常单据记账”对话框。

步骤 2　选择需要记账的单据，如图 9.10 所示。然后单击“记账”按钮。记账完成后单据不再在该对话框中显示。

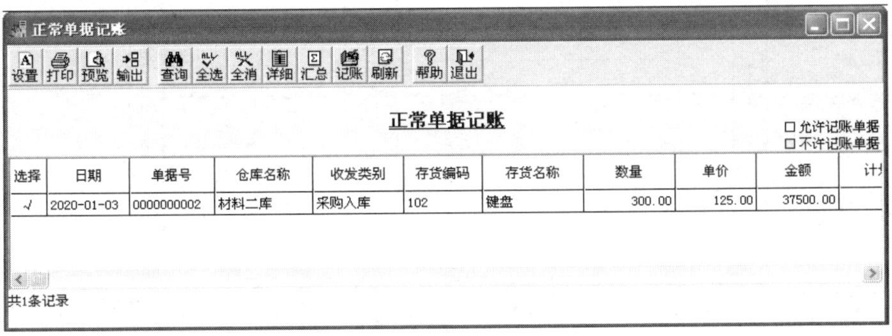

图 9.10　选择采购入库单记账

步骤 3　选择“核算”|“核算”|“凭证”|“购销单据制单”命令，打开“生成凭证”对话框。

步骤 4　单击“选择”按钮，打开“查询条件”对话框。选择“采购入库单（报销记账）”选项，单击“确定”按钮，打开“选择单据”对话框，如图 9.11 所示。

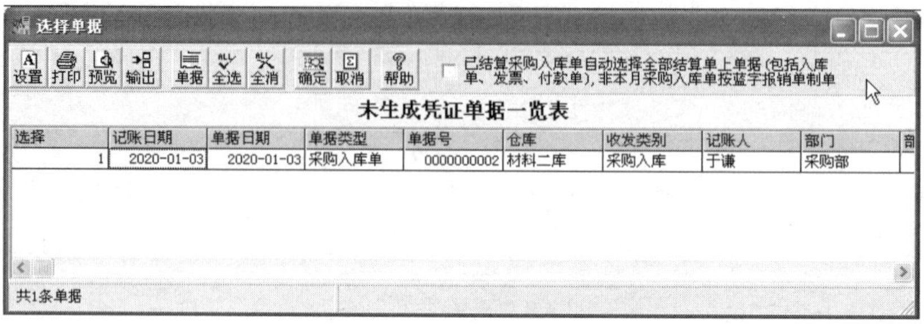

图 9.11　未生成凭证单据一览表

步骤 5　选中要制单的单据行，单击“确定”按钮，打开“生成凭证”对话框，如图 9.12 所示。

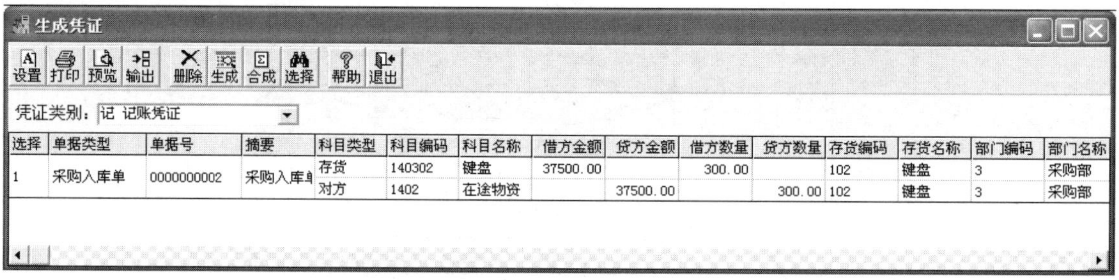

图 9.12　生成凭证

步骤 6　单击“生成”按钮，打开“填制凭证”窗口。单击“保存”按钮，生成入库凭证，如图 9.13 所示。

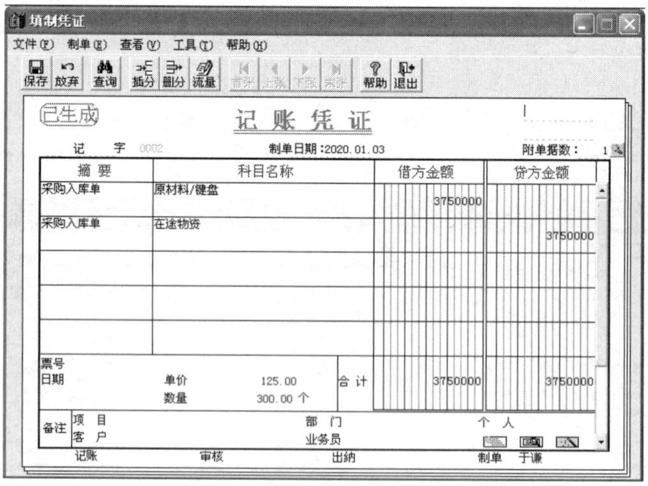

图 9.13　采购入库凭证

5. 支付货款并核销应付

步骤 1　在采购管理子系统中，选择“采购”|“供应商往来”|“付款结算”命令，打开“付款单”对话框。

步骤 2　选择供应商“亚捷”，单击“增加”按钮，输入结算方式为 202、结算金额为 42 375、票据号为 0105。然后单击“保存”按钮。

步骤 3　单击“核销”按钮，系统调出该供应商未核销的单据。在相应的单据的“本次结算”栏中输入 42375，如图 9.14 所示。单击“保存”按钮，然后单击“退出”按钮。

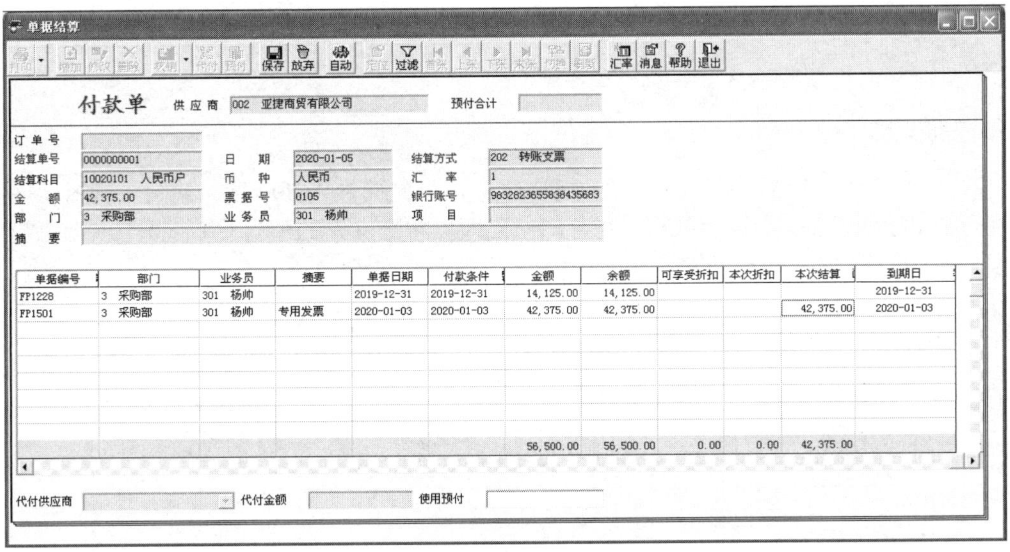

图 9.14　输入付款单并核销

步骤 4　在核算管理子系统中，选择“核算”|“凭证”|“供应商往来制单”命令，打开“供应商制单查询”对话框。选中“核销制单”复选框，单击“确认”按钮，打开“核销制单”对话框。选择要制单的单据，单击“制单”按钮，打开“填制凭证”窗口。单击“保存”按钮，如图 9.15 所示。

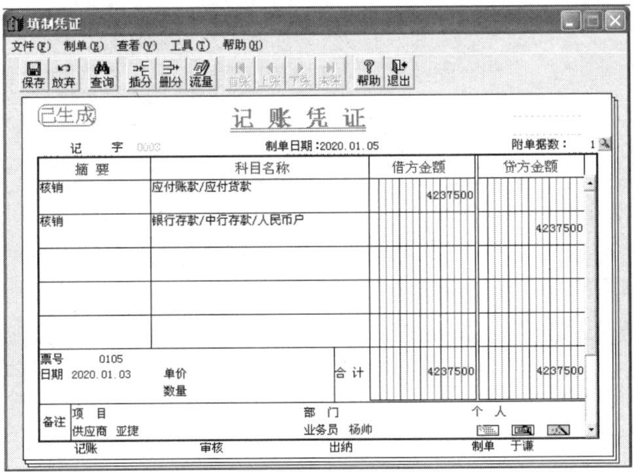

图 9.15　核销制单

任务 2　采购现付业务处理

任务下达

由账套主管完成采购现付业务处理。

任务解析

与普通采购业务不同的是，采购现付业务是收到发票的当时即支付货款，因此从会计核算的角度跳过了应付确认，直接进行付款处理。

任务详情

1 月 8 日，采购部向日星科技购买主板 200 个，无税单价为 500 元，验收入材料一库。同时，收到专用发票一张，票号为 1502。财务部门立即以转账支票的形式（票号 0110）支付货款，本单位开户银行账号为 60831578。

任务指引

1．在采购管理子系统中填制采购入库单（见图 9.16）

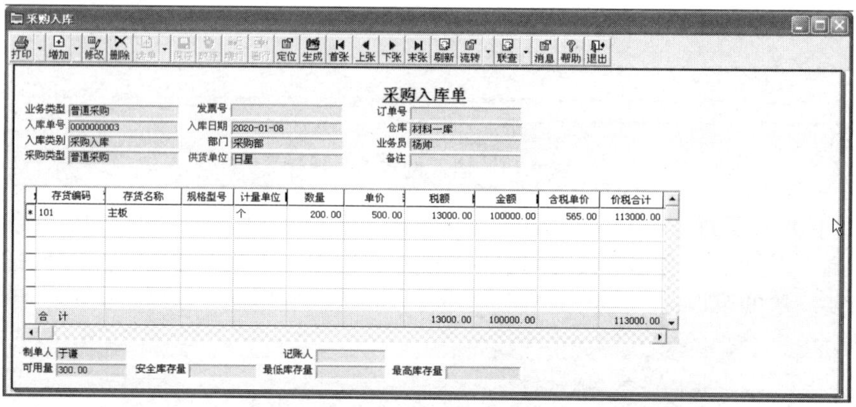

图 9.16　填制采购入库单

2．在库存管理子系统中审核采购入库单

3．在采购管理子系统中填制采购专用发票，与采购入库单进行结算

4．对采购专用发票进行现付处理

步骤 1　在"采购专用发票"对话框中，单击"现付"按钮，打开"采购现付"对话框。输入各项付款信息，如图 9.17 所示。

步骤 2　单击"确定"按钮，系统弹出"现结记录已保存！"信息提示框。单击"确定"按钮返回，系统提示"现付成功！"，采购专用发票左上角显示"已现付"字样。

步骤 3　单击"复核"按钮对采购专用发票进行复核。

5．在核算管理子系统中对采购入库单进行记账，生成入库凭证

步骤 1　选择"核算"|"核算"|"正常单据记账"命令，对本笔业务采购入库单进行记账处理。

步骤 2　选择“核算”|“凭证”|“购销单据制单”命令，打开“生成凭证”对话框。单击“选择”按钮，打开“查询条件”对话框。选中“采购入库单（报销记账）”复选框，单击“确认”按钮。对采购入库单生成以下入库凭证。

借：原材料——主板　　100 000

　　贷：在途物资　　100 000

6．在核算管理子系统中生成采购现付凭证

步骤 1　选择“核算”|“凭证”|“供应商往来制单”命令，打开“供应商制单查询”对话框。

步骤 2　选择“现结制单”选项，单击“确认”按钮，打开“现结制单”对话框。

步骤 3　选中要制单的单据，单击“制单”按钮，打开“填制凭证”对话框。

步骤 4　单击“保存”按钮，生成采购现付凭证，如图 9.18 所示。然后单击“退出”按钮返回。

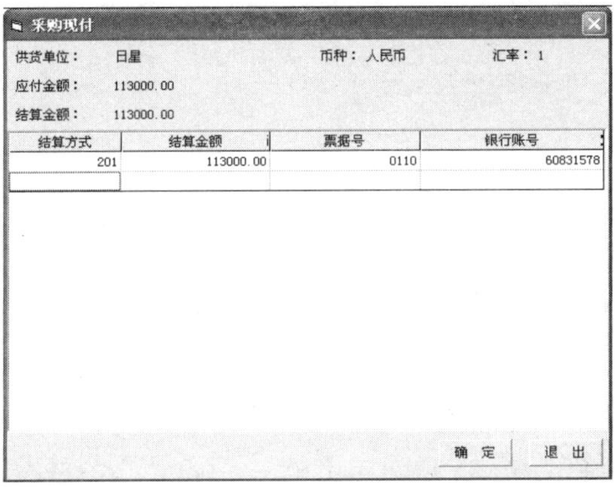

图 9.17　采购现付

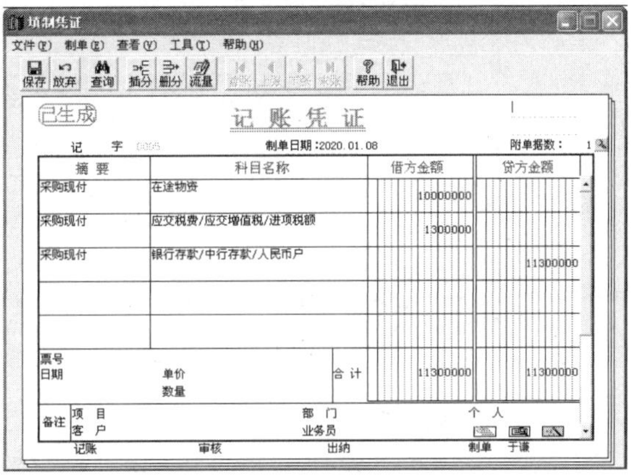

图 9.18　采购现付凭证

任务 3　采购运费处理

任务下达

由账套主管进行采购运费处理。

任务解析

在企业采购业务活动中，如果有关采购发生的费用按照会计制度的规定允许计入采购成本，那么可以按以下情况进行区别处理。一种情况是，费用发票与货物发票一起报账时，可利用手工结算功能对采购入库单和货物发票及运费发票一起结算。另外一种情况是，费用发票滞后报账。如果该费用只由一种存货负担，可以将费用票据输入计算机后用手工结算功能单独进行报账；如果是多笔采购业务、多仓库、多存货承担的费用发票，可以在费用折扣结算功能中实现。

任务详情

1 月 10 日，收到亚捷公司代垫的运费发票一张。原币金额为 120 元、税率为 9%，为 1 月 1 日采购 300 个键盘发生。

将运费计入采购成本，确认应付。

任务指引

1．填制运费发票并复核

步骤 1　在采购管理子系统中，选择“采购”|“采购发票”命令，打开“采购发票”对话框。

步骤 2　单击“增加”下拉按钮，选择“专用运费发票”，打开“采购发票——采购专用运费发票”对话框。输入发票信息，然后单击“保存”按钮。

步骤 3　单击“复核”按钮，复核采购运费发票，如图 9.19 所示。

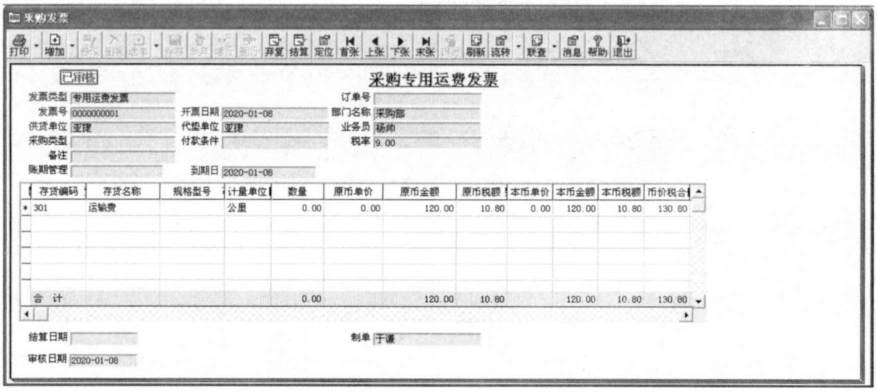

图 9.19　采购专用运费发票

2．进行费用折扣结算

步骤 1　在采购管理子系统中，选择“采购”|“采购结算”|“费用折扣结算”命令，打开“条件输入”对话框。单击“确认”按钮，打开“入库单和发票选择”对话框。

步骤 2　选择要结算的入库单和运费发票，单击“确认”按钮，打开“费用折扣结算”对话框，如图 9.20 所示。

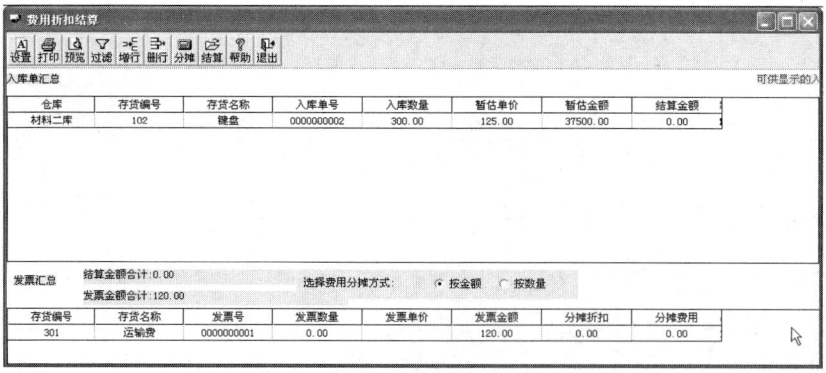

图 9.20　费用发票单独结算到存货

步骤 3　单击“分摊”按钮，再单击“结算”按钮，系统弹出“结算成功！”信息提示框。单击“确定”按钮返回。

3．进行暂估处理

步骤 1　在核算管理子系统中，选择“核算”|“核算”|“暂估入库成本处理”命令，打开

“暂估处理查询”对话框。

步骤 2　选择“材料二库”，单击“确认”按钮，打开“暂估结算表”对话框。

步骤 3　选中要暂估的单据，如图 9.21 所示。单击“暂估”按钮，完成暂估。暂估后系统自动生成一张入库调整单。

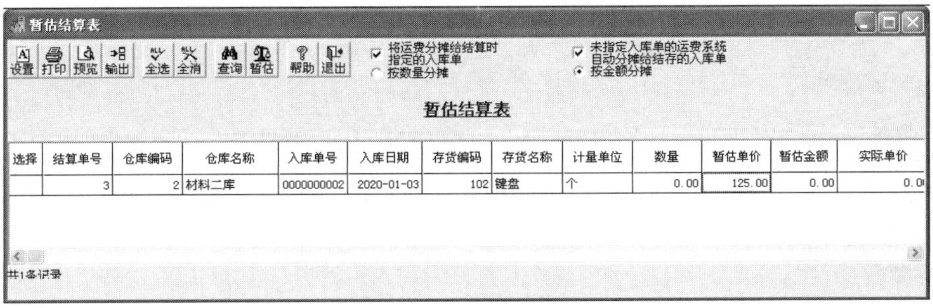

图 9.21　暂估结算

4．入库调整单制单

步骤 1　在核算管理子系统中，选择“核算”|“凭证”|“购销单据制单”命令，打开“生成凭证”对话框。

步骤 2　单击“选择”按钮，打开“查询条件”对话框。选中“入库调整单”复选框，单击“确认”按钮返回。

步骤 3　选中要制单的入库调整单，单击“确定”按钮，返回“生成凭证”对话框。

步骤 4　补充输入贷方科目为 1402，单击“生成”按钮，打开“填制凭证”对话框。修改摘要内容。生成入库调整凭证，如图 9.22 所示。

5．运费发票制单

步骤 1　在核算管理子系统中，选择“核算”|“凭证”|“供应商往来制单”命令，打开“供应商制单查询”对话框。

步骤 2　选中“发票制单”，单击“确认”按钮，打开“采购发票制单”对话框。

步骤 3　单击“全选”按钮，选中要制单的专用运费发票。然后单击“制单”按钮，生成凭证如图 9.23 所示。

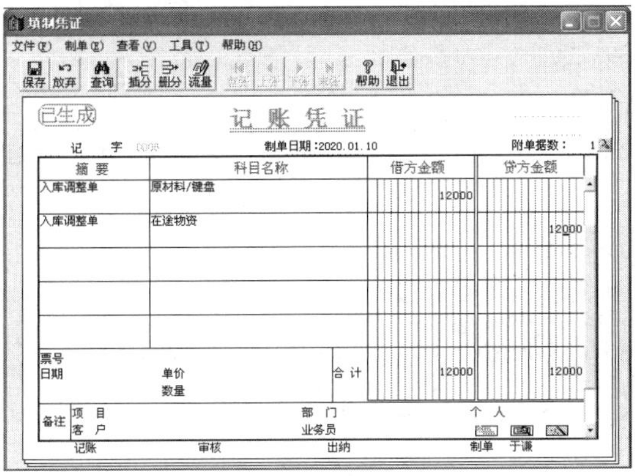

图 9.22　入库调整凭证

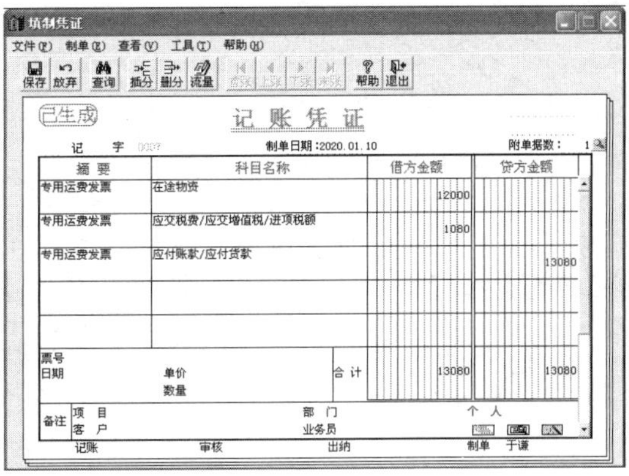

图 9.23　运费发票生成凭证

任务4　暂估入库报销处理

任务下达

由账套主管进行暂估入库报销处理。

任务解析

暂估入库是指本月存货已经入库，但采购发票尚未收到，不能确定存货的入库成本。月底时为了正确核算企业的库存成本，需要将这部分存货暂估入账，形成暂估凭证。对暂估入库业务，系统提供了3种不同的处理方法。

1. 月初回冲

月初回冲是指进入下月后，存货核算子系统自动生成与暂估入库单完全相同的红字回冲单，同时登录相应的存货明细账，冲回存货明细账中上月的暂估入库。对红字回冲单制单，冲回上月的暂估凭证。

收到采购发票后，输入采购发票，对采购入库单和采购发票进行采购结算。结算完毕后，进入核算管理子系统，使用暂估入库成本处理功能进行暂估处理后，系统根据发票自动生成一张蓝字回冲单，其上的金额为发票上的报销金额。同时，登记存货明细账，使库存增加。然后对蓝字回冲单制单，生成采购入库凭证。

2. 单到回冲

单到回冲是指下月初不做处理，采购发票收到后，先在采购管理子系统中输入并进行采购结算，再到核算管理子系统中进行暂估入库成本处理，系统自动生成红字回冲单、蓝字回冲单，同时据以登记存货明细账。红字回冲单的入库金额为上月暂估金额，蓝字回冲单的入库金额为发票上的报销金额。在“核算”|“生成凭证”子菜单中，选择“红字回冲单”“蓝字回冲单”命令制单，生成凭证，传递到总账管理子系统。

3. 单到补差

单到补差是指下月初不做处理，收到采购发票后，先在采购管理子系统中输入并进行采购结算，再到核算管理子系统中进行暂估入库成本处理。如果报销金额与暂估金额的差额不为0，则产生调整单——一张采购入库单生成一张调整单，用户确定后，自动记入存货明细账；如果差额为0，则不生成调整单。最后对调整单制单，生成凭证，传递到总账管理子系统。

以单到回冲为例，暂估处理业务的业务流程如图9.24所示。

需要注意的是，对于暂估处理业务，在月末暂估入库单记账前，要对所有没有结算的入库单填入暂估单价，然后才能记账。

任务详情

1月10日，收到日星公司提供的上月已验收入库的100个主板的专用发票一张，票号为1551，发票不含税单价为520元。进行暂估报销处理，确定采购成本和应付账款。

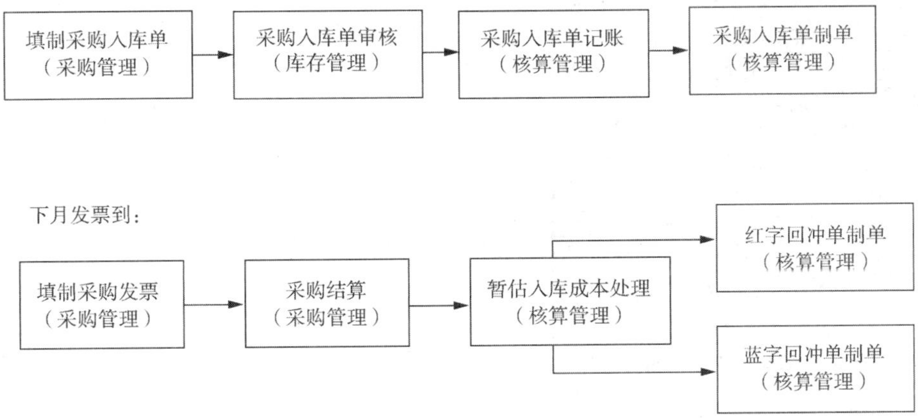

图 9.24　暂估处理业务的处理流程

任务指引

1．在采购管理子系统中填制采购专用发票并复核

2．在采购管理子系统中进行手工结算

步骤 1　选择“采购”|“采购结算”|“手工结算”命令，打开“条件输入”对话框。

步骤 2　输入条件日期范围为“2019-12-01”到“2020-01-31”。然后单击“确认”按钮，打开“入库单和发票选择”对话框。

步骤 3　选择要结算的入库单和发票，单击“确认”按钮，返回“手工结算”对话框。单击“结算”按钮，系统弹出“完成结算！”信息提示框。单击“确定”按钮，然后单击“退出”按钮返回。

3．在核算管理子系统中执行暂估入库成本处理

步骤 1　选择“核算”|“核算”|“暂估入库成本处理”命令，打开“暂估处理查询”对话框。

步骤 2　选择“材料一库”，单击“确认”按钮，打开“暂估结算表”对话框，如图 9.25 所示。

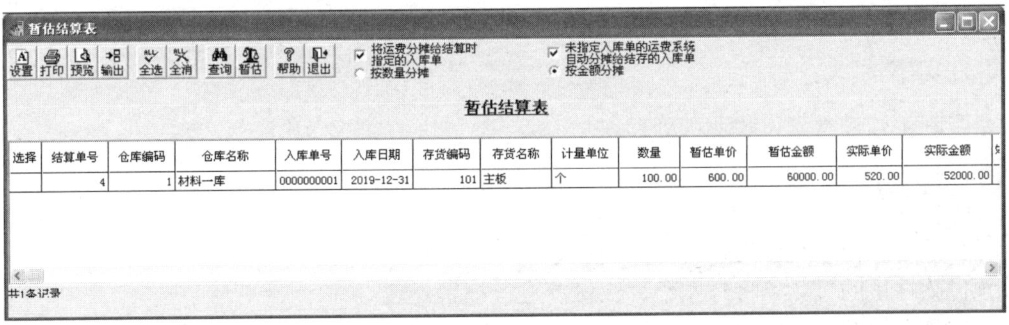

选择	结算单号	仓库编码	仓库名称	入库单号	入库日期	存货编码	存货名称	计量单位	数量	暂估单价	暂估金额	实际单价	实际金额
	4	1	材料一库	0000000001	2019-12-31	101	主板	个	100.00	600.00	60000.00	520.00	52000.00

图 9.25　结算成本处理

步骤 3　选择需要进行暂估结算的单据，单击“暂估”按钮返回。

4．在核算管理子系统中生成暂估处理凭证

步骤 1　选择“核算”|“核算”|“凭证”|“购销单据制单”命令，打开“生成凭证”对话框。

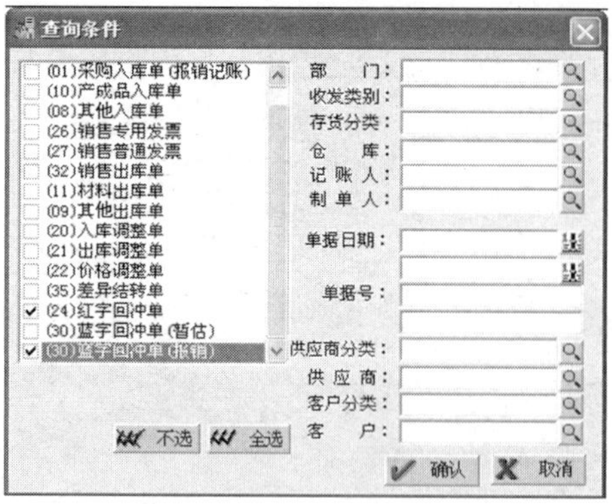

图 9.26　选中红字回冲单、蓝字回冲单（报销）

步骤 2　单击“选择”按钮，打开“查询条件”对话框。选中“(24) 红字回冲单”“(30) 蓝字回冲单（报销）”复选框，如图 9.26 所示。单击“确认”按钮，打开“选择单据”对话框。

步骤 3　单击“全选”按钮，再单击“确定”按钮，打开“生成凭证”对话框。单击“生成”按钮，打开“填制凭证”窗口。单击“保存”按钮，保存红字回冲单生成的凭证，如图 9.27 所示。单击“下张”按钮，再单击“保存”按钮，保存蓝字回冲单生成的凭证，如图 9.28 所示。

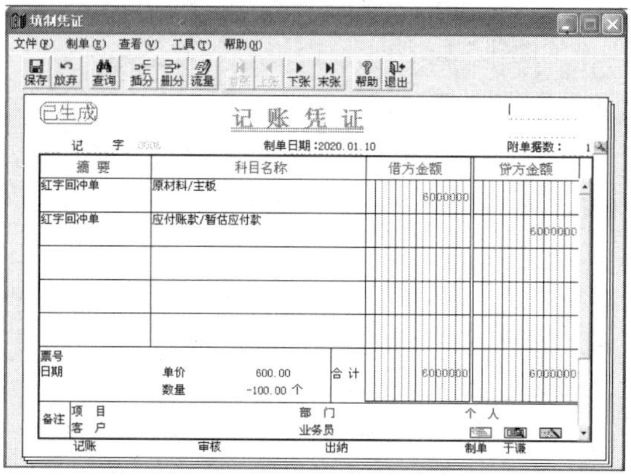

图 9.27　红字回冲单生成凭证

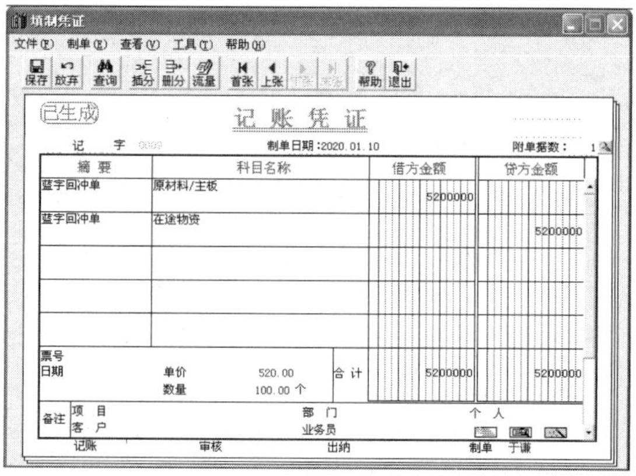

图 9.28　蓝字回冲单生成凭证

5．在核算管理子系统中进行发票制单处理

选择“核算”|“凭证”|“供应商往来制单”命令，对本笔业务采购专用发票进行制单处理。

任务 5　预付款业务处理

任务下达

由账套主管进行预付款业务处理。

任务解析

付款单用来记录企业支付的供应商往来款项，款项性质包括应付款和预付款。其中，应付款、预付款性质的付款单将与发票、应付单进行核销处理。

应付款系统的收款单用来记录发生采购退货时，企业收到的供应商退付的款项。

任务详情

1 月 15 日，开出转账支票一张，金额为 2 000 元，票号为 ZZ1515，作为向亚捷公司预购激光打印机新品的订金。

任务指引

步骤 1 在采购管理子系统中，选择“采购”|“供应商往来”|“付款结算”命令，打开“付款单”对话框。

步骤 2 选择供应商“亚捷”，单击“增加”按钮，输入结算方式为“转账支票”、票号为 ZZ1515、金额为 2 000、摘要为“预付订金”。然后单击“保存”按钮。

步骤 3 单击“预付”按钮，系统将 2 000 元设为预付款。

步骤 4 在核算管理子系统中，选择“核算”|“凭证”|“供应商往来制单”命令，打开“供应商制单查询”对话框。

步骤 5 选中“核销制单”复选框，单击“确认”按钮，打开“核销制单”对话框。选择要制单的单据，单击“制单”按钮，打开“填制凭证”窗口。单击“保存”按钮，如图 9.29 所示。

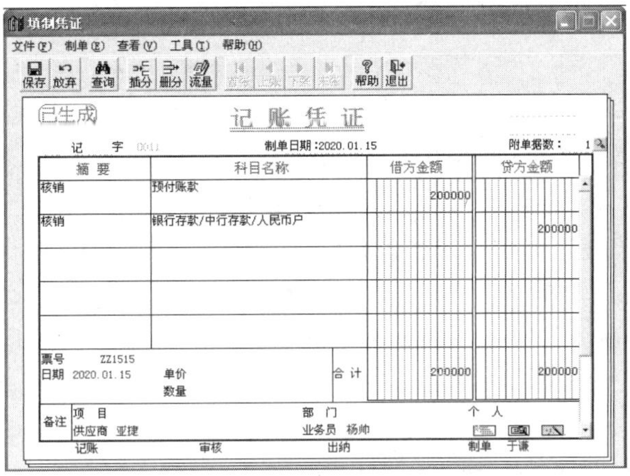

图 9.29 预付款生成凭证

任务 6 预付冲应付业务处理

任务下达

由账套主管进行预付冲应付业务处理。

任务解析

在供应商往来业务中，有 4 种类型的对冲业务，分别是应付冲应收、应付冲应付、预付冲应付及红票对冲。

1．应付冲应收

应付冲应收是指用某供应商的应付账款冲抵某客户的应收款项。系统通过应付冲应收功能将应付款业务在供应商和客户之间进行转账，实现应付业务的调整，解决应付债务与应收债权的冲抵。

2．应付冲应付

应付冲应付是指将一家供应商的应付款转到另一家供应商中。通过应付冲应付功能可将应付款业务在供应商之间进行转入、转出，实现应付业务的调整，解决应付款业务在不同供应商之间入错户或合并户的问题。

3．预付冲应付

预付冲应付是指处理供应商的预付款和该供应商应付欠款的转账核销业务，即某一个供应商有预付款时，可用该供应商的一笔预付款冲抵其一笔应付款。

4．红票对冲

红票对冲可实现某供应商的红字应付单和其蓝字应付单、付款单和收款单之间的冲抵。例如，当发生退票时，用红字发票对冲蓝字发票。红票对冲通常可以分为系统自动冲销和手工冲销两种处理方式：自动冲销可同时对多个供应商依据红票对冲规则进行红票对冲，提高红票对冲的效率；手工冲销可对一个供应商进行红票对冲，并自行选择红票对冲的单据，提高红票对冲的灵活性。

任务详情

1 月 20 日，用预付给亚捷公司的 2 000 元订金冲抵其期初应付款 2 000 元。

任务指引

步骤 1　在采购管理子系统中，选择“采购”|“供应商往来”|“预付冲应付”命令，打开“预付冲应付”对话框。

步骤 2　进入“预付款”选项卡，选择供应商“亚捷”，单击“过滤”按钮，系统列出该供应商的预付款。输入转账金额 2 000，如图 9.30 所示。

步骤 3　进入“应付款”选项卡，单击“过滤”按钮，系统列出该供应商的应付款。在期初应付款记录行输入转账金额 2 000，如图 9.31 所示。

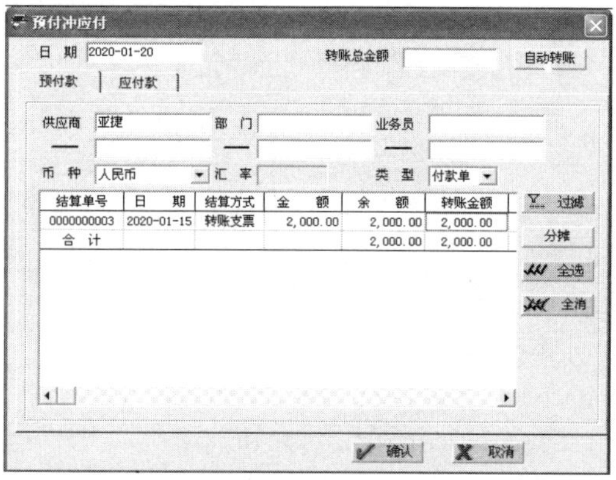

图 9.30　预付冲应付——预付转账金额

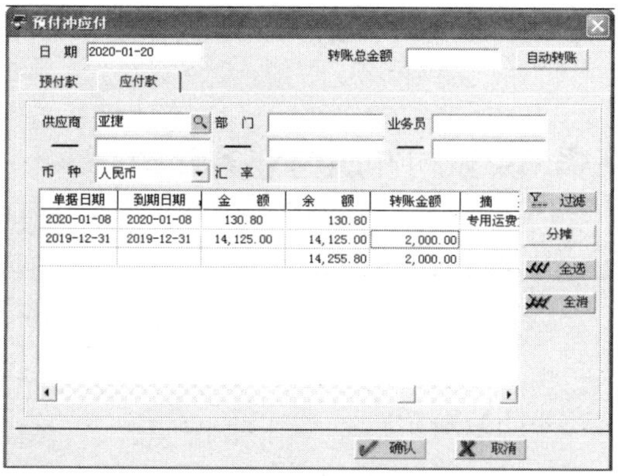

图 9.31　预付冲应付——应付转账金额

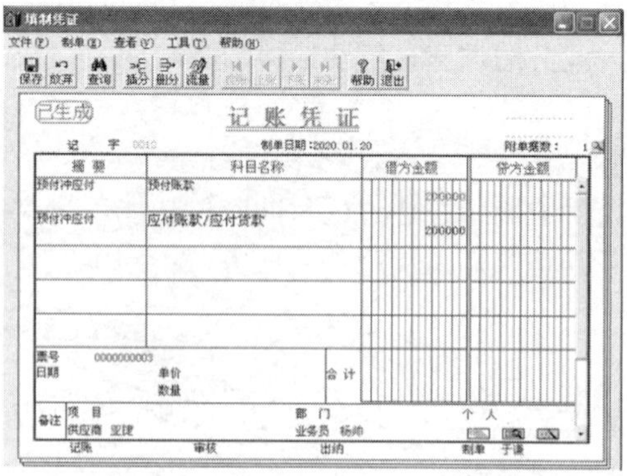

图 9.32　预付冲应付——生成凭证

步骤 4　单击“确认”按钮，系统弹出“操作成功！”信息提示框。然后单击“确定”按钮返回。

步骤 5　在核算管理子系统中，选择“核算”|“凭证”|“供应商往来制单”命令，打开“供应商制单查询”对话框。选中“转账制单”复选框，单击“确认”按钮，生成凭证如图 9.32 所示。

全部完成后，将账套备份至“采购与应付管理”文件夹中。

拓展任务

任务 1　查看本企业暂估成本核算方式

任务下达

由账套主管查看本企业暂估成本的核算方式。

任务解析

对于暂估入库业务，T3 提供了月初回冲、单到回冲和单到补差 3 种处理方式，在任务 4 中已有详述，企业可以根据业务需要选择合适的暂估处理模式。那么，如何选择本企业的暂估成本核算方式呢？所有与存货核算方法相关的选项设置均在核算管理系统中进行。

任务指引

步骤 1　在核算管理系统中，选择“核算”|“核算业务范围”命令，打开“基本设置”对话框。

步骤 2　进入“核算方式”选项卡，查看到系统默认的暂估方式为“单到回冲”，如图 9.33 所示。

步骤 3　单击“确定”按钮返回。

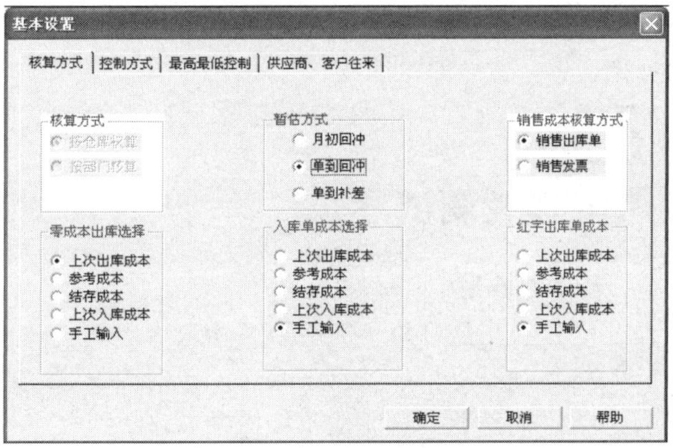

图 9.33　查看企业暂估成本核算方式

任务 2　取消采购结算

任务下达

由账套主管取消第 2 笔业务的采购结算。

任务解析

采购结算是核算本次采购入库成本，如果在采购结算完成后发现结算有误，是否能取消结算呢？在采购管理子系统中，取消采购结算是通过删除采购结算单的方式完成的。

任务指引

步骤 1　在采购管理子系统中，选择“采购”|“采购结算”|“结算单明细列表”命令，打开“单据过滤条件”对话框。单击“确认”按钮，打开“采购结算单列表”对话框。

步骤 2　双击第 2 笔业务的采购结算单，打开“采购结算表”对话框。单击“删除”按钮，系统弹出提示，如图 9.34 所示。

图 9.34　删除采购结算单

步骤 3　单击“是”按钮。如果该结算单所对应的采购入库单和发票没有经过记账及制单处理，该结算单即可删除。

通关测试

一、判断题

1. 没有采购订单不能输入采购入库单。（　）
2. 自动结算只能结算一张入库单对应一张发票的情况。（　）
3. 采购结算一旦完成不能撤销。（　）
4. 采购订单必须审核才能被后续环节参照。（　）
5. 采购入库单需要在库存管理子系统中填制并审核。（　）

二、选择题

1. 以下（　　）业务在采购管理子系统中办理。
   A．采购入库　B．采购结算　C．付款结算　D．生成凭证
2. 采购发票可以参照（　　）生成。
   A．采购订单　B．采购发票　C．采购入库单　D．采购结算单
3. 采购结算包括（　　）。
   A．自动结算　B．现付结算　C．费用折扣结算　D．手工结算
4. 在供应商往来的付款结算中，可以填制（　　）。
   A．应付单　B．转账支票　C．付款单　D．收款单

三、实训题

恢复中顺科技“购销存初始化”账套，进行采购与应付管理实训。

实训 11：采购与应付管理

1. 普通采购业务

① 5 日，采购部吴越向利兴科技订购原纸 500 包。无税单价 35 元，要求到货日期为 1 月 8 日。

② 8 日，收到利兴公司原纸 500 包，以及一张专用发票（适用税率为 13%，发票号为 FP150103）。入材料二库。

③ 10 日，财务部以电汇方式支付上述货款。

2. 采购现付业务

12 日，采购部吴越向立丰达公司采购光盘 3 000 张，单价为 2 元。收到一张专用发票，发票号为 FP150104，财务部立即以转账支票形式支付货款，支票号为 ZZ150103。本公司银行账号为 63412563。

3. 采购运费业务

12 日，收到运费发票一张，发票号为 FP150105，共计 100 元，税率为 9%，为 1 月 5 日向利兴科技采购原纸所发生的运费。

4. 暂估入库报销业务

15 日，收到立丰达公司提供的上月已验收入库的 1 000 张光盘的专用发票一张，发票号为 FP141201，发票上写明的不含税单价为 2 元。进行暂估报销处理，确定采购成本和应付账款。

5. 预付款业务

15 日，财务部开出转账支票一张，支票号为 ZZ150115，作为向立丰达公司采购新品的订金，金额为 5 000 元。

6. 转账业务处理

20 日，用预付给立丰达公司的 5 000 元订金，冲抵其期初部分应付款 2 106 元。

7. 备份“采购与应付管理”账套

项目 *10*

销售与应收管理

知识目标

1. 了解销售管理子系统的主要功能。
2. 熟悉不同类型销售业务的处理流程。
3. 理解核销和转账的含义。

技能目标

1. 掌握普通销售业务全流程处理。
2. 掌握销售现结业务处理。
3. 掌握代垫费用业务处理。
4. 掌握开票直接发货业务处理。
5. 掌握预收款业务处理。
6. 掌握转账业务处理。

项目背景

销售是企业生产经营成果的实现，是企业利润的直接来源，因此在企业中销售是最受关注的业务领域。产品销售出去要及时收回货款，同时维护好企业的客户关系。

学习了 T3 采购管理子系统的功能之后，让我们来看看销售管理子系统有哪些管理功能。

基本知识

10.1 认识销售管理子系统

在 T3 中，销售管理子系统是对销售业务全流程的管理，包括销售订货、销售发货、销售出库、销售发票、应收确认和收款的全过程。

10.1.1 销售管理子系统初始设置

销售管理子系统初始设置包括设置销售管理子系统业务处理所需要的各种业务参数、基础档案信息和销售管理子系统期初数据。

10.1.2　销售业务管理

销售业务管理主要处理销售报价、销售订货、销售发货、销售开票、销售调拨、销售退回、发货折扣、委托代销、零售等业务，并根据审核后的发票或发货单自动生成销售出库单，处理随同货物销售所发生的各种代垫费用，以及在货物销售过程中发生的各种销售支出。

在销售管理子系统中，可以处理普通销售、委托代销、直运销售、分期收款销售、销售调拨和零售业务等业务类型。

10.1.3　销售账簿和销售分析

销售管理子系统不仅可以提供各种销售明细账、销售明细表和各种统计表，还可以进行各种销售分析和综合查询统计分析。

10.2　销售管理子系统与T3其他子系统的数据关联

① 销售管理子系统的发货单、销售发票新增后冲减库存管理子系统的货物现存量，经审核后自动生成销售出库单传递给库存管理子系统。库存管理子系统为销售管理子系统提供各种可用于销售的存货现存量。

② 销售管理子系统的发货单、销售发票经审核后自动生成销售出库单。销售出库单或销售发票传递给核算管理子系统，核算管理子系统将计算出来的存货的销售成本传递给销售管理子系统。

实训任务

任务1　普通销售业务处理

任务下达

由系统管理员引入“购销存初始化”账套。

由账套主管完成普通销售业务处理，包括销售订货、销售发货、销售出库、销售开票、应收确认、结转销售成本、收款结算和核销全流程。

任务解析

普通销售业务支持两种业务模式：先发货后开票业务模式和开票直接发货业务模式。

以先发货后开票为例，业务流程如图10.1所示。

1. 销售订货

销售订货是指确认客户的订货需求。它在销售管理子系统中体现为销售订单，其中载明了双方约定的货物明细、数量、价格和发货日期等。企业根据销售订单组织货源，进行发货，并可对订单执行情况进行跟踪和管控。

已审核未关闭的销售订单可以用于参照生成销售发货单或销售发票。

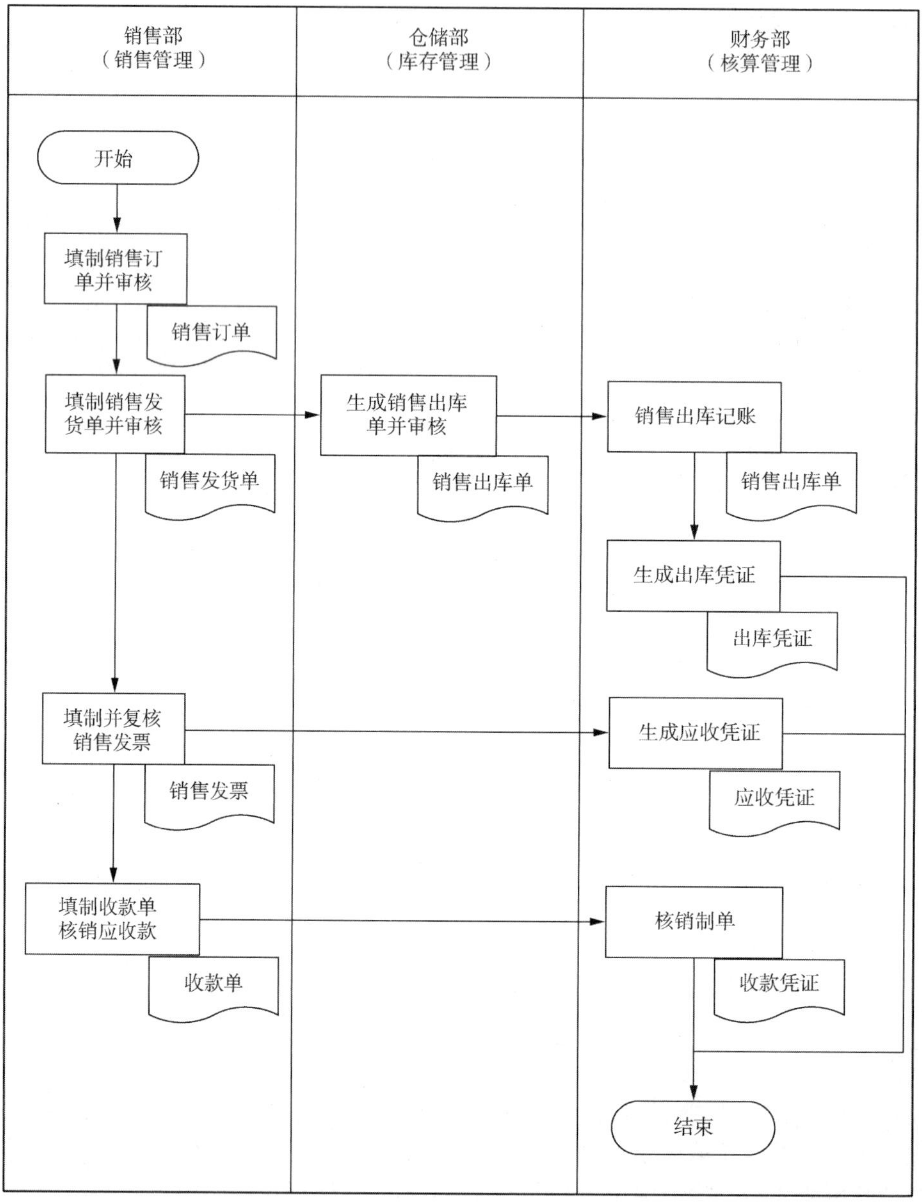

图 10.1　先发货后开票业务模式的业务流程

2．销售发货

当客户订单交期来临时，相关人员应根据订单进行发货。销售发货是指企业执行与客户签订的销售合同或销售订单，将货物发往客户的行为，是销售业务的执行阶段。发货单是确认发货的原始单据，仓库根据发货单办理出库。

3．销售出库

销售出库是销售业务处理的必要环节，在库存管理子系统中用于存货出库数量核算，在存货核算子系统中用于存货出库成本核算。对于用先进先出、后进先出、移动平均、个别计价这 4 种计价方式计价的存货，在存货核算子系统进行单据记账时进行出库成本核算；对于用全月平均、计划价/售价法计价的存货在期末处理时进行出库成本核算。

4．销售开票，确认应收

销售开票是在销售过程中企业给客户开具销售发票及其所附清单的过程。它是销售收入确定、销售成本计算、应交销售税金确定和应收账款确定的依据，是销售业务的必要环节。

销售发票既可以直接填制，也可以参照销售订单或销售发货单生成。参照发货单开票时，多张发货单可以汇总开票，一张发货单也可拆单生成多张销售发票。

开具销售发票的同时确立企业的债权。从会计核算的角度，依据开具的销售发票形成确认应收的会计核算凭证。

5．收款结算并核销

销售实现后应及时收款才能保障企业有良好的现金流，使企业正常运转。

收到的款项需要及时与应收进行核销，以进行精确的账龄分析，并提供适时的催款依据，提高资金周转率。

任务详情

① 2020 年 1 月 10 日，瑞美公司向国内销售部订购 20 台华宇天骄。报价（无税单价）为 6 000 元/台，商定发货日期为 2020 年 1 月 12 日。

② 2020 年 1 月 12 日，国内销售部开具发货单，向瑞美集团发出其所订货物，并从成品库办理出库手续。财务部门登记存货明细账，结转销售成本。

③ 2020 年 1 月 12 日，向瑞美公司开具销售专用发票，票号为 XS0112。财务部门据此确认应收。

④ 2020 年 1 月 15 日，财务部收到瑞美公司转账支票一张，票号为 ZP0115，金额为 150 000 元。应收会计进行收款结算并核销应收。

任务指引

1．填制并审核销售订单

步骤 1　在销售管理子系统中，选择“销售”|“销售订单”命令，打开“销售订单”对话框。

步骤 2　单击“增加”按钮，输入订单日期为 2020-01-10，选择销售类型为“普通销售”、客户名称为“瑞美”、销售部门为“国内销售部”。

步骤 3　选择货物名称为“华宇天骄”，输入数量为 20、报价为 6 000、预发货日期为 2020-01-12。然后单击“保存”按钮，如图 10.2 所示。

步骤 4　单击“审核”按钮，系统弹出“是否只处理当前张？”信息提示框。单击“是”按钮，审核销售订单。

注意

① 已保存的销售订单可以修改、删除，但不允许修改他人填制的销售订单。

② 系统会自动生成订单编号，但可以手工修改。订单编号不能重复。

③ 如果企业要按业务员进行销售业绩考核，则必须输入业务员的信息。

④ 经审核的销售订单才能被后续环节参照。

⑤ 执行完成的销售订单可以关闭。

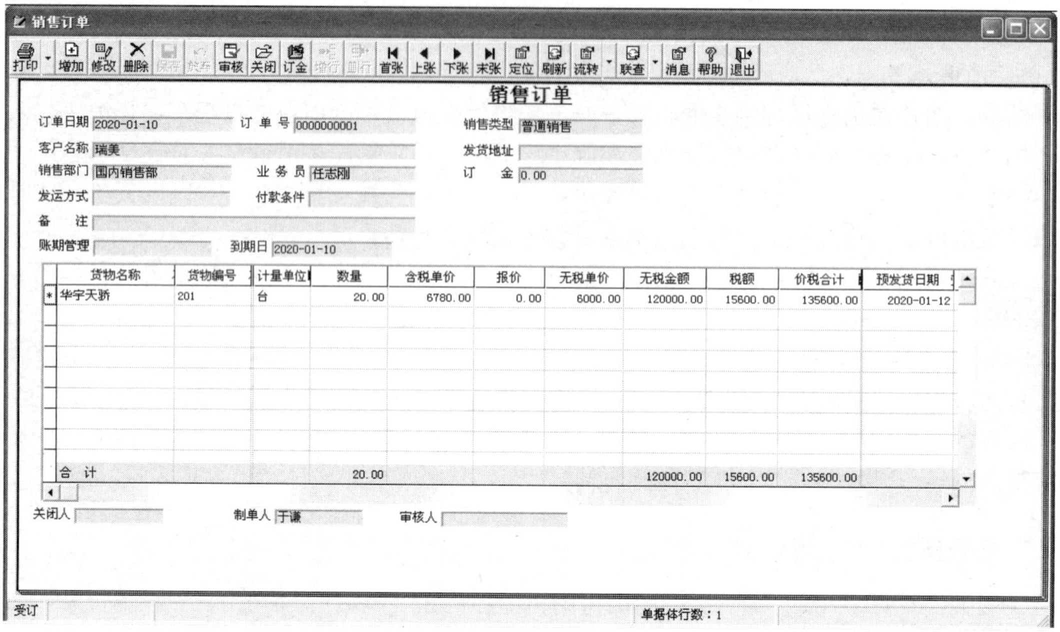

图 **10.2**　销售订单

2．填制并审核销售发货单

步骤 1　在销售管理子系统中，选择“销售”|“销售发货单”命令，打开“一般发货”对话框。

步骤 2　单击“增加”按钮，打开“选择订单”对话框。单击“显示”按钮，显示销售订单，选中要参照的销售订单，如图 10.3 所示。单击“确认”按钮，将销售订单信息带入发货单。

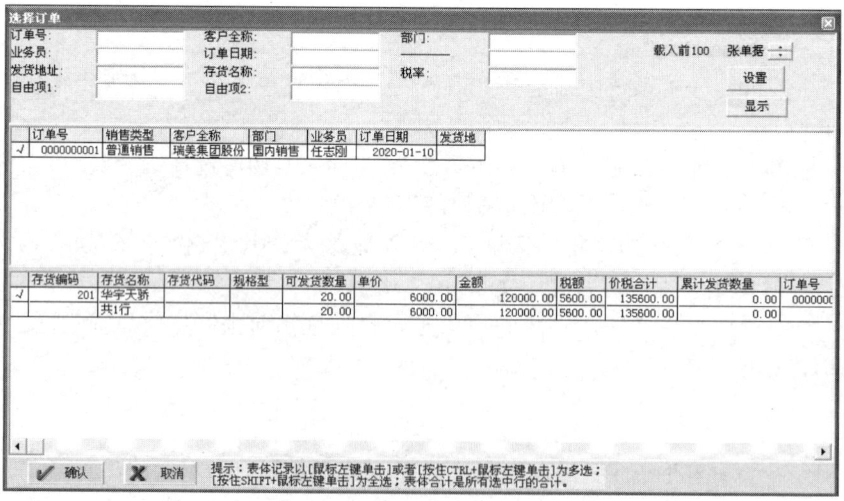

图 **10.3**　参照订单生成发货单

步骤 3　输入发货日期为“2020-01-12”，选择仓库为“成品库”，然后单击“保存”按钮。

步骤 4　单击“审核”按钮，系统弹出信息提示框，如图 10.4 所示。

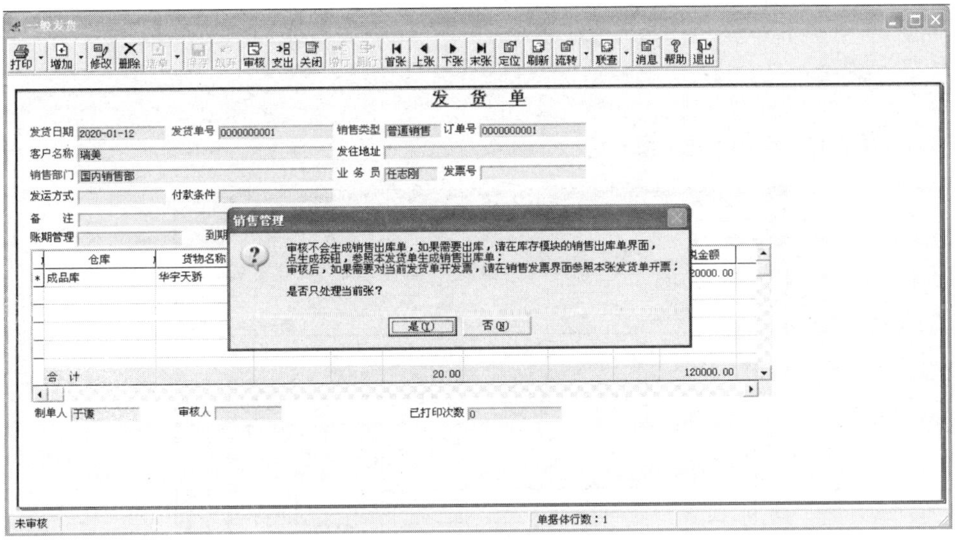

图 10.4　审核销售发货单

步骤 5　单击“是”按钮，审核成功。

注意

① 发货单可以直接填制，也可以参照销售订单（先发货后开票模式）、销售发票（开票直接发货模式）或其他相似的发货单生成。

② 如果选中了“销售生成出库单”复选框，那么销售发货单审核后销售出库单自动生成。

3．在库存管理子系统中审核销售出库单

步骤 1　选择“库存”|“销售出库单生成/审核”命令，打开“销售出库单”对话框。

步骤 2　单击“生成”按钮，打开“发货单或发票参照”对话框。在“请选择”下拉列表框中选择“发货单”，系统显示可参照的发货单列表。

步骤 3　选择要参照的发货单，单击“确认”按钮，发货单信息带入销售出库单。然后单击“审核”按钮。

4．在核算管理子系统中对销售出库单记账并生成凭证

步骤 1　选择“核算”|“核算”|“正常单据记账”命令，打开“正常单据记账条件”对话框。单击“确定”按钮，进入“正常单据记账”对话框。

步骤 2　单击需要记账的单据前的“选择”栏，出现“√”标记，或者单击工具栏的“全选”按钮，选择所有单据，然后单击工具栏中的“记账”按钮。记账完成后，单据不再在对话框中显示。

步骤 3　选择“核算”|“凭证”|“购销单据制单”命令，打开“生成凭证”对话框。

步骤 4　单击“选择”按钮，打开“查询条件”对话框。选中“销售出库单”复选框，单击“确认”按钮，打开“选择单据”对话框。

步骤 5　选择需要生成凭证的单据，或者在工具栏中单击“全选”按钮。然后单击“确定”按钮，返回“生成凭证”对话框。

步骤 6　单击“生成”按钮，打开“填制凭证”窗口。补充输入主营业务成本科目核算项目为“华宇天骄”。

步骤 7　单击“保存”按钮，凭证左上角显示“已生成”红字标记，表示已将凭证传递到总账管理子系统，如图 10.5 所示。

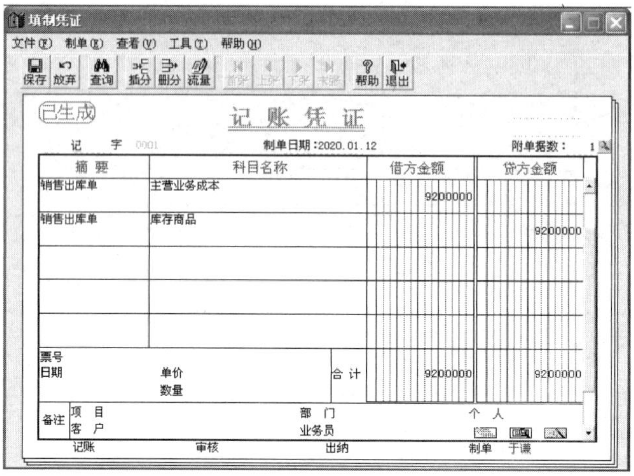

图 10.5　生成销售出库凭证

5．销售开票确认应收

（1）在销售管理子系统中根据发货单填制并复核销售发票

步骤 1　选择“销售”|“销售发票”命令，打开“普通发票”对话框。

步骤 2　单击“增加”下拉按钮，选择“专用发票”。单击“选单”下拉按钮，选择“发货单”，打开“选择发货单”对话框。单击“显示”按钮，列出可参照的发货单。选择发货单，单击“确认”按钮，将发货单信息带入销售专用发票。

步骤 3　输入发票号，单击“保存”按钮。然后单击“复核”按钮，系统弹出提示信息，如图 10.6 所示。

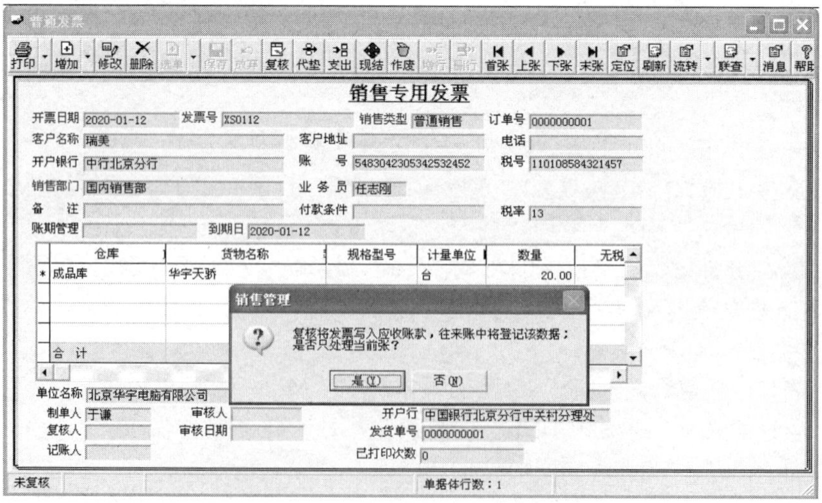

图 10.6　复核销售专用发票

步骤4 单击“是”按钮，复核成功。然后单击“退出”按钮返回。

（2）在核算管理子系统中生成销售收入凭证

步骤1 选择“核算”|“凭证”|“客户往来制单”命令，打开“客户制单查询”对话框。

步骤2 选中“发票制单”复选框，单击“确认”按钮，打开“客户往来制单”对话框。

步骤3 选择要制单的单据，单击“制单”按钮，屏幕上出现根据发票生成的转账凭证。

步骤4 单击“保存”按钮，系统弹出“项目核算的科目项目不能为空”信息提示框。将当前光标定位在“主营业务收入”行，将鼠标指针移动到凭证上的“备注”栏，待鼠标指针变为笔状时双击弹出“辅助项”对话框。然后选择项目“华宇天骄”。

步骤5 单击“保存”按钮，凭证左上角显示“已生成”红字标记，表示已将凭证传递到总账管理子系统，如图10.7所示。

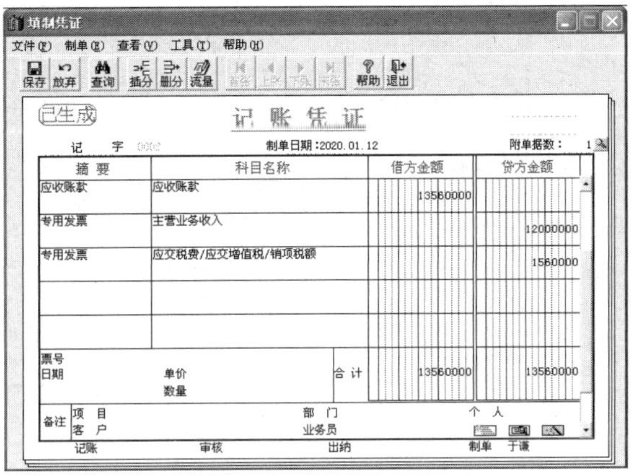

图10.7 确认收入凭证

6．收款结算、核销应收并制单

（1）在销售管理子系统中输入收款单，核销应收

步骤1 选择“销售”|“客户往来”|“收款结算”命令，打开“单据结算”对话框。

步骤2 选择客户为“001 瑞美集团股份有限公司”，单击“增加”按钮，输入收款单各项信息。然后单击“保存”按钮，如图10.8所示。

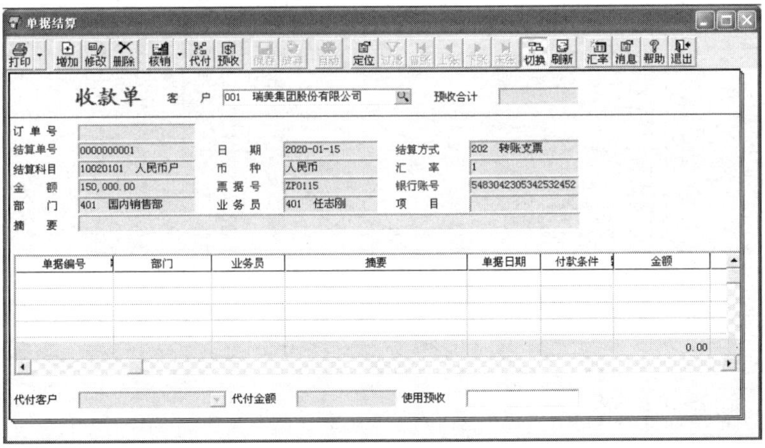

图10.8 收款单

步骤3 单击“核销”按钮，收款单下方窗格中显示该客户未核销的应收款。在要核销的单据的本次结算栏中输入135 600，如图10.9所示。

步骤4 单击“保存”按钮，收款单上方的预收合计显示14 400。

（2）收款结算制单

步骤1 在核算管理子系统中，选择“核算”|“凭证”|“客户往来制单”命令，打开“客

户制单查询”对话框。

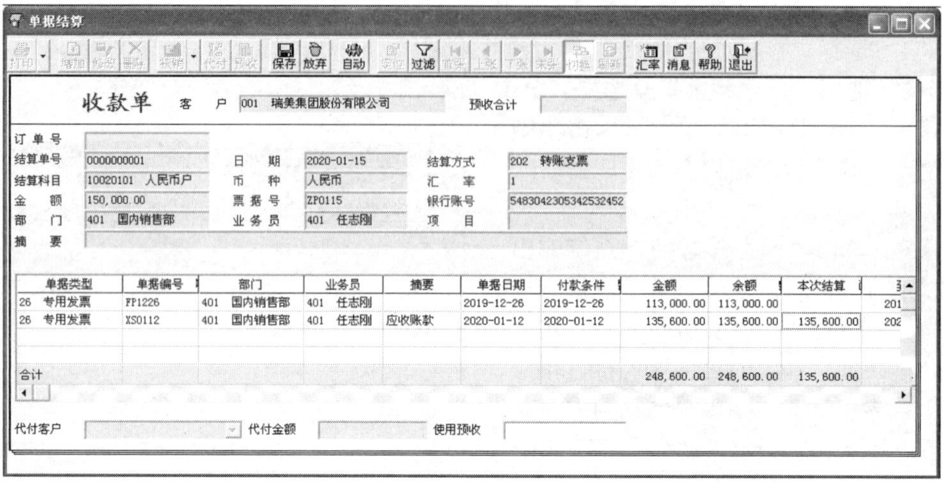

图 10.9　核销应收

步骤 2　选中“核销制单”复选框，单击“确认”按钮，打开“客户往来制单”对话框。

步骤 3　选择要制单的单据，单击“制单”按钮，打开“填制凭证”窗口。单击“保存”按钮，生成收款凭证，如图 10.10 所示。

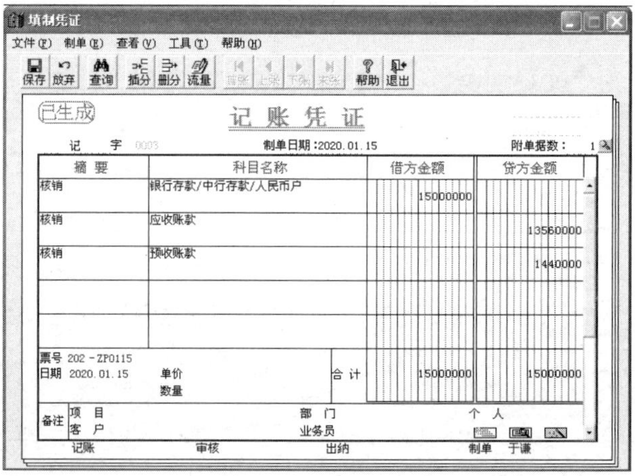

图 10.10　生成收款凭证

任务 2　销售现收业务处理

任务下达

由账套主管完成销售现收业务处理。

任务解析

与普通销售业务不同的是，销售现收业务是向客户开具发票的当时即收取货款，因此从会计核算的角度跳过了应收确认，直接进行收款处理。其业务流程如图 10.11 所示。

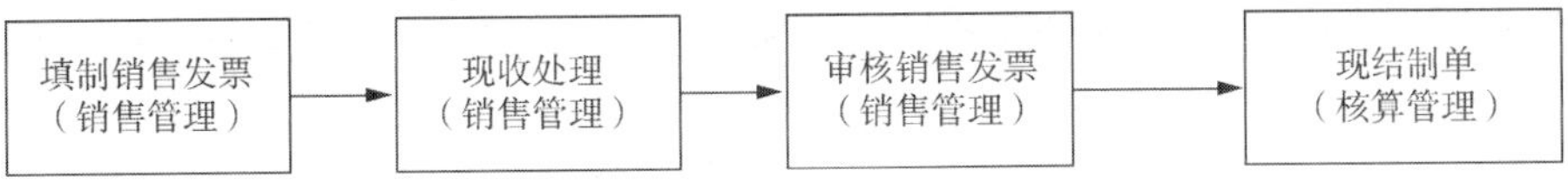

图 10.11　现收业务的业务流程

任务详情

2020 年 1 月 16 日，国内销售部向北京实创技术学院出售华宇天星 30 台，报价（无税单价）为 4 500 元/台。货物从成品库发出。

同日，根据上述发货单开具普通发票一张，发票号为 1516。同时，收到客户用转账支票所支付的全部货款，票据号为 1588，银行账号为 60831578。进行现结制单处理。

任务指引

1．在销售管理子系统中填制并审核发货单

步骤 1　选择“销售”|“销售发货单”命令，打开“一般发货”对话框。

步骤 2　单击“增加”按钮，打开“选择订单”对话框。单击“取消”按钮返回。

步骤 3　输入发货日期为“2020-01-16”，选择销售类型为“普通销售”、客户名称为“实创”。

步骤 4　选择仓库为“成品库”、存货名称为“202 华宇天星”，输入数量为 30、无税单价为 4 500。

步骤 5　单击“保存”按钮，再单击“审核”按钮，保存并审核发货单。然后单击“退出”按钮。

2．在销售管理子系统中根据发货单生成销售普通发票，并执行现结

步骤 1　选择“销售”|“根据发货单生成发票”命令，打开“条件”对话框。选择“普通发票”，单击“确认”按钮，打开“发票批量生成”对话框。

步骤 2　选择要生成发票的发货单，单击“生成”按钮，系统弹出“发货单生成发票成功”信息提示框，关闭返回。

步骤 3　选择“销售”|“销售发票”命令，打开“普通发票”对话框。修改发票号为 1516 后保存。

步骤 4　单击“现结”按钮，打开“销售现结”对话框。选择结算方式为“转账支票”，输入结算金额为 152 550、票据号为 1588、银行账号为 60 831 578，如图 10.12 所示。单击“确定”按钮，系统弹出“现结记录已保存！”信息提示框。单击“确定”按钮返回，销售发票右上角显示“现结”标志。

步骤 5　单击“复核”按钮，对现结发票进行复核。

3．在核算管理子系统中进行现结制单

步骤 1　选择“核算”|“凭证”|“客户往来制单”命令，打开“客户制单查询”对话框。

步骤 2　选中“现结制单”复选框，单击“确认”按钮，打开“客户往来制单”对话框。

步骤 3　单击“全选”按钮，再单击“制单”按钮，生成现结凭证。

步骤 4　单击“保存”按钮，输入项目核算科目主营业务收入的核算项目为“华宇天星”，凭证左上角出现“已生成”红色标记，表示凭证已传递到总账管理子系统，如图 10.13 所示。

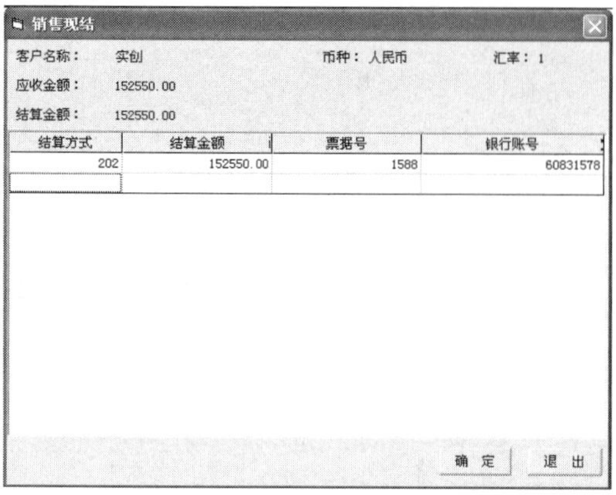

图 10.12　销售发票现结

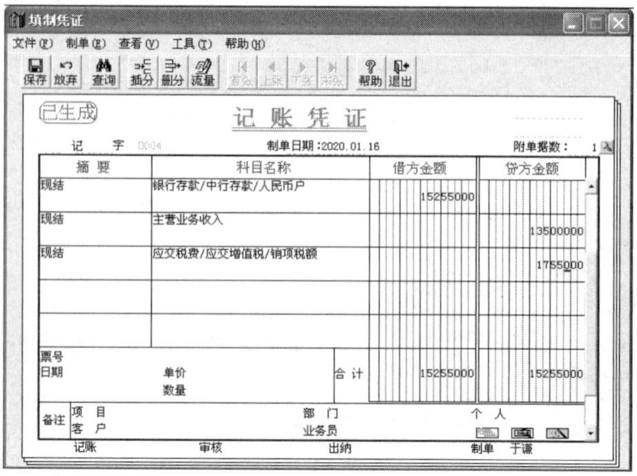

图 10.13　现结制单

4．在库存管理子系统中审核销售出库单

5．在核算管理子系统中对销售出库单记账并生成凭证

任务 3　代垫费用处理

任务下达

由账套主管完成销售过程中代垫费用的处理。

任务解析

代垫费用是指在销售业务中，随货物销售所发生的（如运杂费、保险费等）暂时代垫，将来需要向对方单位收取的费用项目。代垫费用实际上形成了用户对客户的应收款。

代垫费用处理的业务流程如图 10.14 所示。

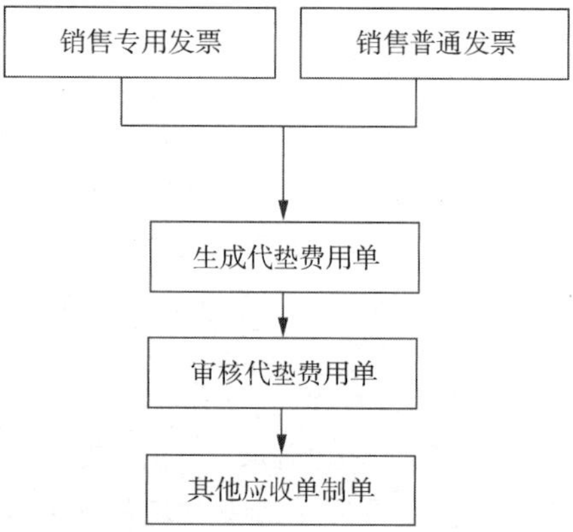

图 10.14　代垫费用处理的业务流程

任务详情

2020 年 1 月 16 日，国内销售部在向北京实创技术学院销售商品的过程中发生了一笔代垫的运费 200 元。已用现金支付，客户尚未支付该笔款项。

任务指引

1．在基础设置中设置费用项目

在 T3 中，选择“基础设置”|“购销存”|“费用项目”命令，打开“费用项目”对话框，增加费用项目“01 运费”。

2．在销售管理子系统中填制并审核代垫费用单

步骤 1　选择“销售”|“销售发票”命令，打开“普通发票”对话框。单击“代垫”按钮，打开“代垫费用单”对话框。

步骤 2　单击“增加”按钮，选择费用项目为“运费”，输入代垫金额为 200，单击“保存”按钮。然后单击“审核”按钮，系统弹出“是否只处理当前张？”信息提示框。单击“是”按钮返回，如图 10.15 所示。

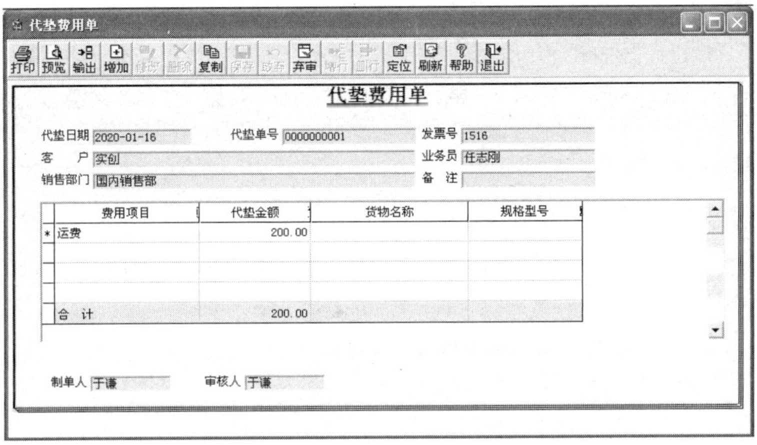

图 10.15　代垫费用单

步骤 3　单击“退出”按钮返回。

3．在核算管理子系统中对代垫费用单形成的应收单制单

步骤 1　选择“核算”|“凭证”|“客户往来制单”命令，打开“客户制单查询”对话框。选中“应收单制单”复选框，单击“确认”按钮，打开“应收单制单”对话框，如图 10.16 所示。

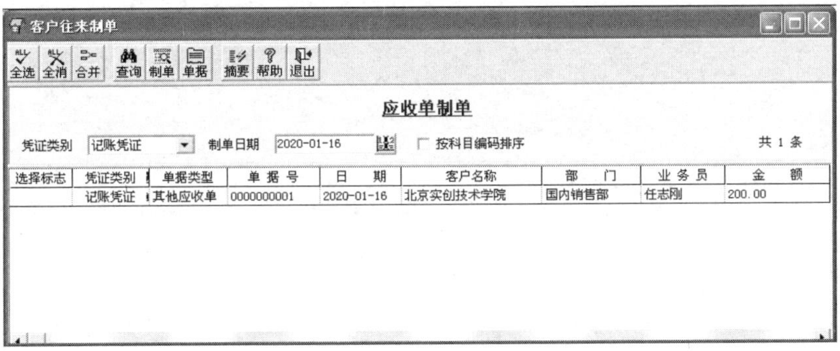

图 10.16　应收单制单

步骤 2　选择要制单的单据，单击“制单”按钮，生成一张记账凭证。输入贷方科目为 1001，然后单击“保存”按钮。

任务 4　开票直接发货

任务下达

由账套主管进行开票直接发货业务处理。

任务解析

开票直接发货的业务模式是根据销售订单或其他销售合同、协议，向客户开具销售发票，客户根据发票到指定仓库提货。

任务详情

2020 年 1 月 16 日，国内销售部向瑞美集团出售 2 台华宇天星。其无税单价为 4 500 元，适用税率为 13%。货物从成品库发出，并据此开具销售专用发票一张，发票号为 1526。

任务指引

1．在销售管理子系统中，填制并复核销售专用发票

步骤 1　选择“销售”|“销售发票”命令，打开“普通发票”对话框。单击“增加”下拉按钮，选择“专用发票”选项，打开“销售专用发票”对话框。

步骤 2　按资料输入销售专用发票内容，然后保存并复核。

2．在销售管理子系统中，查询销售发货单

选择“销售”|“销售发货单”命令，打开“一般发货”对话框。可以查看到根据销售专用发票自动生成的发货单。

3．在库存管理子系统中，生成并审核销售出库单

步骤 1　选择“库存”|“销售出库单生成/审核”命令，打开“销售出库单”对话框。

步骤 2　单击“生成”按钮，打开“发货单或发票参照”对话框。在“请选择”下拉列表框中选择“发票”，显示出可参照的发票，如图 10.17 所示。

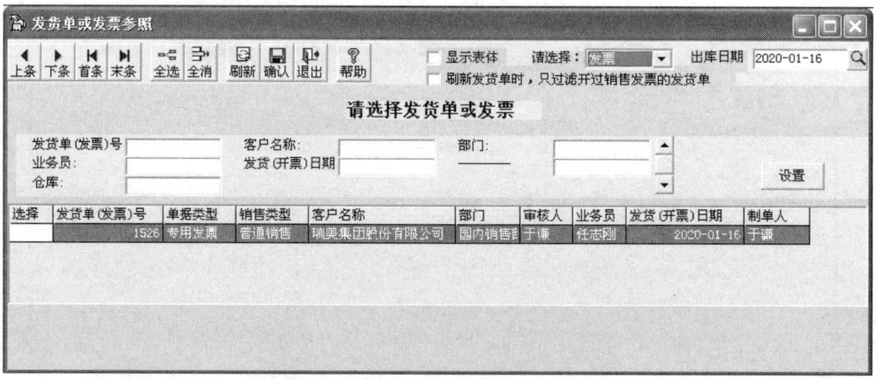

图 10.17　可参照的发票列表

步骤 3　选择要参照的发票，单击“确认”按钮，系统弹出“操作完毕！”信息提示框。单击“确定”按钮，自动生成销售出库单。

步骤 4　单击“审核”按钮，审核销售出库单。

4．在核算管理子系统中记账并生成相关凭证

步骤 1　选择“核算”|“核算”|“正常单据记账”命令，然后单击“确认”按钮，对销售出库单进行记账。

步骤 2　选择“核算”|“凭证”|“购销单据制单”命令，选择销售出库单生成出库凭证。

步骤 3 选择“核算”|“凭证”|“客户往来制单”命令，对销售发票制单生成应收凭证。

任务 5 预收款业务处理

任务下达

由账套主管进行预收款业务处理。

任务解析

收款单用来记录企业所收到的客户款项，款项性质既可以是应收款，也可以是预收款。

任务详情

2020 年 1 月 18 日，收到瑞美集团公司交来的转账支票一张。金额为 120 000 元，票号为 Z1522，用以归还 2019 年 12 月前欠货款 113 000 元。余款转为预收款。

任务指引

1. 填制收款单，核销应收

步骤 1 在销售管理子系统中，选择“销售”|“客户往来”|“收款结算”命令，打开“单据结算”对话框。

步骤 2 选择客户为“瑞美”，单击“增加”按钮。选择结算方式为“202 转账支票”，输入金额为 120 000、票号为 Z1522，然后单击“保存”按钮。

步骤 3 单击“核销”按钮，收款单表体中显示未核销的应收款。在 2019 年 12 月业务的结算金额栏输入结算金额为 113 000，如图 10.18 所示。

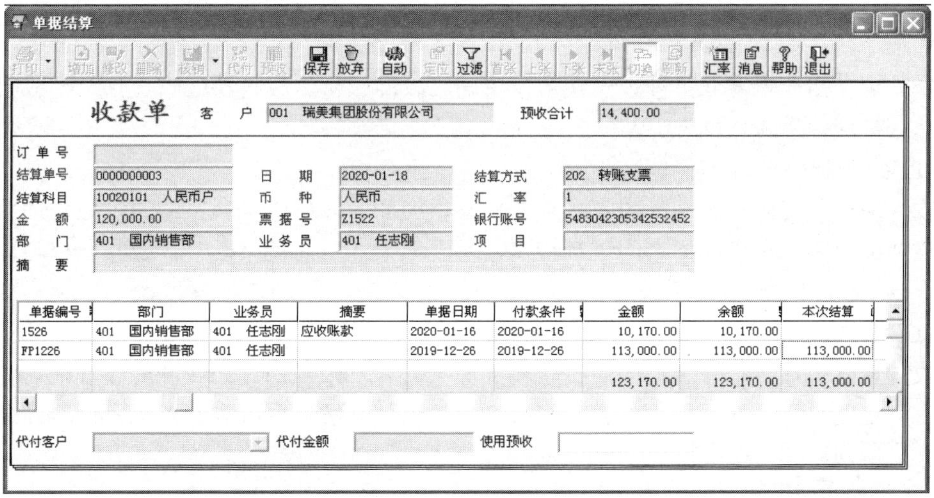

图 10.18 收款核销

步骤 4 单击“保存”按钮，收款单中剩余未核销的金额 21 400 系统自动转为预收款，在单据上方的“预收合计”中显示。

2．生成凭证

在核算管理子系统中，选择“核算”|“凭证”|“客户往来制单”命令，选择“核销制单”，生成凭证，如图 10.19 所示。

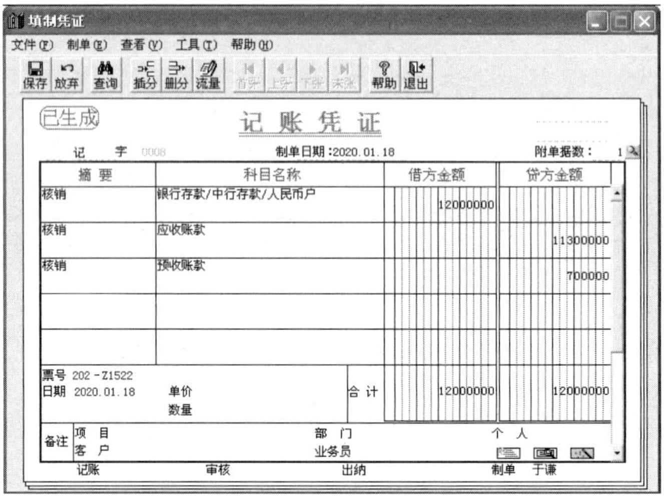

图 10.19　收款核销生成凭证

任务 6　应收冲应收业务处理

任务下达

由账套主管进行应收冲应收业务处理。

任务解析

转账处理是指在日常业务处理中经常发生的应收冲应付、应收冲应收、预收冲应收和红票对冲业务的处理。

1．应收冲应付

应收冲应付是指用某客户的应收账款冲抵某供应商的应付款项。系统通过应收冲应付功能将应收款业务在客户和供应商之间进行转账，实现应收业务的调整，解决应收债权与应付债务的冲抵。

2．应收冲应收

应收冲应收是指将一家客户的应收款转到另一家客户中。通过应收冲应收功能可将应收款业务在客商之间进行转入、转出，实现应收业务的调整，解决应收款业务在不同客商之间入错户或合并户的问题。

3．预收冲应收

预收冲应收是指处理客户的预收款和该客户应收欠款的转账核销业务，即某一个客户有预收款时，可用该客户的一笔预收款冲抵其一笔应收款。

4．红票对冲

红票对冲可实现某客户的红字应收单与其蓝字应收单、收款单和付款单之间的冲抵。例如，当发生退票时，用红字发票对冲蓝字发票。红票对冲通常可以分为系统自动冲销和手工冲销两种处理方式：自动冲销可同时对多个客户依据红票对冲规则进行红票对冲，提高红票对冲的效率；手工冲销可对一个客户进行红票对冲，并自行选择红票对冲的单据，提高红票对冲的灵活性。

任务详情

2020 年 1 月 22 日，将北京实创技术学院 200 元代垫运费转给瑞美集团。

任务指引

步骤 1　在销售管理子系统中，选择“销售”|“客户往来”|“应收冲应收”命令，打开“应收冲应收”对话框。

步骤 2　选择转出户为“实创”、转入户为“瑞美”，然后单击“过滤”按钮。系统列出实创的应收款，确认并账金额 200，如图 10.20 所示。

步骤 3　单击“确认”按钮，系统弹出“操作成功？”信息提示框。单击“确定”按钮返回。

步骤 4　在核算管理子系统中，选择“核算”|“凭证”|“客户往来制单”命令。选择“并账制单”，生成凭证如图 10.21 所示。

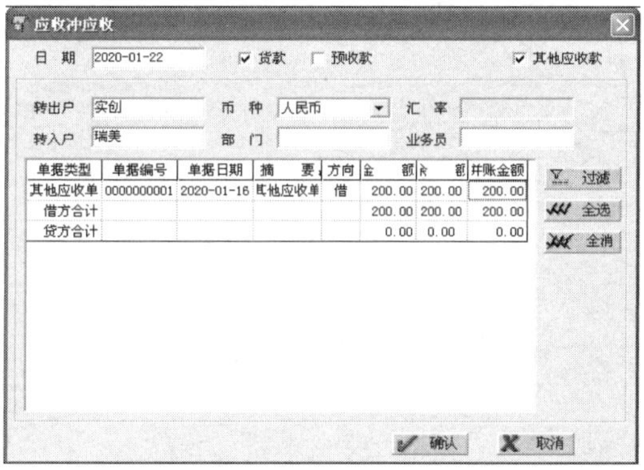

图 10.20　确认并账金额

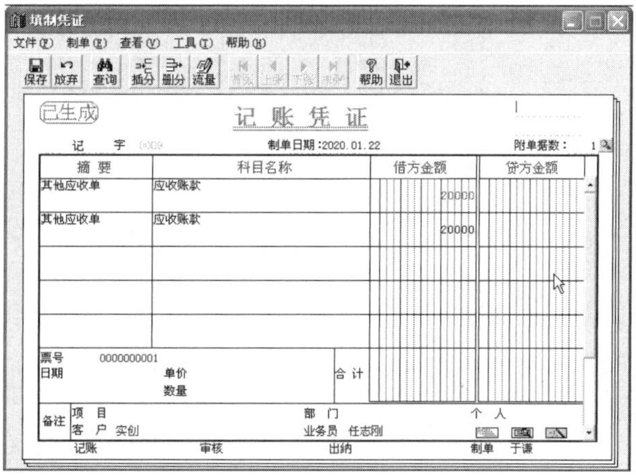

图 10.21　应收冲应收生成凭证

拓展任务

任务 1　退货业务处理

任务下达

2020 年 1 月 30 日，收到瑞美公司退回华宇天骄 2 台，入成品库。无税单价为 6 000 元，开具红字销售专用发票并以电汇方式当即办理退款。

任务解析

销售退货是指客户因质量、品种、数量不符合规定要求而将已购货物退还。退货时需要填写退货单并审核，生成红字销售出库单，开具红字销售发票，然后做退款处理。

任务指引

1．填制退货单并审核

步骤 1　在销售管理子系统中，选择“销售”|“销售发货单”命令，打开“一般发货”对话框。

步骤 2　选择“增加”下拉按钮列表中的“退货单”，打开“选择订单”对话框。单击“显示”按钮，显示可参照的销售订单。选中要参照的订单记录，单击“确认”按钮，返回“一般发货”对话框。

步骤 3　选择仓库为“成品库”，修改数量为-2，单击“保存”按钮。然后单击“审核”按钮，如图 10.22 所示。

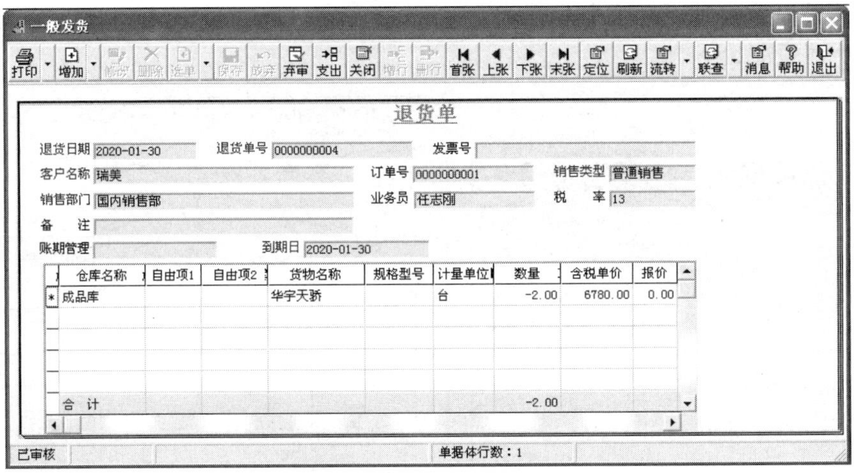

图 10.22　填制并审核退货单

步骤 4　单击“退出”按钮返回。

2．在库存管理子系统中审核红字销售出库单

步骤 1　选择“库存”|“销售出库单生成/审核”命令，打开“销售出库单”对话框。

步骤 2　单击“生成”按钮，打开“发货单或发票参照”对话框。在“请选择”下拉列表框中选择“发货单”，显示可参照的发货单。选中要参照的发货单记录，单击“确认”按钮，将发货单信息带回销售出库单。

步骤 3　单击“审核”按钮，对销售出库单进行审核。

3．在销售管理子系统中开具红字销售专用发票

步骤 1　选择“销售”|“销售发票”命令，打开“普通发票”对话框。

步骤 2　单击“增加”下拉按钮，选择“专用发票（红字）”选项，打开红字“销售专用发票”对话框。

步骤 3　单击“选单”下拉按钮，选择“发货单”选项，打开选择“发货单”对话框。单

击“显示”按钮，显示可参照的发货单。选中要参照的发货单，单击“确认”按钮，将发货单信息带回红字销售专用发票。

步骤 4　单击“保存”按钮。

步骤 5　单击“现结”按钮，打开“销售现结”对话框。选择结算方式为“4 电汇”，输入结算金额为-13 560，然后单击“确定”按钮，系统提示“现结记录已保存！”。单击“确定”按钮，再单击“退出”按钮，系统提示“现结成功！”。单击“确定”按钮返回。

步骤 6　单击“复核”按钮，对红字销售专用发票进行复核。

4. 对红字销售出库单记账并制单

步骤 1　在核算管理子系统中，选择“核算”|“核算”|“正常单据记账”命令，对红字销售出库单进行记账。

步骤 2　在核算管理子系统中，选择“核算”|“凭证”|“购销单据制单”命令，对销售出库单生成以下凭证。

借：主营业务成本　　−9 200

　　贷：库存商品　　−9 200

5. 对红字销售专用发票制单

在核算管理子系统中，选择“凭证”|“客户往来制单”命令，打开“客户制单查询”对话框。选中“现结制单”复选框，单击“确认”按钮，打开“现结制单”对话框。选中要制单的记录，单击“制单”按钮，生成以下凭证。

借：银行存款——中行存款——人民币户　　−13 560

　　贷：主营业务收入　　−12 000

　　　　应交税费——应交增值税——销项税额　　−1 560

任务 2　存货辅助计量单位应用

任务下达

企业新购进一批新型鼠标，采购以箱为单位，一箱有 20 盒。利用存货辅助计量单位进行管理。

任务解析

在企业经营活动中，不同部门对同一存货的管理采用的计量单位不同，如大家熟悉的可口可乐，存储和发运用“箱”计量，财务核算用“听”计量，1 箱有 24 听。为满足这种需求，需要启用存货辅计量单位。

任务指引

步骤 1　在销售管理子系统中，选择“销售”|“销售业务范围设置”命令，打开“选项”对话框。在“业务范围”选项卡中，选中“存货有辅助计量单位”复选框，系统弹出提示信息如图 10.23 所示。单击“确定”按钮，再单击“确认”按钮。

步骤 2　选择“基础设置”|“存货”|“存货档案”命令，打开“存货档案卡片”对话框。在原材料分类下，增加存货“103 鼠标”，如图 10.24 所示。

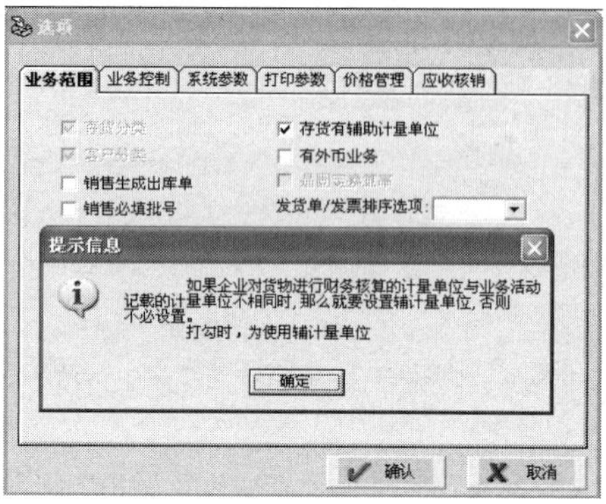

图 10.23　销售选项设置

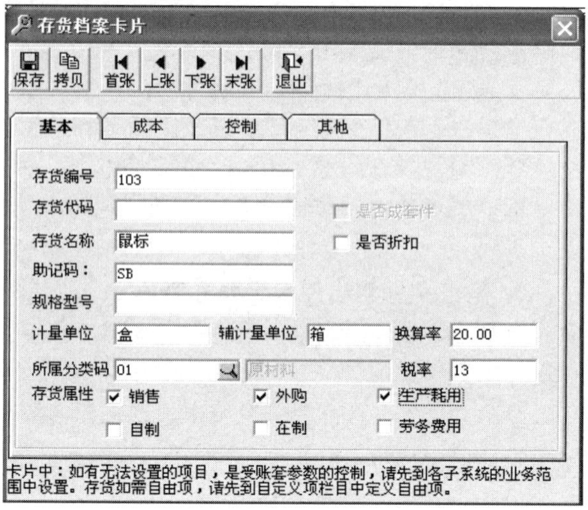

图 10.24　为存货设置辅助计量单位

通关测试

一、判断题

1. 可以设置是由销售管理子系统生成出库单还是由库存管理子系统生成出库单。　（　）
2. 可以一次发货分次开票，但不能一次发货多次出库。　（　）
3. 随销售过程发生的代垫费用需要在总账管理子系统中直接填制凭证。　（　）
4. 如果应收款管理子系统和销售管理子系统集成使用，则销售发票的输入和审核均应在应收款管理子系统完成。　（　）
5. 可以先发货后开票，也可以开票直接发货。　（　）

二、选择题

1. 销售管理与 T3 以下（　　）子系统存在数据关联。
   A. 总账管理　　B. 采购管理　　C. 库存管理　　D. 核算管理
2. 以下（　　）存货计价方式，不能在实现销售后当即结转销售成本。
   A. 先进先出　　B. 移动平均　　C. 全月平均　　D. 售价法
3. 销售业务流程中，以下（　　）环节不是必需的。
   A. 销售订货　　B. 销售发货　　C. 销售出库　　D. 销售开票
4. 向客户预收货款需要以（　　）形式输入。
   A. 应收单　　B. 预收单　　C. 收款单　　D. 发票
5. 为客户代垫的运费用（　　）记录。
   A. 发票　　B. 应收单　　C. 代垫费用单　　D. 销售支出单

三、实训题

恢复中顺科技“购销存初始化”账套，进行销售与应收管理实训。

实训 12：销售与应收管理

1. 普通销售业务

① 2020 年 1 月 20 日，广州浩达订购 200 套《瑜伽入门》，无税单价 60 元，适用税率 13%，要求 2020 年 1 月 22 日发货。填制并审核销售订单。

② 22 日，销售部从成品库向广州浩达发出其所订货物，并开具了此笔交易的专用销售发票一张，发票号为 FP150106。业务部门将销售发票交给财务部门，财务部门结转此业务的收入和成本。

③ 25 日，财务部收到广州浩达转账支票一张，票号为 ZZ150127，金额为 13 560 元。财务部进行结算。

2. 销售现收业务

25 日，销售部向广州浩达销售《智慧养生》80 套，无税单价为 100 元。货品从成品库发出。

同日，开具销售专用发票一张，发票号为 FP150107，同时收到客户以电汇方式支付的全部货款。银行账号为 63412563。

3. 代垫运费业务

25 日，在向广州浩达销售商品过程中用现金代垫了一笔运费 50 元。客户尚未支付该笔款项。

由于产生了代垫运费，需要增加费用项目“01 运费”。

4. 开票直接发货

28 日，销售部向顺达集团销售《纪念册》1 000 册，无税单价为 80 元。当日由成品库发出，并据此开具了销售专业发票一张，发票号为 FP150108。

5. 预收款业务

30 日，收到顺达集团转账支票一张，支票号为 ZZ150129，金额 50 000 元，用以归还 2019 年 12 月前欠货款。余款转为预收款。

6. 转账业务处理

30 日，将广州浩达的 50 元运费转给顺达集团。

7. 备份“销售与应收管理”账套

项目 *11*

库存管理

知识目标

1. 了解库存管理子系统的功能。
2. 了解库存管理子系统与 T3 其他子系统的数据关联。
3. 阐述材料领用、产品入库的业务流程。

技能目标

1. 掌握材料领用的业务处理。
2. 掌握产品入库的业务处理。
3. 掌握其他出入库的业务处理。
4. 掌握盘点业务处理。

项目背景

企业采购业务会引起库存的增加，生产加工会耗用材料引起原料库存的减少；加工完成会增加成品库存，销售发货之后会减少成品库存。因此，采购业务和销售业务与库存管理子系统紧密相关。虽然在学习采购业务完整流程和销售业务完整流程的同时也涉及与库存相关的处理，但项目实施小组更希望能从库存管理子系统的角度来全面、深入地了解其功能，以帮助企业合理控制库存水平，降低运营成本。

基本知识

11.1 认识库存管理子系统

库存管理子系统的功能主要包括以下几个方面。

11.1.1 日常收发存业务处理

库存管理子系统的主要功能是对采购管理子系统、销售管理子系统和库存管理子系统填制的各种出入库单据进行审核，并对存货的出入库数量进行管理。

除了管理采购业务、销售业务形成的入库和出库业务外，还可以处理仓库间的调拨业务、盘点业务、组装拆卸业务、形态转换业务等。

11.1.2 库存控制

库存管理子系统支持批次跟踪、保质期管理、现存量（可用量）管理、最高最低库存管理。

11.1.3 库存账簿和统计分析

通过查询库存管理子系统提供的库存账、批次账、统计表，可以实现对库存业务的实时管理；通过储备分析，可以提供存货的超储、短缺、呆滞积压等管理信息。

11.2 库存管理子系统和 T3 其他子系统之间的数据关联

库存管理子系统对采购管理子系统输入的采购入库单进行审核确认。如果是由库存管理子系统生成销售出库单，则可以根据销售管理子系统的发货单、发票生成销售出库单并审核；如果是由销售子管理系统生成销售出库单，则可以对销售出库单进行审核。库存管理子系统为销售管理子系统提供各种存货的可销售量信息。库存管理子系统中的各种出入库单据需要在核算管理子系统进行记账、生成凭证，核算管理子系统为各种出入库单据提供成本信息。

实训任务

任务 1 入库业务处理

任务下达

由系统管理员在系统管理中引入“购销存初始化”账套。

由账套主管完成产成品入库业务处理。

任务解析

存货是企业一项重要的流动资产。存货入库业务主要包括采购入库、产成品入库和其他入库。

1. 采购入库

采购货物到达企业后，采购员在采购管理子系统中填制采购入库单，然后到库房办理入库。仓库保管员对采购的实际到货情况进行质量、数量的检验和签收，然后对采购入库单进行审核。

2. 产成品入库

产成品入库单是管理工业企业的产成品入库、退回业务的单据。工业企业对原材料和半成品进行一系列的加工后，形成可销售的产品，然后验收入库。只有工业企业才有产成品入库单，商业企业没有此单据。

一般在入库时是无法确定产成品的总成本和单位成本的，因此在填制产成品入库单时，一般只有数量，而没有单价和金额。

产成品入库的业务流程如图 11.1 所示。

3. 其他入库

其他入库是指除了采购入库、产成品入库之外的入库，如调拨入库、盘盈入库、组装拆卸入库、形态转换入库等。

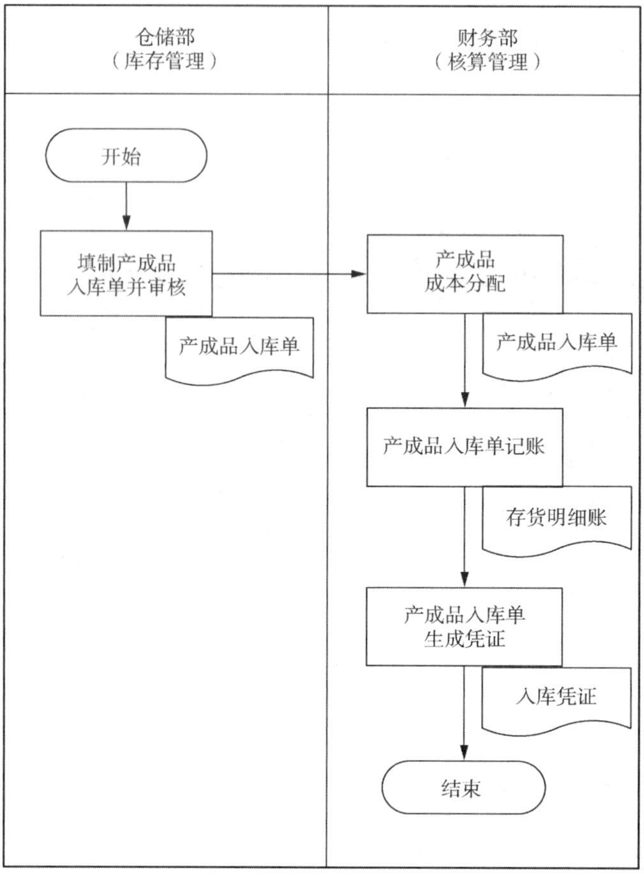

图 11.1　产成品入库的业务流程

需要注意的是，调拨入库、盘盈入库、组装拆卸入库、形态转换入库等业务可以自动形成相应的入库单，除此之外的其他入库单由用户手工填制。

任务详情

① 2020 年 1 月 3 日，成品库收到生产部生产的 50 台天骄台式机。做产成品入库。

② 2020 年 1 月 5 日，成品库收到生产部制作的 10 台天骄台式机。做产成品入库。

③ 随后收到财务部门提供的完工产品成本，其中天骄台式机的总成本为 276 000 元。立即做成本分配，记账生成凭证。

任务指引

1．在库存管理子系统中输入产成品入库单并审核

步骤 1　选择“库存”|“产成品入库单”命令，打开“产成品入库单”对话框。

步骤 2　单击“增加”按钮，输入入库日期为“2020-01-03”、入库类别为“产成品入库”，选择仓库为“成品库”、部门为“生产部”。

步骤 3　选择产品编码为 201，输入数量 50。

步骤 4 单击“保存”按钮。然后单击“审核”按钮，完成对该单据的审核，如图 11.2 所示。

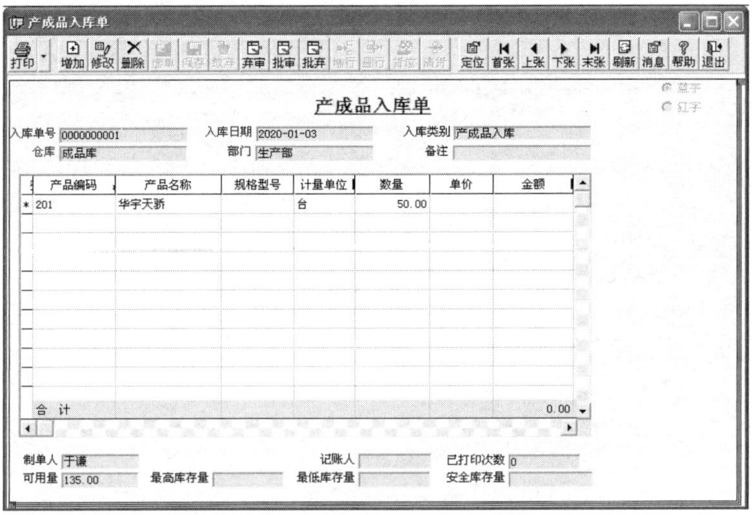

图 11.2 填制并审核产成品入库单

步骤 5 用同样的方法，输入第 2 张产成品入库单。

步骤 6 单击“退出”按钮，返回 T3 主界面。

注意

产成品入库单上无须填写单价，待产成品成本分配后会自动写入。

2. 在核算管理子系统中输入生产总成本并进行产成品成本分配

步骤 1 选择“核算”|“核算”|“产成品成本分配”命令，打开“产成品成本分配表”对话框。

步骤 2 单击“查询”按钮，打开“产成品成本分配表查询”对话框。选择“成品库”，单击“确认”按钮，打开“需要分配的产成品单据选择”对话框。选中“全选”复选框，单击“确定”按钮，系统将符合条件的记录带回产成品成本分配表。

步骤 3 在“201 华宇天骄”记录行的“金额”栏输入 276 000。

步骤 4 单击“分配”按钮，系统弹出提示“分配操作顺利完成!”，如图 11.3 所示。然后单击“确定”按钮返回。

步骤 5 单击“退出”按钮，返回 T3 主界面。

步骤 6 选择“核算”|“产成品入库单”命令，打开“产成品入库单”对话框。从中可查看到入库存货单价为 4 600 元。

3. 在核算管理系统中对产成品入库单进行记账并生成凭证

步骤 1 选择“核算”|“核算”|“正常单据记账”命令，对产成本入库单进行记账处理。

步骤 2 选择“核算”|“凭证”|“购销单据制单”命令，打开“生成凭证”对话框。单击“选择”按钮，打开“查询条件”对话框。选中“产成品入库单”复选框，单击“确认”按钮，打开“选择单据”对话框。单击“全选”按钮选中要制单的记录，再单击“确定”按钮，打开“生成凭证”对话框。单击“合成”按钮，可合并生成入库凭证，如图 11.4 所示。

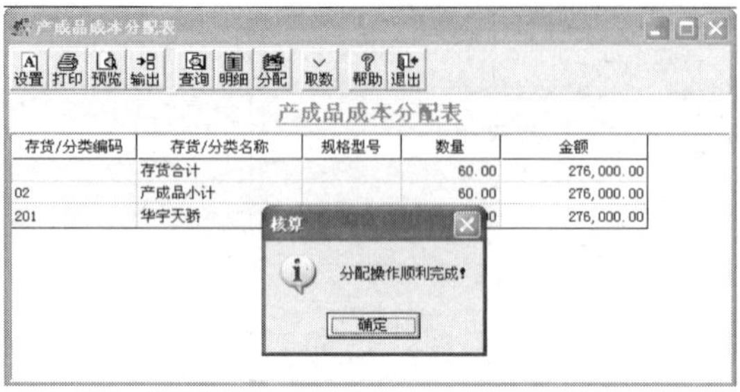

图 11.3　输入产品成本分配金额并分配产品成本

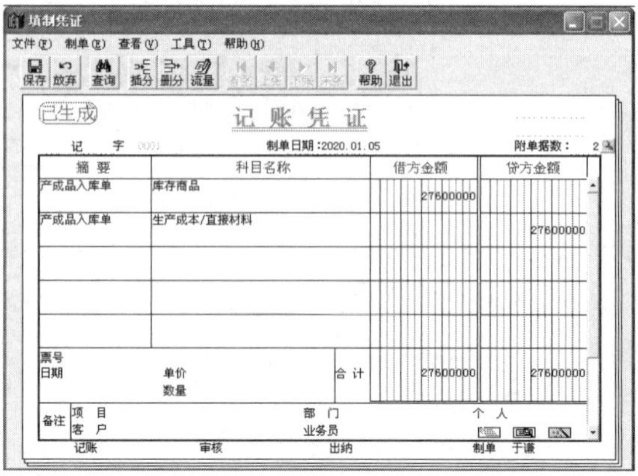

图 11.4　产成品入库单生成凭证

注意

因为凭证上“生产成品/直接材料”科目设置有项目辅助核算，所以凭证保存时系统提示“项目辅助核算不能为空!”。这时需要将光标定位在该科目行，将鼠标指针下移至备注区，待鼠标指针变为笔状时双击，在打开的“辅助项”对话框中选择项目“华宇天骄”，即可成功保存凭证。

任务 2　出库业务处理

任务下达

由账套主管完成材料领用出库、捐赠出库业务处理。

任务解析

库存管理子系统的出库业务主要包括以下几类。

1．销售出库

如果在选项设置中设置了由库存生成出库单，那么在库存管理子系统中可以参照销售管理子系统填制的销售发票、发货单生成出库单，然后进行审核；如果在选项设置中设置了由销售生成出库单，那么销售出库单可以在销售管理子系统生成后传递到库存管理子系统，再由库存管理子系统进行审核。

2．材料领用出库

材料出库单是工业企业领用材料时所填制的出库单据，也是进行日常业务处理和记账的主要原始单据之一。只有工业企业才有材料出库单，商业企业没有此单据。

3．其他出库

其他出库是指除销售出库、材料出库之外的出库业务，如维修、办公耗用、调拨出库、盘亏出库、组装拆卸出库、形态转换出库等。

需要注意的是，调拨出库、盘盈出库、组装出库、拆卸出库、形态转换出库等业务可以自动形成相应的出库单，除此之外的其他出库单则均由用户手工填制。

任务详情

① 2020 年 1 月 10 日，生产部向材料一库领用主板 20 个，用于生产华宇天骄。登记材料明细账，生成领料凭证。

② 国内销售部向北京实创技术学院捐赠 10 台华宇天星计算机。

任务指引

1．材料领用出库

（1）在库存管理子系统中填制材料出库单并审核

步骤 1　选择“库存”|“材料出库单”命令，打开“材料出库单”对话框。

步骤 2　单击“增加”按钮，填写出库日期为“2020-01-10”，选择仓库为“材料一库”、出库类别为“材料领用出库”、部门为“生产部”。

步骤 3　选择“101 主板”，输入数量为 20。

步骤 4　单击“保存”按钮。然后单击“审核”按钮，如图 11.5 所示。

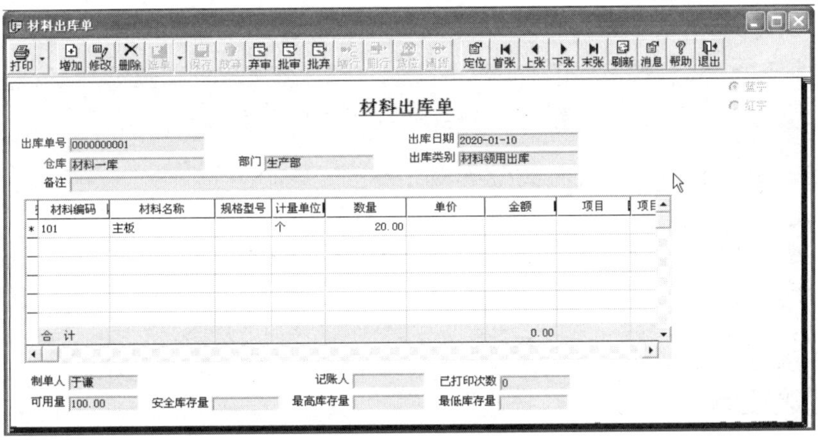

图 11.5　材料出库单

步骤 5　单击“退出”按钮，返回 T3 主界面。

（2）在核算管理子系统中对材料出库单记账并生成凭证

步骤 1　选择“核算”|“核算”|“正常单据记账”命令，对材料出库单进行记账。

步骤 2　选择“核算”|“凭证”|“购销单据制单”命令，选择材料出库单生成凭证，如图 11.6 所示。

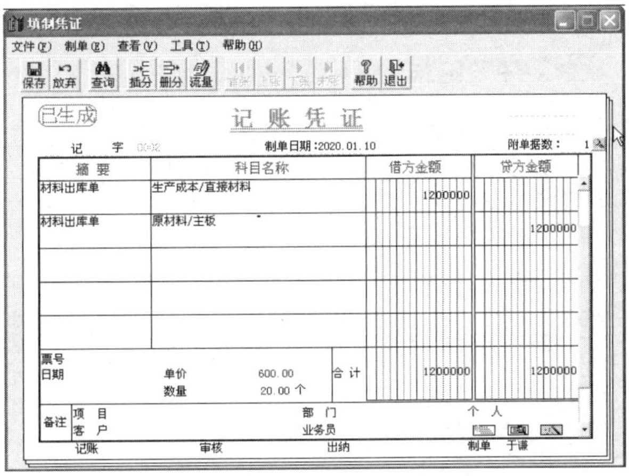

图 11.6　材料出库单生成凭证

2．其他出库

（1）在库存管理子系统中填制其他出库单并审核

步骤 1　选择“库存”|“其他出库单”

命令，打开“其他出库单”对话框。

步骤 2　单击“增加”按钮，填写出库日期为“2020-01-10”，选择仓库为“成品”、出库类别为“其他出库”、部门为“国内销售部”。

步骤 3　选择“202　华宇天星”，输入数量为 10。

步骤 4　单击“保存”按钮。然后单击“审核”按钮，如图 11.7 所示。

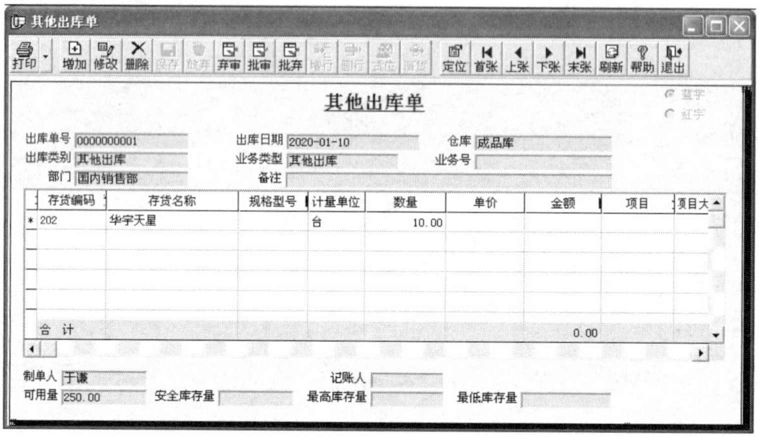

图 11.7　填制其他出库单并审核

（2）在核算管理子系统中对其他出库单记账并生成凭证

步骤 1　选择“核算”|“核算”|“正常单据记账”命令，对其他出库单进行记账。

步骤 2　选择“凭证”|“购销单据制单”命令，选择其他出库单生成以下凭证。

借：营业外支出——捐赠支出（须增加此明细科目）	38 000	
贷：库存商品		38 000

任务 3　调拨业务

任务下达

由账套主管完成库存调拨业务处理。

任务解析

库存管理子系统提供了调拨单用于处理仓库之间存货的转库业务或部门之间的存货调拨业务。如果调拨单上的转出部门和转入部门不同，就表示是部门之间的调拨业务；如果转出部门和转入部门相同，但转出仓库和转入仓库不同，就表示是仓库之间的转库业务。

任务详情

2020 年 1 月 15 日，因材料二库维修，将仓库中的 60 个键盘调拨到材料一库中。

任务指引

1．在库存管理子系统中填制调拨单

步骤 1　选择“库存”|“库存其他业务”|“调拨单”命令，打开“调拨单”对话框。

步骤 2　单击“增加”按钮，输入调拨日期为“2020-01-15”，选择转出仓库为“材料二库”、转入仓库为“材料一库”、出库类别为“其他出库”、入库类别为“其他入库”。

步骤 3　选择存货编码为 102，输入数量为 60。然后单击“保存”按钮，如图 11.8 所示。

图 11.8　调拨单

注意

调拨单保存后，系统自动生成其他入库单和其他出库单，且由调拨单生成的其他入库单和其他出库单不得修改与删除。

2．在库存管理子系统中对调拨单生成的其他出入库单进行审核

步骤 1　选择“库存”|“其他入库单”命令，打开“其他入库单”对话框。

步骤 2　找到调拨业务生成的其他入库单，单击“审核”按钮。

步骤 3　用同样方法完成对其他出库单的审核。

3．在核算管理子系统中进行特殊单据记账

步骤 1　选择“核算”|“核算”|“特殊单据记账”命令，打开“特殊单据记账条件”对话框。

步骤 2　选择单据类型为“调拨单”，单击“确定”按钮，打开“特殊单据记账”对话框。如图 11.9 所示。

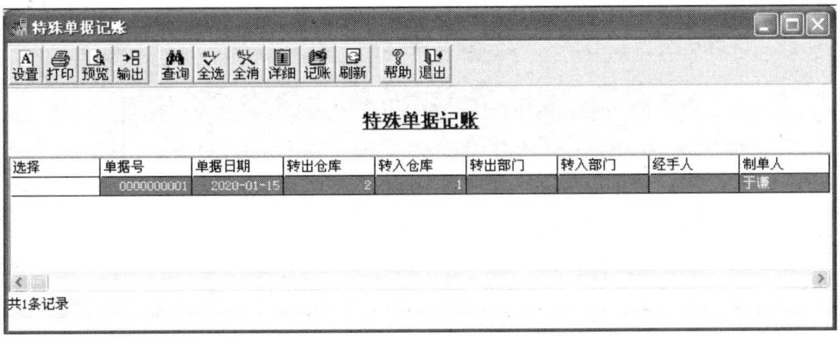

图 11.9　特殊单据记账

步骤 3　选择要记账的调拨单，单击“记账”按钮。

任务 4　盘点业务

任务下达

由账套主管完成库存盘点业务处理。

任务解析

库存管理子系统提供了盘点单用来定期对仓库中的存货进行盘点。存货盘点报告表是证明企业存货盘盈、盘亏和毁损并据以调整存货实存数的书面凭证，经企业领导批准后即可作为原始凭证入账。

本系统提供了两种盘点方法，即按仓库盘点和按批次盘点，并可对各仓库或者批次中的全部或部分存货进行盘点，盘盈、盘亏的结果可自动生成出入库单。

任务详情

2020 年 1 月 15 日，对材料一库的主板存货进行盘点，盘点数量为 83 个。

任务指引

1．在库存管理子系统中增加盘点单

步骤 1　选择“库存”|“库存其他业务”|“盘点单”命令，打开“盘点单”窗口。

步骤 2　单击“增加”按钮，输入日期为“2020-01-15”，选择盘点仓库为“材料一库”、出库类别为“其他出库”、入库类别为“其他入库”。

步骤 3　在表体中选择存货为“101 主板”，输入带出账面数量为 80。

步骤 4　输入盘点数量 83，单击“保存”按钮。

步骤 5　单击“审核”按钮，如图 11.10 所示。

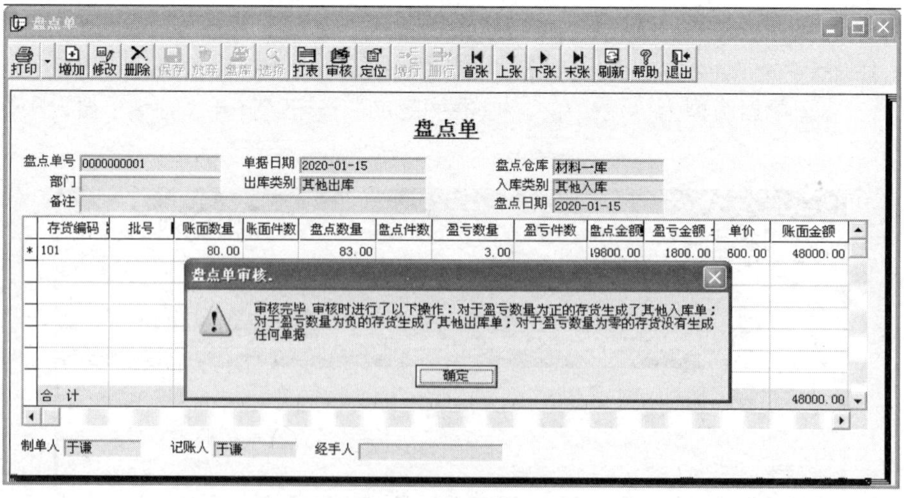

图 11.10　盘点单

注意

① 盘点单审核后，系统自动生成相应的其他入库单和其他出库单。

② 单击“盘库”按钮，表示选择盘点仓库中所有的存货进行盘点；单击“选择”按钮，表示按存货分类批量选择存货进行盘点。

③ 盘点单中输入的盘点数量是实际库存盘点的结果。

④ 盘点单记账后，不能再取消记账。

2．在库存管理子系统中对盘点单生成的其他入库单进行审核

3．在核算管理子系统中对盘点单生成的其他入库单进行记账并生成凭证

借：原材料——主板　　1 800

　　贷：待处理财产损溢——待处理流动资产损溢　　1 800

全部完成后，备份当前账套至“库存管理”文件夹中。

拓展任务

任务1　组装与拆卸业务

任务下达

由账套主管完成组装业务处理。

任务解析

有些企业中的某些存货既可单独出售，又可与其他存货组装在一起销售。例如，计算机销售公司既可将显示器、主机、键盘等单独出售，又可按客户的要求将显示器、主机、键盘等组装成计算机销售，这时就需要对计算机进行组装；如果企业库存中只存有组装好的计算机，但客户只需要买显示器，此时又须将计算机进行拆卸，然后将显示器卖给客户。

① 组装是指将多个散件组装成一个配套件的过程。组装单相当于两张单据：一个是散件出库单；一个是配套件入库单。散件和配套件之间是一对多的关系，在产品结构中设置。用户在组装之前应先进行产品结构的定义，否则无法进行组装。

② 拆卸是指将一个配套件拆卸成多个散件的过程。拆卸单相当于两张单据：一个是配套件出库单；一个是散件入库单。配套件和散件之间是一对多的关系，在产品结构中设置。用户在拆卸之前应先进行产品结构的定义，否则无法进行拆卸。

任务详情

2020年1月18日，应客户急需，华宇电脑当日组装了2台华宇天骄。

任务指引

1．在库存管理子系统中进行相关选项设置

选择“库存”|“库存业务范围设置”命令，打开“系统参数设置”对话框。在“系统参数设置”选项卡内选中“有组装拆卸业务”复选框，单击“确认”按钮返回，“库存其他业务”菜

单下出现“组装单”和“拆卸单”功能菜单。

2．定义产品结构

步骤 1　选择“基础设置”|“购销存”|“产品结构”命令，打开“产品结构”对话框。单击“增加”按钮，打开“产品结构定义”对话框。

步骤 2　选择父项编码为 201，输入子项分别为“主板”和“键盘”、定额数量均为 1、主板和键盘的存放仓库均为“材料一库”。然后单击“保存”按钮，如图 11.11 所示。

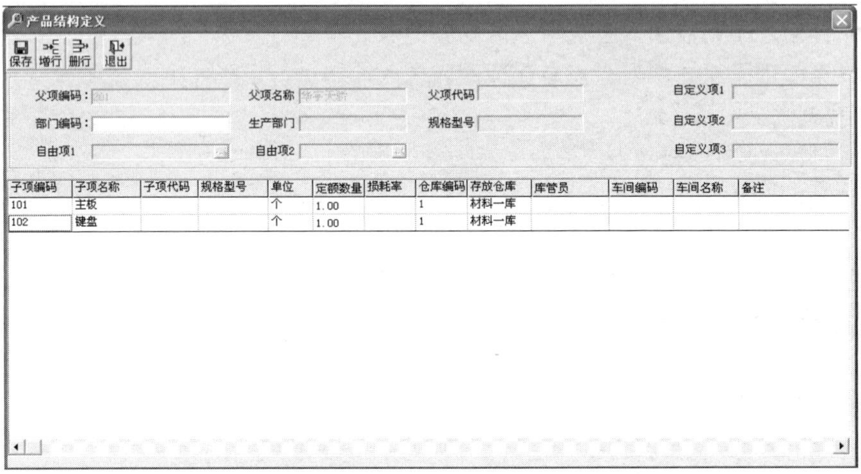

图 11.11　产品结构定义

3．在库存管理子系统中输入组装单

步骤 1　选择“库存”|“库存其他业务”|“组装单”命令，打开“组装单”对话框。

步骤 2　单击“增加”按钮，输入日期为“2020-01-18”，选择配套件为“华宇天骄”，系统弹出“是否展开到末级？”信息提示框。单击“是”按钮，系统将产品结构信息带到组装单。选择入库类别为“其他入库”、出库类别为“其他出库”。

步骤 3　在单据体第 1 行，选择仓库为“成品库”，输入数量为 2。

步骤 4　单击“保存”按钮，如图 11.12 所示。

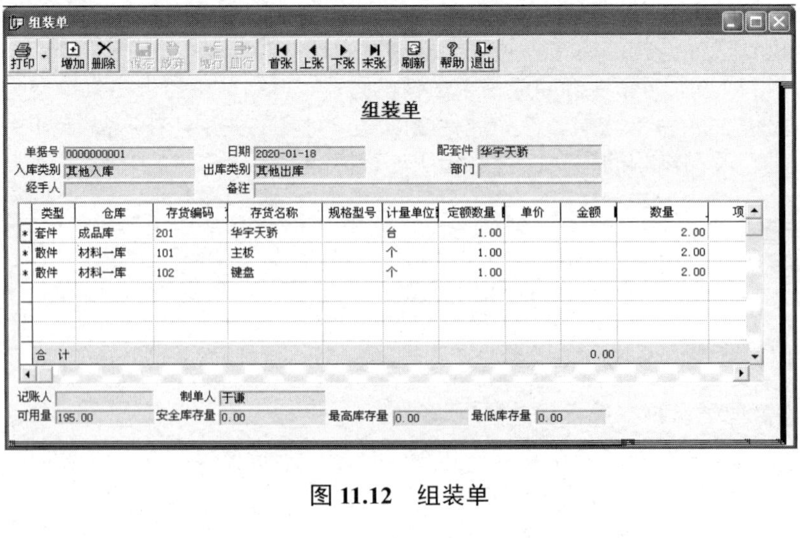

图 11.12　组装单

注意

组装单保存后，系统自动生成相应的其他入库单和其他出库单。

4．在库存管理子系统中对组装单生成的其他入库单、其他出库单进行审核

5. 在核算管理子系统中对组装单进行特殊单据记账

步骤 1　在核算管理子系统中，选择“核算”“特殊单据记账”命令，打开“特殊单据记账条件”对话框。

步骤 2　选择单据类型“组装单”，单击“确定”按钮，进入“特殊单据记账”窗口。

步骤 3　单击“全选”按钮，选中要记账的组装单，单击“记账”按钮。

步骤 4　单击“退出”按钮返回。

任务2　查询库存账表

任务下达

由账套主管查询出入库流水账和材料一库收发存汇总表。

任务解析

库存管理子系统提供了不同维度的报表供管理者进行查询和分析，包括单据查询、账簿查询、统计分析等。

任务指引

步骤 1　在库存管理子系统中，选择“库存”|“库存账簿查询”|“出入库流水账”命令，打开“出入库流水账”对话框。单击“确认”按钮，打开“出入库流水账”对话框，如图 11.13 所示。

日期	单据号	仓库	存货编码	存货名称	规格型号	计量单位	收发类别	入库数量	出库数量
2020.01.03	0000000001	成品库	201	华宇天骄		台	产成品入库	50.00	0.00
2020.01.05	0000000002	成品库	201	华宇天骄		台	产成品入库	10.00	0.00
2020.01.10	0000000001	材料一库	101	主板		个	材料领用出库	0.00	20.00
2020.01.10	0000000001	成品库	202	华宇天星		台	其他出库	0.00	10.00
2020.01.15	0000000002	材料二库	102	键盘		个	其他出库	0.00	60.00
2020.01.15	0000000002	材料一库	102	键盘		个	其他入库	60.00	0.00
2020.01.15	0000000004	材料一库	101	主板		个	其他入库	3.00	0.00
2020.01.18	0000000003	材料一库	101	主板		个	其他出库	0.00	2.00
2020.01.18	0000000003	材料一库	102	键盘		个	其他出库	0.00	2.00
2020.01.18	0000000005	成品库	201	华宇天骄		台	其他入库	2.00	0.00
			合计					125.00	94.00

图 **11.13**　出入库流水账

步骤 2　在库存管理子系统中，选择“库存统计分析”|“收发存汇总表”命令，打开“收发存汇总表”对话框。选中“材料一库”复选框，单击“确认”按钮，打开“收发存汇总表”对话框，如图 11.14 所示。

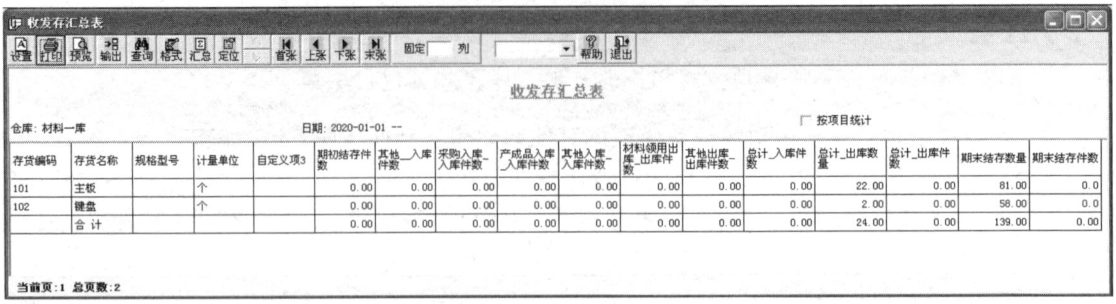

收发存汇总表

仓库：材料一库　　日期：2020-01-01 --　　按项目统计

存货编码	存货名称	规格型号	计量单位	自定义项3	期初结存件数	其他_入库件数	采购入库_入库件数	产成品入库_入库件数	其他入库_入库件数	材料领用出库_出库件数	其他出库_出库件数	总计_入库件数	总计_出库数量	总计_出库件数	期末结存数量	期末结存件数
101	主板		个		0.00	0.00	0.00	0.00	0.00	0.00	0.00	0.00	22.00	0.00	81.00	0.0
102	键盘		个		0.00	0.00	0.00	0.00	0.00	0.00	0.00	0.00	2.00	0.00	58.00	0.0
	合 计				0.00	0.00	0.00	0.00	0.00	0.00	0.00	0.00	24.00	0.00	139.00	0.00

当前页:1　总页数:2

图 11.14　收发存汇总表

通关测试

一、判断题

1. 产成品入库单上的单价在产成品成本分配后能自动写入。（　）
2. 盘盈生成的入库单不能删除。（　）
3. 调拨单审核后自动生成其他入库单和其他出库单。（　）
4. 库存调拨不涉及账务处理，因此调拨单无须记账。（　）
5. 只能在核算管理系统中修改出入库单上的单价。（　）

二、选择题

1. 库存管理子系统与 T3（　　）子系统存在数据关联。
   A. 总账管理　B. 采购管理　C. 销售管理　D. 核算管理
2. 库存管理子系统中的入库单据包括（　　）。
   A．采购入库单　B．受托代销入库单　C．产成品入库单　D．其他入库单
3. 库存管理子系统中的出库单据包括（　　）。
   A. 销售出库单　B. 委托代销出库单　C. 对外捐赠出库单　D. 其他出库单
4. 收到赠品入库需要用（　　）记录。
   A. 采购入库单　B. 产成品入库单　C. 赠品入库单　D. 其他入库单

三、实训题

恢复中顺科技“购销存初始化”账套，进行库存管理实训。

实训 13：库存管理

1. 产成品入库业务

① 1 月 25 日，生产部生产完工 500 套《智慧养生》。办理入库，入成品库。

② 1 月 27 日，生产部生产完工 300 套《智慧养生》。办理入库，入成品库。

③ 1 月 27 日，收到财务部门提供的完工产品成本，其中《智慧养生》总成本为 80 000 元。立即做成本分配，记账并生成凭证。

2. 材料领用出库

1 月 27 日，生产部从材料一库领用光盘 1 000 张，用于生产《智慧养生》。登记材料明细账，生成领料凭证。

3. 调拨业务

1 月 27 日，因成品库维修，马小峰将成品库中的 500 套《智慧养生》调拨至材料二库暂存。

4. 盘点业务

1 月 30 日，对材料一库光盘进行盘点，光盘实际盘点数量为 510，经确定每张成本为 2 元。

增加收发类别“17 盘盈入库”“27 盘亏出库”。

设置盘盈入库存货对方科目为“190101 待处理流动资产损溢”。

5. 备份“库存管理”账套

项目 *12*

存货核算

知识目标

1. 了解核算管理子系统的功能。
2. 了解核算管理子系统与 T3 其他子系统的数据关联。
3. 了解出入库调整业务的作用。

技能目标

1. 掌握利用出入库调整单调整存货价格的处理。
2. 掌握暂估入库业务的处理。

项目背景

在学习了在库存管理子系统中对存货出入库的各种处理，理解了库存管理子系统主要是对存货的出入库数量进行管理后，核算管理子系统又是从何种角度对存货进行管理的呢？它与库存管理子系统的业务范围和系统功能究竟有何不同，两者又是如何协同工作的呢？这些都是项目实施小组在学习核算管理子系统时必然会有的疑问。

库存管理子系统和核算管理子系统的对象都是企业的存货：库存管理子系统侧重对存货的入库、出库和结存数量进行管理，对应企业仓储部门的职能；核算管理子系统侧重核算存货的入库成本、出库成本和结存成本，对应企业财务部门材料成本会计的职能。

基本知识

12.1 认识核算管理子系统

在企业中，存货成本直接影响利润水平，尤其在市场经济条件下，存货品种日益更新，存货价格变化较快，管理层更为关心存货的资金占用和周转情况，因此存货核算是企业会计核算的一项重要内容。

核算管理子系统主要针对企业存货的收发存业务进行核算，以便掌握存货的耗用情况，及时准确地把各类存货成本归集到各成本项目和成本对象上，为企业的成本核算提供基础数据。核算管理子系统的功能具体包括以下几项。

12.1.1 出入库成本核算

核算管理子系统提供按仓库和按部门两种成本核算方式，提供先进先出、后进先出、移动平均、全月平均、个别计价、计划价/售价 6 种存货计价方法。

采购入库单在采购管理子系统中输入，在核算管理子系统中可以修改采购入库单上的入库金额。

产成品入库单在填制时一般只填写数量，单价和金额既可以通过修改产成品入库单直接填入，也可以由核算管理子系统的产成品成本分配功能自动计算填入。

大部分其他入库单都是由相关业务直接生成的，如果与库存管理子系统集成使用，则可以通过修改其他入库单的操作对盘盈入库业务生成的其他入库单的单价进行输入或修改。

出库单据包括销售出库单、材料出库单和其他出库单。在核算管理子系统可以修改出库单据的单价或金额。

12.1.2 出入库单据记账

单据记账是指将所输入的各种出入库单据记入存货明细账、差异明细账等。单据记账应注意以下几点。

① 无单价的入库单据不能记账，因此记账前应对暂估入库的成本、产成品入库单的成本进行确认或修改。

② 各个仓库的单据应该按照时间顺序记账。

③ 已记账单据不能修改和删除。如果发现已记账单据有错误，则在本月未结账状态下可以取消记账；如果已记账单据已生成凭证，则不能取消记账，除非先删除相关凭证。

12.1.3 出入库成本调整

出入库单据记账后，如果发现单据金额输入错误，通常采用修改方式进行调整。但如果遇到由于暂估入库后发生零出库业务等原因所造成的出库成本不准确或库存数量为 0 而仍有库存金额的情况，就需要利用调整单据进行调整。

12.1.4 暂估入库业务处理

核算管理子系统中对采购暂估入库业务提供了月初回冲、单到回冲、单到补差 3 种处理方式，暂估处理方式一旦选择即不可修改。无论采用哪种方式，都要遵循以下步骤，即待采购发票到达后，在采购管理子系统中填制发票并进行采购结算，然后在核算管理子系统中完成暂估入库业务成本处理。

12.1.5 生成凭证

在核算管理子系统系统中，可以将各种出入库单据中涉及存货增减和价值变动的单据生成凭证传递到总账管理子系统。

对比较规范的业务，在核算管理子系统的初始设置中可以事先设置好凭证上的存货科目和对方科目，系统将自动采用这些科目生成相应的出入库凭证，并传送到总账管理子系统。

12.1.6 综合查询

核算管理子系统中提供了存货明细账、总账、出入库流水账、入库汇总表、出库汇总表、差异（差价）分摊表、收发存汇总表、存货周转率分析表、入库成本分析表、暂估材料余额分析表等多种分析统计账表。

12.2 核算管理子系统和 T3 其他子系统之间的数据关联

核算管理子系统可对采购管理子系统暂估入库的采购入库单、对销售管理子系统生成的销售出库单、对库存管理子系统的各种出入库单据进行记账处理，并针对购销业务、客户往来业务、供应商往来业务制单，生成凭证传递给总账管理子系统。

核算管理子系统和 T3 其他子系统之间的数据关联如图 12.1 所示。

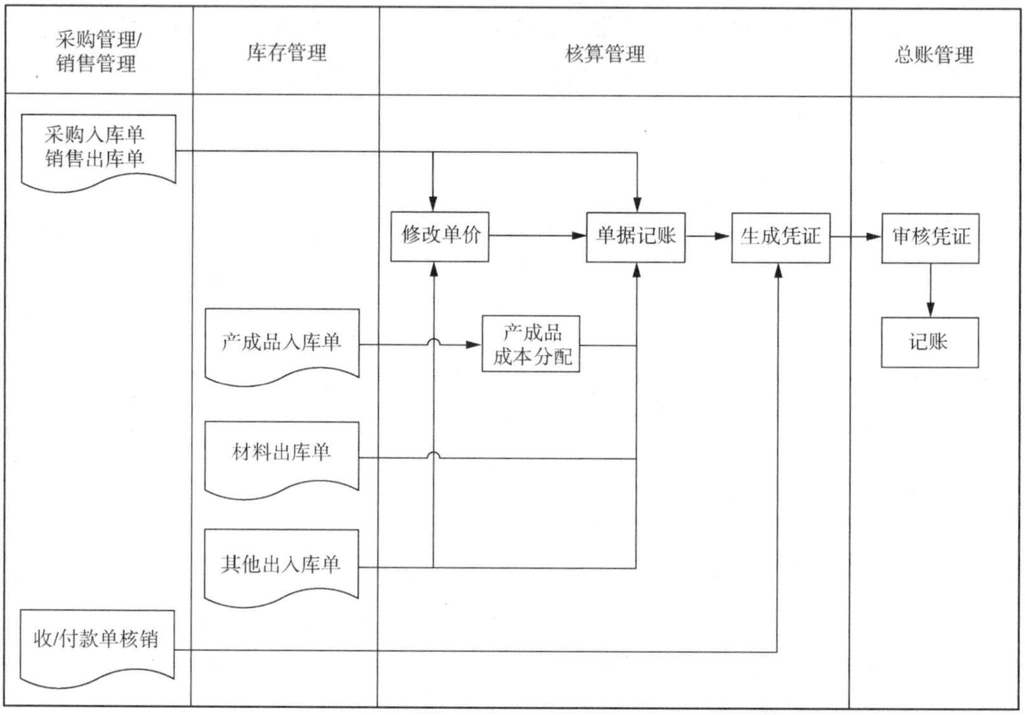

图 12.1 核算管理子系统与 T3 其他子系统之间的数据关联

实训任务

任务 1 入库及调整业务处理

任务下达

以系统管理员身份在系统管理中恢复“购销存初始化”账套。由账套主管进行入库及调整业务处理。

任务解析

出入库单据记账后，如果发现单据金额输入错误，可以利用调整单据进行调整。调整单据包括入库调整单和出库调整单，都只针对当月存货的出入库成本进行调整，并且只调整存货的金额，不调整存货的数量。

出入库调整单保存即记账，因此已保存的单据不可修改、删除。

任务详情

① 2020 年 1 月 16 日，向亚捷公司订购的 20 个键盘到货，入材料二库。收到采购专用发票一张，票号为 1916，无税单价为 125 元。

② 2020 年 1 月 28 日，将 1 月 16 日发生的采购键盘的入库成本增加 400 元。

任务指引

1. 办理采购入库，记账并生成入库凭证

步骤 1　在采购管理子系统中，输入采购入库单。

步骤 2　在采购管理子系统中，输入采购专用发票并复核，与采购入库单进行采购结算。

步骤 3　在库存管理子系统中，选择“库存”|“采购入库单审核”命令，审核采购入库单。

步骤 4　在核算管理子系统中，选择“核算”|“核算”|“正常单据记账”命令，对采购入库单记账。

步骤 5　在核算管理子系统中，选择“核算”|“凭证”|“购销单据制单”命令，对采购入库单生成入库凭证。

步骤 6　在核算管理子系统中，选择“核算”|“凭证”|“供应商往来制单”命令，选择发票制单并生成凭证。

2. 调整入库成本

步骤 1　在核算管理子系统中，选择“核算”|“入库调整单”命令，打开“入库调整单”对话框。

步骤 2　单击“增加”按钮，选择“材料二库”，输入日期为“2020-01-28”，选择收发类别为“采购入库”、部门为“采购部”、供应商为“亚捷”。

步骤 3　选择存货编码为 102，调整金额为 400 元。然后单击“保存”按钮，如图 12.2 所示。

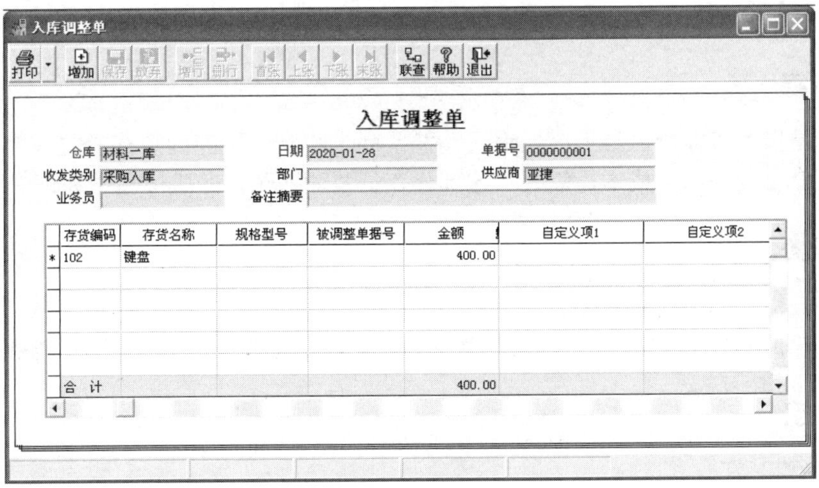

图 12.2　入库调整单

注意

入库调整单是对存货的入库成本进行调整的单据，既可针对单据进行调整，也可针对存货进行调整。

步骤 4　选择“核算”|“凭证”|“购销单据制单”命令，选择对入库调整单生成凭证，如图 12.3 所示。

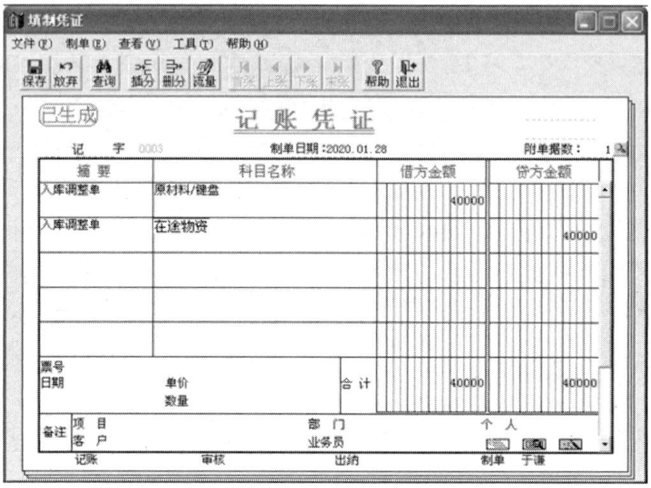

图 12.3　对入库调整单生成凭证

步骤 5　选择“核算”|“账表”|“入库汇总表”命令，查看到材料二库键盘的入库金额为 2 900，而不再是 2 500。

任务 2　暂估入库业务处理

任务下达

由账套主管进行暂估入库业务处理。

任务解析

暂估入库是指本月存货已经入库，但采购发票尚未收到，不能确定存货的入库成本。月底时为了正确核算企业的库存成本，需要将这部分存货暂估入账，并生成暂估凭证。

任务详情

① 2020 年 1 月 28 日，收到亚捷公司提供的主板 80 个。入材料一库。

② 2020 年 1 月 31 日，发票仍未收到，暂估该批货物的单价为 550 元。进行暂估记账处理。

任务指引

1. 办理采购入库

步骤 1　在采购管理子系统中填制采购入库单，采购入库单无须填写单价。

步骤2　在库存管理子系统中审核采购入库单。

2．月末发票未到，进行暂估记账

步骤1　在核算管理子系统中，选择“核算”|“采购入库单”命令，打开“采购入库单”对话框。单击“修改”按钮，输入主板暂估单价为550，然后单击“保存”按钮。

步骤2　选择“核算”|“核算”|“正常单据记账”命令，对采购入库单进行记账。

步骤3　选择“核算”|“凭证”|“购销单据制单”命令，选择“采购入库单（暂估记账）”，生成以下凭证。

借：原材料——主板　　44 000

　　贷：应付账款——暂估应付款　　44 000

全部完成后，将账套备份至“核算管理”文件夹中。

拓展任务

任务1　逆向操作

任务下达

由账套主管重新修改暂估入库业务中主板的单价为600元。

任务解析

企业发生的购销存业务都由核算管理子系统生成凭证传递给总账管理子系统，如果业务处理有误，就需要在核算管理子系统中删除凭证，才能对业务处理进行调整。

任务指引

1．删除凭证

步骤1　在核算管理子系统中，选择“核算”|“凭证”|“购销单据凭证列表”命令，打开“查询条件”对话框。

步骤2　选中“1月份”，单击“确认”按钮，打开“凭证列表”对话框。

步骤3　选中要删除的记录行，单击“删除”按钮，弹出系统提示，如图12.4所示。

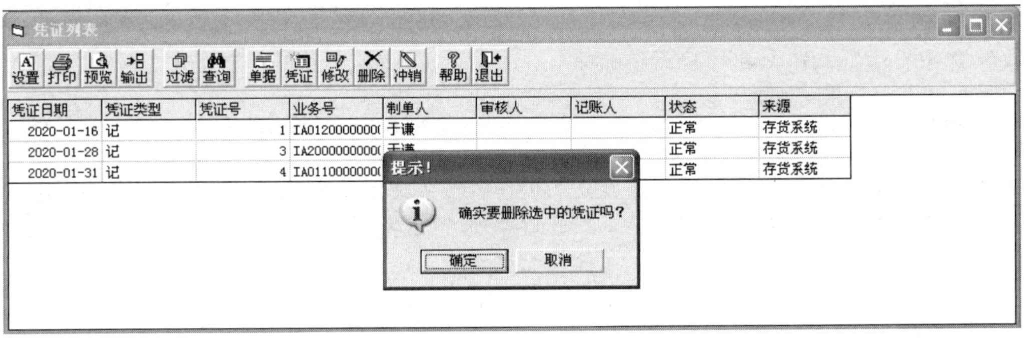

图12.4　删除核算系统凭证

步骤 4　单击“确定”按钮，删除所在行记录。

注意

在总账管理子系统中查询凭证时，核算管理子系统中删除的凭证仅仅标注了“作废”字样，还需要通过整理凭证才能将其真正删除。

2．取消单据记账

步骤 1　在核算管理子系统中，选择“核算”|“核算”|“取消单据记账”命令，打开“恢复单据记账条件”对话框。单击“确定”按钮，打开“取消单据记账”对话框。

步骤 2　选中要取消记账的单据行，如图 12.5 所示。然后单击“恢复”按钮。

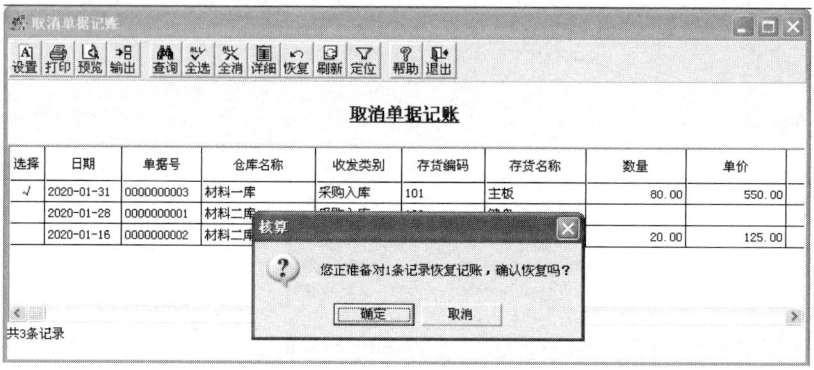

图 12.5　恢复记账

3．修改暂估入库单价，重新记账并生成凭证

步骤 1　在核算管理子系统中，选择“核算”|“采购入库单”命令，打开“采购入库单”对话框。单击“修改”按钮，修改单价为 600。

步骤 2　选择“核算”|“核算”|“正常单据记账”命令，对采购入库单进行记账。

步骤 3　选择“核算”|“凭证”|“购销单据制单”命令，选择“采购入库单（暂估记账）”，生成凭证。

任务 2　购销存及核算系统月末结账

任务下达

由账套主管进行购销存和核算系统结账。

任务解析

本月经济业务全部处理完成后，需要进行月末结账处理，以开始下个会计期间的工作。按照购销存管理子系统和核算管理子系统的数据关联，需要先进行采购管理和销售管理月结，再进行库存管理月结，最后由核算管理子系统进行月结。

任务指引

步骤 1　选择“采购”|“月末结账”命令，打开“月末结账”对话框。选中要结账的月份，

如图 12.6 所示。单击“结账”按钮，系统提示“月末结账完毕！”。单击“确定”按钮返回，再单击“退出”按钮。

步骤 2 选择“销售”|“月末结账”命令，打开“月末结账”对话框。选中要结账的月份，单击“月末结账”按钮，再单击“退出”按钮。

步骤 3 选择“库存”|“月末结账”命令，打开“结账处理”对话框。选中要结账的月份，单击“结账”按钮，再单击“退出”按钮。

步骤 4 选择“核算”|“核算”|“月末处理”命令，打开“期末处理”对话框。单击“全选”按钮，选中要进行期末处理的仓库，单击“确定”按钮，系统提示如图 12.7 所示。单击“确定”按钮，系统提示“期末处理完毕！”。单击“确定”按钮，关闭返回。

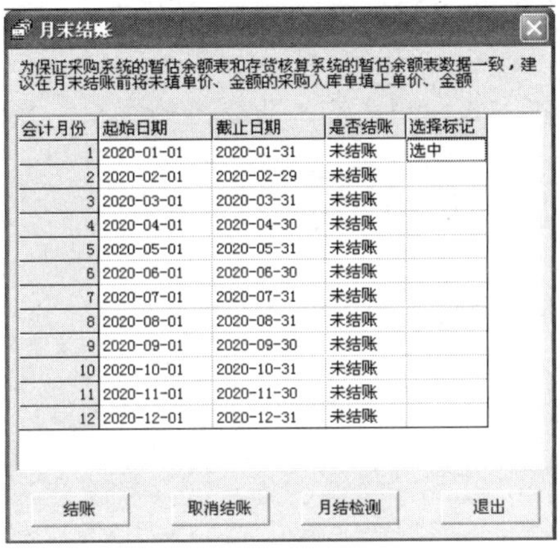

图 12.6 采购月末结账

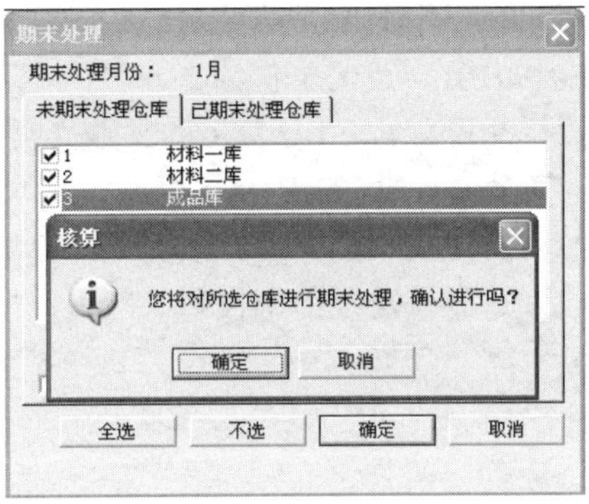

图 12.7 核算期末处理

步骤 5 选择“核算”|“核算”|“月末结账”命令，打开“月末结账”对话框。单击“结账”按钮，系统提示“月末结账完成！”。单击“确定”按钮返回。

通关测试

一、判断题

1. 核算管理子系统主要核算企业存货的入库成本、出库成本和结余成本。（ ）

2. 无单价的入库单据不能记账。（ ）

3. 核算管理子系统与采购管理子系统集成使用时，对于当期货到票未到、未结算的采购入库单的单价，可以利用“暂估成本录入”进行批量修改。（ ）

4. 已记账单据在未生成凭证前可以取消单据记账。（ ）

5. 出入库调整单既可以调整存货数量，也可以调整存货单价。（ ）

二、选择题

1. 核算管理子系统中特殊单据记账中所指的特殊单据包括（ ）。

A. 盘点单　　B. 其他出入库单　　C. 出入库调整单　　D. 调拨单

2. 核算管理子系统中的入库单据包括（ ）。

A. 采购入库单　　B. 入库调整单　　C. 产成品入库单　　D. 其他入库单

3. T3 提供的存货暂估处理方法有（　　）。

A. 月初回冲　　B. 单到回冲　　C. 单到补差　　D. 补充更正

4. 关于入库调整单，以下说法正确的有（　　）。

A. 只能对存货的入库数量进行调整

B. 只能对存货的入库金额进行调整

C. 只能针对当月存货进行调整

D. 既可以针对单据，也可以针对存货进行调整

三、实训题

恢复中顺科技“购销存初始化”账套，进行存货核算实训。

实训 14：存货核算

1. 入库调整业务

1 月 20 日，向立丰达公司订购的光盘 2 000 张到货，入材料一库。收到专用发票一张，票号为 FP190101，载明单价为 2 元。

1 月 25 日，将 20 日发生的采购光盘的入库成本减少 400 元。

2. 暂估入库业务

1 月 25 日，收到利兴科技提供的原纸 800 包。入材料二库。

1 月 30 日，发票仍未收到，确定该批货物的暂估成本为 35 元/包，并进行暂估记账处理。

3. 备份“存货核算”账套

反侵权盗版声明

举报电话：(010) 88254396；(010) 88258888
传　　真：(010) 88254397
E-mail　：dbqq@phei.com.cn
通信地址：北京市万寿路 173 信箱
　　　　　电子工业出版社总编办公室
邮　　编：100036

尊敬的老师：

您好。

请您认真、完整地填写以下表格的内容（务必填写每一项），索取相关图书的教学资源。

教学资源索取表

<table>
<tr><td>书　名</td><td colspan="3"></td><td>作者名</td><td></td></tr>
<tr><td>姓　名</td><td></td><td>所在学校</td><td colspan="3"></td></tr>
<tr><td>职　称</td><td></td><td>职　务</td><td></td><td>职　称</td><td></td></tr>
<tr><td rowspan="2">联系方式</td><td>电　话</td><td colspan="2"></td><td>E-mail</td><td></td></tr>
<tr><td>QQ号</td><td colspan="2"></td><td>微信号</td><td></td></tr>
<tr><td colspan="2">地址（含邮编）</td><td colspan="4"></td></tr>
<tr><td colspan="2">贵校已购本教材的数量（本）</td><td colspan="4"></td></tr>
<tr><td colspan="2">所需教学资源</td><td colspan="4"></td></tr>
<tr><td colspan="2">系/院主任姓名</td><td colspan="4"></td></tr>
</table>

系／院主任：________________（签字）

（系／院办公室公章）

20_____年____月____日

注意：

① 本配套教学资源仅向购买了相关教材的学校老师免费提供。

② 请任课老师认真填写以上信息，并请系／院加盖公章，然后传真到（010）80115555转 718438 索取配套教学资源。也可将加盖公章的文件扫描后，发送到fservice@126.com 索取教学资源。欢迎各位老师扫码关注我们的微信号和公众号，随时与我们进行沟通和互动。

③ 个人购买的读者，请提供含有书名的购书凭证，如发票、网络交易信息，以及购书地点和本人工作单位来索取。

微信号

公众号

中国工信出版集团

電子工業出版社 PUBLISHING HOUSE OF ELECTRONICS INDUSTRY